Das Denken über das Denken und Fühlen

Psychische Realität, Reflexive Kompetenz und
Problemverhalten im Vorschulalter

von

Florian Juen

Tectum Verlag
Marburg 2005

Coverabbildung:
Nicolae Grigorescu: Mädchen im Spiegel.
2. Hälfte 19. Jahrhundert, Öl. Bukarest, Sammlung A. Pamula.

Juen, Florian:
Das Denken über das Denken und Fühlen.
Psychische Realität, Reflexive Kompetenz
und Problemverhalten im Vorschulalter.
/ von Florian Juen
- Marburg : Tectum Verlag, 2005
Zugl.: Innsbruck, Univ. Diss. 2005
ISBN 978-3-8288-8863-0

Tectum Verlag
Marburg 2005

Inhalt

1 Einleitung

Im Laufe der Entwicklung internalisiert das Kind Interaktionserfahrungen, die als Repräsentationen oder innere Arbeitsmodelle im Sinne innerer Organisationsstrukturen das Erleben und Verhalten des Kindes beeinflussen (Fonagy, 1999; Fremmer-Bombik, 1995; Zimmermann, 2001). Diese Strukturen dienen in erster Linie dazu, Gedanken und Gefühle des Selbst und des Anderen einzuordnen, zu regulieren, zu interpretieren und vorherzusagen (Bretherton, Suess, Golby & Oppenheim, 2001). Die besondere Herausforderung dabei ist es, diese Erfahrungen nicht nur zu internalisieren, sondern auch in seinen Denk- Gefühls- und Handlungsraum zu integrieren und dadurch das psychische System zu strukturieren und zu stabilisieren (Fonagy, 1999). Dieser Prozess wird sehr stark durch die Interaktionen des Kindes mit seinen Bezugspersonen beeinflusst (Fonagy, 1999; Papousek, 1999; Sarimski & Papousek, 2000), wodurch frühkindliche Erfahrungen lebenslange Bedeutung erlangen (Zimmermann & Fremmer-Bombik, 2000). Auch der Arbeitskreis OPD-KJ (Operationalisierte Psychodynamische Diagnostik im Kindes- und Jugendalter) versteht psychische Struktur als *„Erlebnis- und Handlungsdispositionen"*, die *„auf der Basis von Interaktionserfahrungen"* entstehen (Arbeitskreis-OPD-KJ, 2004 p. 123), wobei die Strukturdimensionen spezifische Fähigkeiten, wie beispielsweise zur Selbststeuerung als wichtige Komponente des Umgangs mit negativen Affekten, beschreiben.

Für das Erwachsenenalter liegen zahlreiche Ergebnisse vor, die zeigen, dass psychischen Störungen unterschiedliche repräsentationale Strukturen, Bindungsrepräsentationen, sowie allgemeiner gefasste Beziehungs- repräsentanzen zugrunde liegen. Demnach sind beispielsweise bei psychischen Störungen signifikant weniger sichere und kohärente Bindungsrepräsentationen zu finden als in Vergleichsstichproben (Buchheim, 2002; Dozier, Stovall & Albus, 1999), und die Schwere psychischer Störungen geht üblicherweise mit negativen Beziehungsrepräsentanzen einher (Albani et al., 1999; Albani et al., 2002; Dahlbender, 2002; Steele & Steele, 2001); auch strukturelle Dimensionen zeigen deutliche Zusammenhänge mit psychischer Störung (Fonagy, Gergely, Jurist & Target, 2004; Rudolf, 2002).

Auch für das Kindesalter wird angenommen, dass repräsentationale Strukturen das Verhalten beeinflussen (Bretherton, Ridgeway & Cassidy, 1990). Diesbezügliche Untersuchungen der Zusammenhänge von internalisierten Erfahrungen und kindlichem Verhalten liegen allerdings noch weit weniger vor als im Erwachsenenalter. Eine Hauptursache des Mangels an Untersuchungen ist wohl in methodischen Schwierigkeiten zu suchen, da Methoden des Erwachsenenalters aufgrund ihrer Sprachlastigkeit und/oder Anforderung an die kognitiven Fähigkeiten nicht einfach auf die Kindheit übertragbar sind (Solomon & George, 1999). Es zeigt sich aber, dass eine systematische

Erfassung der Innenwelt von Vorschulkindern über den Weg des Spiels recht gut möglich ist (Bretherton, Ridgeway et al., 1990; Emde, 2003). Aufbauend auf einem reichen Erfahrungsschatz im Bereich der Spieltherapie (zB Winnicott, 1971) können klinische Praktiker über den Weg des Spiels sehr gut Informationen über Denk- und Erlebensstrukturen direkt vom Kind gewinnen. Diese Informationen können nun auch dazu genutzt werden, systematische Informationen über die Repräsentationen des Kindes zu bekommen, die in Verbindung mit anderen entwicklungsbezogenen Daten und auch dem kindlichen Verhalten gebracht werden können (von Klitzing, Kelsay, Emde, Robinson & Schmitz, 2000; Warren, Emde & Sroufe, 2000; Warren, Huston, Egeland & Sroufe, 1997; Warren, Oppenheim & Emde, 1996). Des Weiteren kann die Fähigkeit, Erfahrungen in Form von kohärenten Narrativen zu organisieren als förderlich für eine gesunde Entwicklung angesehen werden (Emde, 2003; Wolf, 2003). Bereits ab einem Alter von drei Jahren entwickeln Kinder die Fähigkeit, Narrative zu konstruieren (Emde, 2003), was neben dem kindlichen Spiel und dem kindlichen Zeichnen und Formen den Hauptzugang zur repräsentationalen Welt von Kindern darstellt (von Klitzing, 2002).

Repräsentanzen sind dabei nicht als genaues Abbild der Realität zu sehen, sondern als generalisierte internale Modelle, die auf Basis emotional bewerteter Erfahrungen entstehen. Bretherton et al. (2001) vergleichen sie mit einer Landkarte, die auch nur ein schemenhaftes Abbild der Realität liefern, wenngleich sie eine Orientierung in der Landschaft ermöglichen. In einer einfachen Unterscheidung können also drei Ebenen ausgemacht werden: *reale Erfahrungen*, aus denen sich die unbewussten *Repräsentanzen* generieren, deren *Abkömmlinge* sich wiederum in Phantasie, Spiel und Sprache manifestieren.

Die Mac Arthur Story Stem Battery (Bretherton & Oppenheim, 2003; Bretherton, Oppenheim & Emde, 1990) wurde genau auf Basis dieser Annahmen entwickelt und liefert über den Weg von Spielinterviews einen Zugang zur kindlichen Innenwelt in Bezug auf Interaktionsrepräsentanzen, moralische Entwicklung und Emotionsregulierungskompetenzen (Buchsbaum, Toth, Clyman, Cicchetti & Emde, 1992; Emde, 2003).

Ein Bereich, der bisher noch kaum Beachtung fand, ist die Bedeutung reflexiver Fähigkeiten in diesem Komplex. Bei Erwachsenen haben sich metarepräsentationale Fähigkeiten, in erster Linie die Fähigkeit zum Mentalisieren (zB Fonagy, Steele, Steele, Moran & Higgit, 1991), als relevant in Bezug auf psychische Störungen erwiesen, im Besonderen bei der Borderline Persönlichkeit und der antisozialen Persönlichkeit, in dem Sinne, dass bei diesen Störungsbildern die Mentalisierungsfähigkeit stark eingeschränkt ist (Gergely, Fonagy & Target, 2003). Die vorliegende Arbeit zielt darauf ab, Reflexivität im Kindesalter fassbar zu machen und deren Bedeutung in Bezug auf kindliches Problemverhalten zu erklären.

Nachdem einleitend Begriffe auf Verhaltensebene *(Kapitel 2)* sowie auf Repräsentanzenebene *(Kapitel 3)* definiert werden, gliedert sich in weiterer

Folge der theoretische Teil der vorliegenden Arbeit in drei große Bereiche mit insgesamt acht Kapiteln. Zunächst wird *im ersten Teil* erläutert, was unter psychischer Realität und mentalen Repräsentanzen überhaupt verstanden wird und wie sie sich entwickeln. Dabei wird über den Weg des Spannungsfeldes zwischen Psychoanalyse und Bindungstheorie *(Kapitel 4)* die Bedeutung frühkindlicher Regulationsprozesse auf die weitere Entwicklung *(Kapitel 5)* dargestellt, bevor wesentliche Internalisierungs- und Strukturbildungsprozesse *(Kapitel 6)* näher beschrieben werden. In *einem zweiten Teil* wird beschrieben, was unter dem Konzept der Mentalisierung in Ergänzung zum und Abgrenzung vom Theory of Mind Konzept verstanden wird *(Kapitel 7)*, um die Bedeutung metarepräsentationaler Fähigkeiten zu unterstreichen. Außerdem werden Entwicklungsprozesse metarepräsentationaler Fähigkeiten beschrieben, die einen Anhaltspunkt über deren mögliche Ausprägung bei Vorschulkindern geben sollten.

Im *dritten Bereich* wird beschrieben, wie im Erwachsenenalter *(Kapitel 8)* und wie im Kindesalter *(Kapitel 9)* versucht wird, innerpsychische Prozesse zu erfassen. Diese Methoden sind wichtig, um die Innenwelt in Beziehung setzen zu können mit Problemverhalten und psychischer Störung. Die Bedeutung des Verständnisses der inneren Repräsentanzenwelt für Verhalten und psychische Störungen wird hier anhand bisheriger Befunde unterstrichen.

Aus diesen Befunden sowie aus der Erkenntnis, dass Reflexivität im Vorschulalter bisher noch nicht erfasst wurde, habe ich dann Fragestellungen entwickelt, die darauf abzielen, einerseits diese Fähigkeit im Vorschulalter überhaupt fassbar zu machen und andererseits die Bedeutung dieser, mit einer neuen Skala erfassten Fähigkeit für kindliches Problemverhalten herauszuarbeiten. Wesentliche Neuerung dieser Arbeit ist die Integration von Reflexivität in die Betrachtung der Zusammenhänge zwischen psychischer Realität und Problemverhalten im Vorschulalter.

2 Kindliches Problemverhalten und mögliche Ursachen

Störungen des Kleinkind- und Vorschulalters können vielfältige Ausprägungen haben. Die besondere Herausforderung bei der Beschreibung von psychischen Auffälligkeiten im Kindesalter im Besonderen in der frühen Kindheit ist die Betrachtung entwicklungsspezifischer Ausprägungen des Erscheinungsbildes, was die Frühdiagnostik vor einige Probleme stellt. Die am meisten verbreitetsten Klassifikationssysteme ICD 10 und DSM IV erscheinen dabei für die ersten Lebensjahre eher ungeeignet, da sie die Spezifität von frühen Störungsbildern nur unzureichend abbilden können, weil altersspezifische Diagnosekriterien darin weitgehend fehlen (Esser, 2002). Dadurch werden für die frühe Kindheit dieselben Maßstäbe angelegt wie für ältere Kinder, was zu erheblichen Fehleinschätzungen führen kann. Eine gute diesbezügliche Weiterentwicklung stellt das ‚Zero to Three' Manual des „National Center for Clinical Infant Programs" dar. Sehr gewinnbringend erscheint auch der psychodynamische Fokus der operationalisierten psychodynamischen Diagnostik des Kindes- und Jugendalters (OPD-KJ Arbeitskreis-OPD-KJ, 2004), der auch eine wesentliche Annahme dieser Arbeit widerspiegelt, wonach das (sichtbare) Verhalten und Handeln sehr stark vom Vorhandensein und dem Umgang mit innerpsychischen Konflikten, der psychischen Struktur und der Fähigkeit zur Beziehungsgestaltung beeinflusst wird. Äußere Faktoren, seien sie genetisch, biologisch oder psychosozial, wirken sich demnach mittelbar über den Weg der psychischen Strukturbildung auf das Verhalten aus. Dies gibt auch den Grundgedanken des Entwicklungsmodells von Resch (1996) wieder, wonach sich die genannten Einflussfaktoren auf die Dispositionen auswirken und weniger auf das Verhalten selbst. Nach Cicchetti (zit. nach Rosner (1999)) ist es das Ziel von Entwicklungsdiagnostik, jenseits einer Symptombeschreibung ein Verständnis normaler und untypischer Entwicklungsverläufe herauszubilden. Zur Beschreibung klinisch relevanter Störungsbilder in der frühen Kindheit schlägt Laucht (2002) drei Bereiche vor, nämlich Verhaltensauffälligkeiten, emotionale Auffälligkeiten und umschriebene Auffälligkeiten.

2.1 Verhaltensauffälligkeiten

Dieser Bereich stellt die größte Gruppe psychischer Auffälligkeiten im Kleinkind- und Vorschulalter dar (Laucht, 2002) und umfasst neben oppositionellem Verhalten mit Trotz- und Wutanfällen auch aggressives und destruktives Verhalten im Kontext von Gleichaltrigen sowie motorische Unruhe und Ablenkbarkeit. Ausgeprägte Formen oppositionellen Verhaltens sind dadurch gekennzeichnet, dass sie die Alltagskontakte mit den Bezugspersonen beherrschen und zunehmend auch auf andere Bereiche wie etwa den Kindergarten generalisiert werden. Der zunehmende Selbstständigkeitsdrang des Kindes kann dabei vor allem das Auftreten von Trotzanfällen verstärken. Im Bereich des aggressiven Verhaltens in seinen unterschiedlichen Ausprägungen zeigen sich Konflikte um begehrte Objekte als besonders relevant, die von der ansteigenden Bereitschaft und Fähigkeit zur Kontaktaufnahme und Interaktion mit anderen Kindern mit beeinflusst werden. Die durch aggressive Verhaltensweisen erfahrene Ablehnung durch Gleichaltrige hemmt wiederum die Ausbildung sozialer Kompetenzen (Cierpka, 2002). Der dritte Bereich umfasst die motorische Unruhe und erhöhte Ablenkbarkeit und würde bei älteren Kindern als Symptom einer hyperkinetischen Störung gelten. In der frühen Kindheit ist dies zunächst Ausdruck der wachsenden Mobilität und des damit verbundenen gesteigerten Explorationsdrangs des Kindes. Die Abgrenzung zwischen normal und abweichend ist auch hier problematisch. Es zeigt sich deutlich, dass Verhaltensauffälligkeiten in der frühen Kindheit per se nicht unbedingt abgrenzbare Störungsbilder darstellen, sondern eher eine erhöhte Ausprägung in Bereichen der alterstypischen Entwicklung, die als Risiko für die spätere Entwicklung gesehen werden können. Neben der Intensität ist bei der Einschätzung auch der Kontext, in dem diese Verhaltensweisen auftreten, zu berücksichtigen.

2.2 Emotionale Auffälligkeiten

Die Hauptgruppe emotionaler Auffälligkeiten stellen kindliche Ängste dar. Diesbezügliche Klagen der Eltern beziehen sich in erster Linie auf Trennungsängste, die über das alterstypische Maß an Intensität und Dauer hinausgehen (Laucht, 2002). Ein wesentliches Kriterium zur Unterscheidung von normal und problematisch ist das Ausmass an sozialer Beeinträchtigung. Weitere Ängste sind solche, die als objekt- und situationsspezifisch angesehen werden können. Im Zuge der kognitiven Entwicklung sind zunächst Ängste vor konkreten Objekten wie beispielsweise Tieren typisch, während ab etwa drei Jahren auch Ängste vor imaginären Gefahren wie Phantasiegestalten oder Dunkelheit in den Vordergrund rücken. Ängste sind dabei als wichtiger Bestandteil der emotionalen Entwicklung zu sehen, da sie den Erwerb von Fähigkeiten zur Bewältigung von Belastungssituationen ermöglichen. In einer ausgeprägten Form, im Sinne einer starken sozialen Beeinträchtigung, werden sie allerdings problematisch (Petermann, 1997). Auch im Bereich sozialer Ängste ist ein gewisses Mass an Unsicherheit beim Kontakt mit fremden Personen durchaus normal, während ein übertriebenes Maß soziale Isolation nach sich zieht, was wiederum die Kinder aus dem wichtigen sozio-emotionalen Lernfeld der Gleichaltrigengruppe ausschließt beziehungsweise diese Kinder häufig in Opferrollen drängt (Cierpka, 2002).

2.3 Umschriebene Auffälligkeiten

Die häufigsten Probleme in diesem Bereich stellen Schlafstörungen dar. Diese können sowohl als Einschlaf- als auch als Durchschlafstörungen ausgeprägt sein. Ersteres ist mit heftigen Konflikten beim abendlichen Zubettgehen verbunden, während zweiteres durch häufiges nächtliches Aufwachen und damit einhergehender Störung der Eltern gekennzeichnet ist (Laucht, 2002). Schlafstörungen stellen grundsätzlich alterstypische Anpassungsprozesse an biologische und soziale Regulationsvorgänge dar, die häufig durch inadäquates Erziehungsverhalten der Eltern zu einer pathologischen Form ausgeprägt werden (Petermann, 1997). Eine weitere Gruppe dieses Bereichs stellen Essstörungen dar, die sich in der frühen Kindheit in Verweigerung der Nahrungsaufnahme oder in extrem wählerischem Essen manifestieren (Esser, 2002). Hierbei ist wiederum die Reaktion der Eltern darauf entscheidend, die sich häufig durch das kindliche Verhalten gekränkt oder angegriffen fühlen. Die Esssituation wird von beiden Seiten zunehmend konflikthaft erlebt und auch auf andere Interaktionssequenzen generalisiert. Als dritte Gruppe in diesem Bereich sind Störungen des Ausscheidens (Einkoten und Einnässen) zu nennen, wobei sich eine pathologische Form dessen nicht vor dem Alter von vier Jahren manifestiert. In der normalen Entwicklung sollten Kinder mit vier Jahren zumindest untertags die Fähigkeit entwickelt haben, Darm- und Blasenentlehrung einigermaßen zu kontrollieren (Laucht, 2002).

Als gemeinsamer Nenner der genannten Störungsbilder lässt sich feststellen, dass es sich immer um eine in Intensität gesteigerte oder aber verzögerte Ausprägung normaler Entwicklungsverläufe handelt. Es zeigt sich bei diesen auffälligen Ausprägungen eine hohe prognostische Relevanz für spätere psychische Störungen. So haben Richman, Stevenson & Graham (1975) bei 63% der mit 3 Jahren als auffällig eingestufeten Kinder auch eine Auffälligkeit mit 4 Jahren festgestellt. Die Mannheimer Risikokinderstudie (Laucht et al., 1996) fand eine Störungspersistenz von 2 nach 4 ½ Jahren von 60%. In derselben Studie zeigt sich auch, dass Verhaltensstörungen eine höhere Stabilität besitzen als emotionale Auffälligkeiten. Die Persistenz scheint weiters bei Jungen wesentlich höher zu liegen als bei Mädchen (Campell, 1995).

Zu berücksichtigen ist dabei, dass es an allgemeingültigen Kriterien zur Diagnostik sowie an standardisierten und validierten Untersuchungsmethoden für die frühe Kindheit mangelt. Gängige Verfahren zur Erfassung von kindlichem Problemverhalten sind Einschätzungen von Eltern und/oder Experten (zB ErzieherInnen) mittels Fragebögen. Zu den verbreitetsten Verfahren zählen das Behaviour Screening Questionnaire (BSQ) von Richman et al. (1975), die Child Behaviour Cheklist (CBCL) von Achenbach et al. (1983), sowie das Strengths and Difficulites Questionnaire (SDQ) von Goodman (1997), das auch in unserer Untersuchung Verwendung fand. Die Erfassung des Sozialverhaltens mittels Fragebogen oder strukturierten Interviews wie das Mannheimer Elterninterview (Esser, Blanz, Geisel & Laucht, 1989) ist mangels (ökonomisch einsetzbarer) Alternativen das momentane Mittel der Wahl.

2.4 Genese kindlichen Problemverhaltens

Eine zentrale Rolle bei der Entstehung und dem Verlauf psychischer Störungen in der frühen Kindheit spielen, wie wir bereits weiter oben gesehen haben, entwicklungsspezifische Faktoren. Phasentypische Entwicklungsschritte werden demnach häufig nicht angemessen oder nicht zeitgerecht bewältigt. Es handelt sich um Verzögerungen in der normalen Entwicklung, die die Vulnerabilität für weitere Entwicklungsabweichungen erhöhen, da die Anforderungen, die die soziale Umgebung an das Kind heranträgt, nur unzureichend erfüllt werden können und es so zu heftigen Konflikten kommen kann (Laucht, 2002; Scheithauer, Niebank & Petermann, 2000). Weiters werden biologische Entwicklungsbedingungen wie etwa ein unterschiedliches cerebrales Reifungstempo als ursächlich angenommen (Laucht, 2002). Genetische Erklärungsansätze fokussieren unter anderem neurophysiologische Ursachen intraindividueller Unterschiede der emotionalen Verarbeitung (Fox, 1994; Le Doux, 2001).

Auch Merkmale des kindlichen Temperaments fallen unter den Ausdruck unterschiedlicher genetischer Dispositionen, die als Risikofaktor für Problemverhalten gelten (Zentner, 2000).

Die Untersuchungen im Bereich prä- und perinataler Komplikationen sind insofern von besonderem Interesse, da hier neben dem damit verbundenen erhöhten Auftreten von Problemverhalten (Breslau, Braun, Deldotto & Kumar, 1996; Steinhausen, 2000) auch negative Auswirkungen auf die motorische und kognitive Entwicklung aufgezeigt wurden (Werner et al. zit. nach Dornes (2000)). Dies unterstreicht, dass sich Risikofaktoren nicht unmittelbar auf das Verhalten auswirken, sondern deren Verarbeitung über den Weg mentaler Repräsentationen und psychischer Struktur ein entscheidendes Bindeglied darstellt. Als wesentlich in der Genese psychischer Auffälligkeiten werden auch psychosoziale Faktoren angesehen, unter denen Merkmale der Familie, der Lebenssituation sowie des erweiterten sozialen Umfelds zusammengefasst werden. Ungünstige familiäre Lebensbedingungen wie niegriges Einkommen, alleinerziehender Elternteil, junges Alter der Mutter, u.ä. stehen dabei in Zusammenhang mit der Ausprägung von Verhaltensauffälligkeiten (Laucht et al., 1996). Eine zentrale Rolle unter den psychosozialen Entwicklungsbedingungen nimmt auch die Mutter-Kind-Beziehung und die Qualität der Bindung ein (Zimmermann, Suess, Scheurer-Englisch & Grossmann, 2000). Darauf aufbauend wird im weiteren Verlauf der Arbeit der Fokus immer wieder auf frühkindliche Interaktionserfahrungen gelegt.

Aus der einleitend beschriebenen Annahme, wonach innerpsychische Prozesse von hoher Relevanz für das gezeigte Verhalten sind, lässt sich ableiten, dass die Erforschung der Ursachen von Problemverhalten und psychischen Störungen in der frühen Kindheit ebenso wie im Erwachsenenalter (Albani et al., 2002; Benecke, 2004; Dahlbender, 2002) verstärkt innerpsychische Prozesse berücksichtigen sollte (Bretherton, Ridgeway et al., 1990).

Demnach ist beispielsweise nicht eine psychische Erkrankung der Mutter die unmittelbare Ursache kindlichen Problemverhaltens, sondern ein Einflussfaktor auf den Internalisierungsprozess von (Interaktions)Erfahrungen. Die daraus möglicherweise resultierende defizitäre psychische Struktur wird dabei analog zum Erwachsenenalter als zentrale Ursache psychischer Störungen gesehen. Deshalb scheint es wesentlich, innere psychische Prozesse von Kindern besser verstehen zu lernen und sie in Beziehung zum Verhalten zu setzen, was ein wesentliches Ziel dieser Arbeit beschreibt. Reflexivität wird dabei als „Schutzhülle" gesehen, die es dem Individuum ermöglichen sollte, auch problematische (traumatische) Erfahrungen zu verarbeiten und zu integrieren.

3 Abgrenzung zentraler Begriffe

Im Hinblick auf ein besseres Verständnis der weiteren Kapitel dieser Arbeit möchte ich zunächst versuchen, einige zentrale Begriffe zu beschreiben, die in der Literatur häufig nicht ganz einheitlich verwendet werden. Es geht dabei um die Frage nach den Faktoren, die die Innenwelt in Abgrenzung von äußerlich Sichtbarem wie etwa dem Verhalten ausmachen.

Eine zentrale Bedeutung bei der Betrachtung der Innenwelt hat heute der Begriff „Repräsentanz" erlangt, fast im Sinne einer Art Sammelbezeichnung. Es werden die Begriffe von bewusster und unbewusster Repräsentanz, inneren Bildern, Phantasien, Vorstellungen, Schemata, Beziehungsmustern, unbewussten Strukturen und so weiter häufig synonym gebraucht. Von einigen Autoren wurde eine Unterscheidung zwischen Repräsentanz und Vorstellung vorgeschlagen (Kuerthen, 2000; Sandler, 1995; von Klitzing, 2002; Zelnick & Buchholz, 1991). Sandler (1995) versteht unter Repräsentanzen *„psychologische Strukturen, „stabile dauerhafte Organisationen und Schemata, die außerhalb des Bereichs der subjektiven Erfahrung organisiert sind"*; davon grenzt er die *„bewussten oder unbewussten Phantasiebilder des Selbst oder des Objekts"* ab. Auch Zelnick und Buchholz (1991), Kurthen (2000) sowie von Klitzing (2002) verstehen unter Repräsentanz eine *unbewusste Organisationsstruktur*. In diesem Verständnis sind die eigentlichen „Repräsentanzen" also nicht erfassbar, sondern nur deren Abkömmlinge, die Phantasiebilder, sodass vielfach der Begriff Selbst- bzw. Objekt*vorstellungen* angebrachter wäre. Auch die im kindlichen Spiel abgebildeten und erfassten Szenen stellen somit nicht die Repräsentanzen selbst dar, sondern allenfalls deren Abkömmlinge. Zudem ist anzunehmen, dass sich darin ebenso wie in Narrativen Erwachsener auch Abwehrprozesse manifestieren können.

3.1 Mentale Repräsentationen

Diese werden grundlegend beschrieben als *„eine innere Wiedergabe oder Abbildung von Informationen, die der Geist[1] manipulieren kann"* (Berk, 2005). Dazu gehören einerseits Bilder oder mentale Abbildungen von Gegenständen, Menschen und Räumen, andererseits Konzepte oder Kategorien, in denen ähnliche Gegenstände oder Ereignisse in Gruppen zusammengefasst werden. Diese rein kognitive Sichtweise, wie Wissen und Information gespeichert wird, nämlich in Bildern, die es uns ermöglichen, reale Dinge mental zu reproduzieren und zu manipulieren, umfasst allerdings nur den Bereich des *deklarativen Gedächtnisses*, also das *„Was"* der gespeicherten und erinnerten Inhalte (Benecke, 2004). Darin befinden sich das Sachwissen (zB die Semantik) sowie episodische und biographische Informationen. Vor allem in der frühen Kindheit

---

[1] Die Psyche

15

wesentlich bedeutsamer ist aber das *prozedurale Gedächtnis*, deren Inhalte sich auf das *„Wie"* von Fertigkeiten, Handlungs- und Funktionsabläufen beziehen (Benecke, 2004). Diese werden durch häufige Wiederholungen gelernt und dann automatisiert. In diesen Bereich fallen auch frühe Interaktionserfahrungen, die nach Stern (1996) die Basisbausteine einer inneren Repräsentanzenwelt darstellen. Eine wesentliche Rolle dabei spielen Affekte, die die subjektive Bedeutung mentaler Repräsentanzen ausmachen. Vor allem im Bereich des prozeduralen Gedächtnisses sind Repräsentationen mit Affekten veknüpft, deren Intensität und Ausprägung die Bedeutung einer Erinnerung beeinflussen. Mentale Repräsentationen sind demnach auf keinen Fall reine Abbilder biographischer Erfahrungen (Sandler & Sander, 1984). Sie sind gewissermaßen ‚Bausteine' der Psyche, die Erfahrungen (in Interaktionen) oder Informationen (über Gegenstände) modifiziert widerspiegeln und eine affektive Komponente beinhalten, die ihnen Bedeutung beimisst. So werden beispielsweise beim Anblick einer Spinne Repräsentanzen aktiviert, die je nach darin enthaltener affektiver Färbung freudige Erregung oder Angst auslösen können. Mentale Repäsentationen werden uns in weiterer Folge als „innere Arbeitsmodelle" (Bowlby, 1973) oder als „RIG's" (Representations of Interactions that have been generalized (Stern, 1985) wieder begegnen. Die Unterscheidung basiert in erster Linie auf der Frage, inwieweit diese tatsächliche Erfahrungen widerspiegeln. Während Bowlby seine inneren Arbeitsmodelle als einigermaßen genaue Widerspiegelung der Erfahrungen in der äußeren Welt beschreibt (Bowlby, zit. nach Dornes (1997)), schreibt Stern, dass eine RIG etwas ist, *„ ...das noch nie in genau dieser Weise geschehen ist, und doch nichts enthält, das nicht schon einmal wirklich geschehen wäre"* (Stern, 1985, p. 35). Auch bei Bowlby ist allerdings wie wir sehen werden nicht die Repräsentierung eines Einzelereignisses von Bedeutung, sondern die Gesamtheit vieler ähnlich ablaufender Interaktionssequenzen. Bezogen auf kindliche Spielnarrativa bedeutet das, dass die erzählten Geschichten Repräsentanzen in Form von Phantasiebildern indirekt wiedergeben und nicht deren genaues Abbild darstellen. Auch Abwehrprozesse werden auf diese Weise sichtbar.

3.2 Psychische Struktur

Während mentale Repräsentationen als ‚Bausteine' der Psyche beschrieben werden, definiert psychische Struktur zunächst die Beziehung dieser Bausteine untereinander. Sie beschreibt also gewissermaßen die Organisation von Repräsentationen. Mentale Repräsentationen sollten nicht als voneinander unabhängige Einheiten gesehen werden, sondern beinflussen sich gegenseitig und stehen zueinander in Beziehung. So können bestimmte Repäsentanzen, vor allem solche mit hoher affektiver Intensität, wie sie sich beispielsweise nach traumatischen Erfahrungen ausbilden können, andere dominieren, indem sie in vielen Bereichen mitaktiviert werden. Die psychische Struktur wird dabei dynamisch gesehen und kann sich vor allem nach Hinzukommen neuer

Repräsentanzen verändern, ein Prozess, der uns bei Piaget (1990) als Assimilation begegnet. Sandler (1995) versteht unter Struktur eine stabile dauerhafte Organisation. Ebenso wie Repräsentanzen nach außen beispielsweise im Spiel durch die Darstellung von Objekten, Charakteren und Interaktionen indirekt sichtbar werden, zeigt sich die Organisation in der Beziehung der Darstellungen untereinander, beispielsweise in einem kohärenten oder inkohärenten Handlungsstrang. Im Sinne des Arbeitskreises OPD (Arbeitskreis-OPD, 2004) ist es die wesentliches Aufgabe psychischer Struktur, ein inneres Gleichgewicht herzustellen und aufrechtzuerhalten, wozu die in Kapitel 6 beschriebenen strukturellen Fähigkeiten von besonderer Bedeutung sind. Psychische Struktur ist demnach ein Kernkonzept der Identität, die beschrieben werden kann als ein Gefühl des gleich bleibenden Selbst.

3.3 Reflexivität

Als dritter zentraler Bereich psychischer Realität, die gewissermassen alles, was mental abläuft beschreibt, sind metarepräsentationale Fähigkeiten zu nennen, die ein Verständnis darüber beinhalten, wie die eigene und die Psyche anderer funktioniert. Reflexivität hat sicherlich eine strukturelle Funktion, durch ihre besondere Bedeutung lohnt sich aber eine separate Betrachtung. Sie ist vor allem in zweierlei Hinsicht wesentlich, nämlich einerseits für die Integration (neuer) mentaler Repräsentationen, vor allem solcher, die affektiv hoch besetzt sind. Die Herausforderung dabei ist es, diese zu integrieren und gleichzeitig die Stabilität der psychischen Struktur – die Identität - beizubehalten. Andererseits werden erst dadurch die mentalen Ursachen von Verhalten verstehbar und somit das Verhalten selbst bedeutungsvoll (Fonagy & Target, 1997). Wenn man beispielsweise von jemandem angeschrieen wird, bezieht man ohne reflexives Verständnis den damit verbundenen negativen Affekt auf sich selbst und erlebt ein Gefühl von Bedrohung oder Schuld. Erst ein reflexives Herangehen ermöglicht es, andere Ursachen als die unmittelbar zugänglichen miteinzubeziehen wie beispielsweise einen vorausgegangenen Streit mit einer anderen Person, der den negativen Affekt des Interaktionspartners ausgelöst hat. Man bezieht dann den Affekt nicht auf sich selbst, sondern nimmt sich nur als Empfänger wahr, was die eigene Reaktion auf das Anschreien sehr wahrscheinlich verändern wird. Reflexivität wird beispielsweise von Main (1991) als metakognitive Kontrolle, von Dennett (1983) als intentionale Haltung und von Fonagy, Steele & Steele (1991), Fonagy (1994), Fonagy & Target (1997) als Mentalisierung bezeichnet. Auch die Theory of Mind Forschung (zB Astington & Jenkins, 1995; Flavell, 2000; Perner, 1991; Wellman, Cross & Watson, 2001) beschäftigt sich mit diesem Bereich (siehe Kapitel 7). Für die vorliegende Arbeit ist er insofern von besonderer Bedeutung als die Erfassung dieser Fähigkeit im Kindesalter ein wesentliches Ziel beschreibt.

3.4 Ausblick

Auf Basis dieses Verständnisses psychischer Realität wird es in weiterer Folge darum gehen, die Entwicklung von mentalen Repräsentationen, psychischer Struktur und Reflexivität zu erläutern und deren Bedeutung für kindliches Problemverhalten herauszuarbeiten. Die Bindungstheorie bietet dafür einen guten Rahmen, wenngleich deren Konzepte vor allem mentale Repräsentationen ins Zentrum des Interesses stellen und auch davon nur einen Teilbereich. Im Austausch mit psychoanalytischen Theorien wurde der Fokus in der Bindungsforschung mittlerweile um die Strukturdimension erweitert und auch die Untersuchung der Reflexivität hat vor allem durch das Mentalisierungskonzept von Fonagy et al. (2004) zumindest bei Erwachsenen stark zugenommen. Sowohl bei Kindern und vor allem bei Erwachsenen gibt es zahreiche Ergebnisse über die Zusammenhänge von mentalen Repräsentanzen, psychischer Struktur und psychischen Störungen (für Kinder Emde, 2003; Oppenheim, D., Emde, R., Hasson, M. & Warren, S., 1997a; von Klitzing, 2002; Warren et al., 1997; Warren et al., 1996), (beziehungsweise für Erwachsene Benecke, 2004; Buchheim, 2002; Dahlbender, 2002; Fonagy et al., 1996). Die Bedeutung der Reflexivität für psychische Störungen wurde bisher allerdings nur im Erwachsenenalter genauer betrachtet (Fonagy et al., 2004) und hat sich dabei als fruchtbares Konzept hinsichtlich des Verständnisses psychischer Störungen erwiesen. In dieser Arbeit wird eine Methode zur Erfassung von Reflexivität bei Kindern vorgestellt und in weiterer Folge in Beziehung mit kindlichem Problemverhalten gesetzt.

4 Bindung und psychische Entwicklung

Ich möchte bei der Dartellung des Aufbaus psychischer Realität mit der Bindungstheorie beginnen und sie in Beziehung setzen zu (anderen) psychoanalytischen Konzepten. Diese ergeben in Kombination einen guten Rahmen für das Verständnis der Bedeutung früher Erfahrungen und daraus resultierender innerer psychischer Strukturen für die weitere Entwicklung von Kindern.

4.1 Grundlagen der Bindungstheorie

Die Bindungstheorie geht von biologisch vorgegebenen Verhaltenssystemen aus, die im Verlauf der Entwicklung in spezifischer Weise organisiert werden. Von vorrangiger Bedeutung dabei ist der Aufbau und die Entwicklung sozialer Bindungsbeziehungen, wobei Emotionen eine wichtige Regulationsfunktion haben, die im Rahmen der emotionalen Entwicklung durch spezifische Erfahrungen in der Bindungsbeziehung modifiziert werden (Spangler, 1999). Eine zentrale Annahme der Bindungstheorie ist, dass der Säugling die angeborene Neigung hat, die Nähe zu einer vertrauten Person zu suchen (Bowlby, 1969). Bindung wird dabei beschrieben als ein emotionales Band zwischen zwei Personen - im Sinne einer Neigung zur Nähe- und Kontaktsuche. Im Gegensatz zu sekundärtriebtheoretischen Konzepten wie bei Freud ist Bindung ein Primärbedürfnis und als Verhaltensystem konzipiert, das sich entweder in Form aktiven Bindungsverhaltens oder aber in Form von Signal- oder Ausdrucksverhalten äußert, die beide darauf abzielen, Nähe und Kontakt zur Bezugsperson herzustellen. Bindung wird als hypothetisches Konstrukt der Organisation dieser Bindungsverhaltensweisen gesehen. Bereits Neugeborene haben eine Grundausstattung an Verhaltensweisen wie Weinen, Schreien, Saugen und Ähnliches, das es ihnen ermöglicht, das Pflegeverhaltenssystem der Bezugspersonen zu aktivieren (Dornes, 1993). Es besteht also eine reziproke präadaptive Anpassung zwischen Kind und sozialer Umwelt (Bowlby, 1995; Cassidy, 1999). Etwa ab dem sechsten Lebensmonat ist das Kind nicht zuletzt durch seine erweiterten lokomotorischen Fähigkeiten in der Lage, die Umwelt aktiv zu erkunden und dabei die Bezugsperson als sichere Basis zu benutzen, die ihm im Falle drohender Gefahr Schutz bieten kann. Dieses Explorationsverhalten wird als komplementär zum Bindungsverhalten gesehen, wobei der Erwartung des Kindes über die Fähigkeit der Bezugsperson, Schutz zu bieten, eine vorrangige Bedeutung zukommt. Dieser erste wichtige Internalisierungsschritt im Laufe des ersten Lebensjahres ist der Grundstein für die Ausbildung innerer Arbeitsmodelle von Bindung, über die frühkindliche Erfahrungen eine lebenslange Bedeutung erlangen (Main, 1985). Kinder entwickeln also eine Erwartungshaltung über die Verfügbarkeit von Bezugspersonen, die von Beginn an stark von Erfahrungen im Umgang mit (negativen) Emotionen beeinflusst wird. Nach Bowlby (1969) dienen diese Arbeitsmodelle der Simulation oder Vorwegnahme realer Ereignisse, die benötigt werden, um das eigene Verhalten mit Einsicht vorausschauend zu planen (Fremmer-Bombik, 1995). Emotionen sind dabei wichtige Bewertungsprozesse, die über das Ausdrucksverhalten Regulierungsprozesse in Form von Aktivierung des Pflegeverhaltens der Bezugsperson in Gang setzen, die wiederum der Bewältigung emotionaler Zustände dienen sollen. Wenn das Kind dieses Verhalten als erfolgreich im Sinne der Beseitigung negativer emotionaler Spannungszustände erlebt, wird es auch sehr wahrscheinlich positive Erwartungshaltungen über die Verfügbarkeit der Bezugsperson entwickeln, und auf dieser sicheren Basis die Umwelt explorieren. Durch die Vielzahl interaktiver (Mikro)Sequenzen, die zwischen Bezugsperson und Kind in dieser Weise ablaufen, ergibt sich ein sehr komplexer Erfahrungsraum, der große interindividuelle Unterschiede in der Ausprägung erster innerer Arbeitsmodelle von Bindung zulässt, was allerdings nach Main (1985) nicht, wie theoretisch möglich, zu einer unendlichen Vielzahl an Bindungsmodellen führt, sondern man kann davon ausgehen, dass sich wesentliche Unterschiede in einigen zentralen Kategorien zusammenfassen lassen (Fremmer-Bombik, 1995). Diese Bindungsmuster werden im Laufe der Zeit zu inneren Arbeitsmodellen. Dazu gehören:

Sicheres Bindungsmuster / Arbeitsmodell
Hierbei bringt das Kind Vertrauen in die Verfügbarkeit der Bezugsperson mit. Es kann die Umwelt erforschen und die Bindungsperson als ‚sichere Basis' benutzen. Auch eine empfundene Sicherheit trotz psychischer Abwesenheit ist dabei ein wesentliches Merkmal. Negative Gefühle werden dabei mithilfe eines sicheren Arbeitsmodells in eine insgesamt positive gefühlsmäßige Erwartung integriert. Im Erwachsenenalter spricht man diesbezüglich von Autonomie.

Unsicher-vermeidendes Bindungsmuster / Arbeitsmodell
Dieses Bindungsmuster beruht auf der Erwartung von Zurückweisung durch die Bezugsperson in schmerzvollen Situationen. Um diese Zurückweisung nicht permanent erfahren zu müssen, wird der Kontakt vermieden und Verunsicherung möglichst nicht gezeigt. Hier ist keine Integration negativer Gefühle in eine positive Erwartungshaltung möglich. Im Gegensatz zum ambivalenten Stil wird hier versucht, negative Gefühle zu unterdrücken. Bei Erwachsenen äußert sich dieses Arbeitsmodell in einer hohen Distanz zu Bindungsthemen. Beziehungen werden idealisiert dargestellt und Widersprüche werden nicht erkannt.

Unsicher-ambivalentes Bindungsmuster / Arbeitsmodell
In dieser Kategorie ist die Bezugsperson als nicht berechenbar abgebildet. Dabei wird Bindungsverhalten bereits vor einer Trennung von der Bezugsperson

aktiviert, das Bindungssystem ist gewissermaßen chronisch aktiviert und damit das Erkundungsverhalten stark eingeschränkt. Negative Gefühle können auch hier nicht auf ein positives Ziel hin integriert werden. Es bildet sich kein Vertrauen in die Verfügbarkeit der Bezugsperson aus. Erwachsene scheinen in frühen Beziehungen gefangen, über die sie inkohärent und mit negativer affektiver Besetzung berichten. Dieses Muster wird auch als *„bindungsverstrickt"* bezeichnet.

Unsicher desorganisiertes Bindungsmuster / Arbeitsmodell
Dieses Muster wurde erst etwas später hinzugefügt (Main, 1995). Hierbei wird angenommen, dass die Bindungsperson durch beispielsweise unverarbeitete Trauer ihr eigenes Bindungssystem permanent aktiviert hält und so nicht zu Pflegeverhalten in der Lage ist. Ihre Kinder können dadurch lange keine klaren Strategien entwickeln und ihre Erwartungen dadurch auch nicht in einem Arbeitsmodell abbilden. Bei Erwachsenen zeigt sich eine gedankliche Inkohärenz und Irrationalität bei bestimmten Themen wie Tod oder Trennung, während bei anderen Themen Elemente anderer Arbeitsmodelle gezeigt werden.

Die Einteilung in diese vier Bindungsmuster geht auf die Arbeiten von Mary Ainsworth (1985) zurück, die damit versucht hat, unterschiedliche Verhaltensweisen 1-jähriger Kinder im sogenannten Fremde-Situations-Test (FST) zu erklären. Beschreibungen dieses standardisierten Vorgehens findet man unter anderem bei Ainsworth (1985) oder bei Fonagy (1999). Die Reduktion auf vier Kategorien birgt allerdings die Gefahr, die komplexen Strukturen in der Mutter-Kind Interaktion durch ein zu hohes Abstraktionsniveau sehr vereinfacht zu betrachten, was vor allem im klinischen Kontext zu Problemen führen kann (Buchheim, 2002).
Wesentlich dabei ist die Annahme, dass der Säugling trotz einiger regulatorischer Fähigkeiten (Dornes, 1993), sehr stark auf die Unterstützung seiner Bezugspersonen zur Regulierung emotionaler Spannungszustände angewiesen ist. Man kann sich deshalb sehr leicht vorstellen, dass, wenn diese Unterstützung von Seiten der Bezugspersonen aus welchen Gründen auch immer nicht ausreichend gegeben ist, die interaktiven regulatorischen (Mikro)Prozesse gestört sind und sich somit das internalisierte Gerüst in Form eines ersten inneren Arbeitsmodells nicht oder spezifisch maladaptiv ausbilden kann. Die „psychische Realität" wird dann auf einem instabilen Fundament aufgebaut.
Das (ursprünglich dyadisch[2] organisierte) kindliche Selbst wird im Laufe der Zeit immer mehr individualisiert (Suess, Grossmann & Sroufe, 1992). In diesem Individualisierungsprozess spielen innere Arbeitsmodelle eine entscheidende Rolle (Zimmermann, 2000), wodurch die Betrachtung von Bindung auf einer

2 Hier wird des öfteren kritisch angemerkt, dass das Kind nicht nur in einer Vielzahl von Dyaden lebt, sondern auch in triadischen und polyadischen Strukturen, (Bürgin, 1998b; von Klitzing, 1998)

Repräsentationsebene sehr wichtig für das Verständnis psychischer Strukturen ist, die in frühkindlichen Interaktionserfahrungen grundgelegt werden, nicht zuletzt deshalb, weil interaktive Prozesse einen wichtigen biologisch determinierten Faktor der menschlichen Existenz darstellen.

4.2 Bindungstheorie und Psychoanalyse

Als John Bowlby die Grundlagen seiner Bindungstheorie Ende der 50er Jahre im Rahmen von drei wissenschaftlichen Vorträgen vor der Britischen Psychoanalytischen Gesellschaft präsentierte (Bowlby, 1958), löste das bei vielen Mitgliedern der Gesellschaft heftigen Widerstand aus (Freud, 1960; Schur, 1960; Spitz, 1960), Übersicht bei Köhler (1995). Die Annahme, dass Säuglinge über eine angeborene Bindungsneigung verfügen, aufgrund der sie Interaktionen mit der Fürsorgeperson initiieren, aufrechterhalten und abbrechen und diese Fürsorgeperson als sichere Basis zur Welterkundung und Selbstentfaltung dient, stand in krassem Gegensatz zu triebtheoretischen Konzepten, die davon ausgingen, dass das emotionale Band zur primären Bezugsperson ein sekundärer Trieb ist, der in erster Linie der Befriedigung oraler Bedürfnisse, im Besondern der Nahrungsaufnahme dient (Freud, 1915). Weiters wurde Bowlby sehr stark die übertriebene Betonung der Verhaltensebene durch systematische Verhaltensbeobachtungen angelastet, wobei die Kritik nicht zuletzt deshalb so heftig war, weil Bowlby es gewagt hatte, sich vom großen Freud ein Stück weit zu distanzieren (Bretherton, 1995). Nach Ansicht Bowlbys (1969) ist Bindungsverhalten in ein Verhaltenssystem eingebettet, was eine eigene Motivation inkludiert und somit nicht auf einen anderen Trieb rückführbar ist. Die Psychoanalyse war vor allem über den vermeintlich simplifizierenden Ansatz der Bindungstheorie erbost, dass die Abwesenheit der Bindungsperson das biologische Bedürfnis Nähe herzustellen hervorruft, und deren Anwesenheit beziehungsweise Rückkehr dieses Bedürfnis zum Verschwinden bringt (Fonagy, 1999). Noch dazu konnte dies auf Verhaltensebene beobachtet werden, was dem Zugang eines metapsychologischen auf Interpretationen aufbauenden methodischen Ansatzes der Psychoanalyse grundlegend widerspricht (Köhler, 1995).
Für die nähere Beschreibung dieser teilweise sehr heftig geführten Auseinandersetzung möchte ich den interessierten Leser auf Überblicke in Grosskurth (1993) oder Fonagy (1999) verweisen. Es wird daraus sehr schnell deutlich, dass es eigentlich gar nicht so sehr um inhaltliche Fragen ging, sondern vielmehr um eine beidseitige Revierabsteckung. Der zentrale Vorwurf der Simplifizierung, der Loslösung von körperlichen Bedürfnissen und der Missachtung komplexer symbolischer Funktionen, ist die Reaktion der Psychoanalyse auf den Angriff Bowlbys auf grundlegende psychoanalytische Konzepte, die nicht zuletzt deshalb so heftig ausfiel, weil die Psychoanalyse die Tendenz hatte, sich generell sehr stark gegenüber anderen Auffassungen abzukapseln (Köhler, 1995). Bowlby hat natürlich auch seinen Teil dazu

beigetragen, indem er (- sei es aus Trotz oder aus Kalkül, -) wichtige Aspekte psychoanalytischer Theorien, die eigentlich gar nicht so unterschiedlich von bindungstheoretischen Konzepten waren, ignorierte, obwohl er mit den Arbeiten von beispielsweise Anna Freud vermutlich sehr gut vertraut war. Sie hatte das angeborene Bedürfnis des Kindes nach Bindung an die Mutter durchaus anerkannt (dt. A. Freud, 1971).

Beide Seiten haben demnach sehr zu einer rigorosen Abgrenzung von inhaltlich gar nicht so unterschiedlichen Konzepten beigetragen, die eigentlich sehr stark voneinander profitieren hätten können. Köhler (1995) beschreibt diesen Weg der Trennung von Psychoanalyse und Bindungstheorie als wichtig für den Prozess der Entwicklung der Bindungstheorie in Richtung einer fruchtbaren und erfolgreichen Grundlagenforschung, als die sie heute gesehen werden kann, wirft aber gleichzeitig die Frage auf, inwieweit diese Trennung noch angemessen und für die weitere Entwicklung nicht sogar hinderlich ist. Zum Glück wird dieser fruchtbare Boden, der sich aus einem Austausch der beiden ‚Lager' ergibt, zunehmend erkannt und ‚persönliche' Motive und Kränkungen werden zugunsten einer gegenseitigen inhaltlichen Befruchtung zunehmend aufgegeben (Übersicht in Fonagy, 1999). Auf dieser Basis könnte man sagen, dass man sich in Richtung einer sicheren Bindung von Psychoanalyse und Bindungstheorie in dem Sinne entwickelt, dass bei Unsicherheit in Form von mangelndem Erklärungspotential der einen Richtung die Nähe zur anderen gesucht wird. Die Rolle der Bezugsperson wird dabei wohl eher der Bindungstheorie zuteil, der es im Laufe der Entwicklung gelungen ist, sich anderen Richtungen, vor allem im Bereich der klinischen Forschung, sehr stark zu öffnen (zB Dozier et al., 1999; Schmidt & Strauss, 2002; Sroufe, Carlson, Levy & Egland, 1999; Zimmermann & Fremmer-Bombik, 2000), obwohl es vielleicht besser wäre, die beiden Richtungen als gleichberechtigte Partner zu sehen, die sich gegenseitig Nähe suchend aufeinander zu bewegen sollten. Für weiterführende Beschreibungen darf ich auf das bereits öfter zitierte Buch „attachment and psychoanalysis" von Fonagy (1999) verweisen, in dem umfassend die Zusammenhänge bindungstheoretischer und psychoanalytischer Konzepte sehr sachlich beschrieben werden.

4.3 Weiterentwicklungen bindungstheoretischer und psychoanalytischer Konzepte

Die Psychoanalyse als Ganzes und auch die Arbeiten von Sigmund Freud im Speziellen stellen kein homogenes Gesamtwerk dar, sondern viele unterschiedliche Denkweisen und Konstrukte, die sich auf einer gemeinsamen Basis bewegen (Fonagy, 1999). Die Bindungstheorie ist eines dieser Konstrukte, wobei Bowlby sich damit wohl etwas weiter vorgewagt hat als andere Vertreter zu seiner Zeit. Inhaltliche Vergleiche von bindungstheoretischen und unterschiedlichen psychoanalytischen Konzepten sowie der Beitrag bindungstheoretischer Konzepte zu psychoanalytischen Theorien werden von vielen Autoren angeboten (Baccialuppi, 1994; Buchheim, Brisch & Kächele, 1998; Fonagy, 1999; Köhler, 1995, 2002; Sroufe, 1986). Mit diesem Abschnitt möchte ich nicht gegen oder für die eine oder andere Richtung plädieren, sondern vielmehr einen kleinen Beitrag dazu leisten von der Polarisierung zwischen Psychoanalyse und Bindungstheorie wegzukommen, und mich für ein konstruktives Miteinander aussprechen, was auch ein wichtiger Baustein des theoretischen Hintergrundes dieser Arbeit sein soll. Wie Köhler (1995) schreibt, müsste sich die Psychoanalyse mehr Mühe machen, ihre Modelle laufend mit dem neuen Erkenntnisstand empirischer Forschung zu überprüfen und zu synchronisieren. Seiffge-Krenke (1997) empfiehlt der akademischen Entwicklungspsychologie, sich von den antiquierten Animositäten gegen die Psychoanalyse zu lösen und einen vorurteilsfreien Dialog zu suchen, anstatt die Psychoanalyse für tot zu erklären und wie Rutter (1995) ein respektvolles Begräbnis zu fordern.

Im Gegensatz zu klassischen psychoanalytischen Denkweisen, wo die Frage nach Trieben und deren Schicksalen im Mittelpunkt steht, haben Objektbeziehungstheoretiker wie beispielsweise Melanie Klein und Donald Winicott die Bedeutung des Objektes, auf das ein Trieb gerichtet ist, hervorgehoben, wenngleich sie im Gegensatz zu Bowlby Triebe weiterhin als wesentliche Motivationsfaktoren sehen (Köhler, 1995). Eine wesentliche Neuerung in Bowlby's Theorie war die Erkenntnis, dass ein Säugling nicht nur Triebbedürfnisse, sondern auch soziale Bedürfnisse hat, eine Annahme, die sich auch bei Heinz Kohut (1979; 1993) wiederfindet.

4.3.1 Objektbeziehungstheorien von Kohut und Kernberg

Das Selbst kann als eine psychische Struktur aufgefasst werden, durch die das Selbsterleben Kohäsion und Kontinuität erlangt, was ihm seine charakteristische Gestalt und dauerhafte Organisation gibt (Stolorow, 1986). Vor allem dem Selbstobjekt (Kohut, 1979) - im Sinne eines Objektes, dessen Funktion in der Aufrechterhaltung der Selbstregulation liegt - kommt in der Entwicklung dieser Struktur eine wesentliche Bedeutung zu. Der Begriff wurde von Kohut gewählt um auszudrücken, dass das Selbstobjekt einerseits ein Objekt ist, andererseits aber als Teil des eigenen Selbst erlebt wird. Dem Selbstobjekt kommen dabei zwei wesentliche Funktionen zu: einerseits soll es das Kind in seinem Erleben spiegeln, damit es sich wahrgenommen fühlen kann, andererseits soll es vor allem in der frühen Kindheit das Kind vor Überstimulation bewahren und es aus Zuständen befreien, die es selbst nicht bewältigen kann. Ersteres wird beispielsweise von Stern (1992) als „affect attunement" und von Sander (1962) als „shared awareness" bezeichnet. Parallelen zwischen Selbstobjekt und Bindungspersonen ergeben sich dabei insofern, als dass das Selbst durch eine empathische Selbstobjektbeziehung stabilisiert wird, was sich allmählich in den Repräsentanzen der Person niederschlägt, ebenso wie die Bindungstheorie in der Feinfühligkeit einen wichtigen Beitrag zur Qualität von Bindung sieht

(Grossmann et al., 1998). Auch wenn Feinfühligkeit und Empathie unterschiedliche Konstrukte beschreiben, ist die Denkrichtung doch sehr ähnlich. Auf Parallelen zwischen dem Aufbau des Selbst und dem Aufbau innerer Arbeitsmodelle werde ich im nächsten Kapitel genauer eingehen. Kernberg (1982) – der laut Fonagy (1999) am häufigsten zitierte lebende Psychoanalytiker - betont in seiner Theorie die Bedeutung von Affekten als primäres Motivationssystem. Die psychische Struktur besteht nach seiner Auffassung aus Kombinationen von Selbstrepräsentanzen, Objektrepräsentanzen und einem Affektzustand, der eine Beziehung definiert und die beiden verbindet. Das Selbst entwickelt sich dabei als Teil einer Beziehung und ist ein Produkt der Internalisierung (Kernberg, 1982). Neben der Anerkennung der Bedeutung von Beziehungen und Affekten sowie der Betrachtung von Entwicklung als komplexen Prozess leistet Kernberg vor allem durch das öffentliche Engagement für empirische Forschung in der Psychoanalyse (Kernberg, 1993) einen wichtigen Beitrag, um die Kluft zwischen den beiden Lagern zu verringern, auch wenn natürlich wichtige Unterschiede bestehen bleiben. Wenn man sich auf einen Minimalkonsens, nämlich die Anerkennung der Bedeutung von Beziehungen für die Entwicklung und den Aufbau eines repräsentationalen Systems im Rahmen solcher Beziehungen, einigen kann, und sich darüber hinaus dem empirischen Zugang zu diesem System nicht verschließt, hat man eine gute Basis für einen fruchtbaren Dialog gefunden.

4.3.2 Die Arbeit von Daniel N. Stern

Einen wichtigen Beitrag zu einem fruchtbaren Miteinander hat auch Daniel N. Stern (1985; 1992; 1994) geleistet. Seine Theorie baut auf Ergebnissen der Säuglingsforschung auf und nicht auf klinischer Beobachtung, was schon vom methodischen Zugang her fast einer Revolution psychoanalytischer Theoriebildung gleichkommt. Nicht zuletzt dadurch gelang es ihm aber, Psychoanalyse und Entwicklungspsychologie, die bindungstheoretische Konzepte ursprünglich weit mehr aufgegriffen hat als die klinische Forschung, näher zusammenzubringen. Stern's Modell zielt in erster Linie auf die Erklärung der Bildung einer Selbststruktur ab. Beziehungen haben bei ihm eine weitreichende Bedeutung und er hält die Fähigkeit, sich auf Beziehungen einzulassen, für eine wesentliche Voraussetzung psychischer Gesundheit. Auch seine Theorie erfüllt trotz bestehender Unterschiede die Eckpfeiler des oben beschriebenen Minimalkonsenses. Stern geht es in erster Linie um das „implizite Beziehungswissen", ein Wissen, mit dem schon Säuglinge operieren. Sie agieren affektiv, mimisch, gestisch, mit Bewegungen und Lautäußerungen und 'wissen', wie sie Eltern heranlocken, vertreiben oder zu bestimmten Handlungen bewegen können. Sie spüren dabei relativ genau die Stimmungen, Bedürfnisse und Absichten der Bezugsperson. Essen, Schlafen, Spielen, sozialer Kontakt,… verlaufen gerade für den Säugling dabei in immer wiederkehrenden Sequenzen. Säuglinge haben zwar keine symbolisch codierten Erinnerungen, es gibt aber ein sogenanntes *„episodisches Gedächtnis"* (Tulving, 1985).[3] Aufgrund seiner frühen Abstraktionsfähigkeit 'vergleicht' der Säugling einzelne Erlebnisse hinsichtlich verschiedener Aspekte (kontextuell, perzeptiv, motorisch und affektiv) miteinander und entwirft so etwas wie eine 'generalisierte Episode'. Diese wird präverbal repräsentiert und lässt im Säugling eine 'Durchschnittsbewertung' entstehen. Die 'intersubjektiven Regulationen' von 'Zuständen' zwischen Kind und Bezugsperson bilden das Material solcher Repräsentanzen 'generalisierter Episoden'. Diese werden auch als „RIGs" *(Representations of Interactions that have been Generalized)* bezeichnet. Das Besondere an Stern's Theorie ist seine Feststellung, dass keine 'Objekte' oder 'Partialobjekte', sondern 'Interaktionsmuster' internalisiert werden. Dabei handelt es sich um in prototypischen Szenen verortete Formen, die neben der Handlung und Wahrnehmung auch Affekte beinhalten.

Dieses Konzept ist mit dem der inneren Arbeitsmodelle von Bowlby sehr vergleichbar, es erweitert allerdings den Fokus von der Antizipation der Regulierung von Nähezuständen auf Erwartungen hinsichtlich jeder Interaktion. Außerdem ist das Arbeitsmodell sehr auf kognitive Leistungen bezogen und funktioniert nach Art eines Schemas, bei dem Abweichungen von einer Durchschnittserwartung erkannt werden, während das RIG Modell auf der Ebene des Episodengedächtnisses konzipiert ist und daher den affektiven Charakter des Zusammenseins mit anderen Personen besser erfassen kann. Wenn beispielsweise ein sechs Monate altes Kind, das allein ist, eine Rassel sieht und es ihm gelingt, sie zu ergreifen und genügend zu schütteln, um ein Geräusch zu erzeugen, wird das anfängliche Vergnügen sich u.U. zu Begeisterung steigern. Diese Begeisterung ist nicht nur das Ergebnis der gelungenen Handlung, sondern auch ein historisches Ergebnis ähnlicher gemeinsam mit einer anderen Person erlebter Momente. Sie ist eine zum Teil soziale Situation, tritt aber in diesem Fall in einer nicht sozialen Situation auf. Das Vergnügen wirkt in dieser Situation als Abrufhinweis, der die RIG aktiviert und einen *„imaginierte Gefährten"* (Stern, 1985) entstehen lässt, mit dem man interagiert.

4.3.3 Bindungstheoretische Weiterentwicklungen

Main (1995) beschreibt die Bindungstheorie in 3 Phasen: die Theoriebildung von John Bowlby, die empirischen Befunde von Mary Ainsworth und den Sprung auf die Repräsentationsebene in der Betrachtung. Vor allem die Postulierung eines Repräsentationssystems ermöglicht eine wesentlich differenziertere Betrachtung individueller Unterschiede. Die Berücksichtigung des Aufbaus psychischer Realität im Rahmen und auf Basis von Bindungsbeziehungen hat dabei viel versprechende Weiterentwicklungen erfahren. Diese berücksichtigen sowohl die innere Welt des Individuums als

---

[3] Die Diskussion, ab wann Kinder symbolisch denken ist beispielsweise in Dornes (1993) dargestellt

auch den Einfluss von Beziehungen auf die Entwicklung. Neben den Erwartungen, die die interaktiven Eigenschaften und Fähigkeiten der frühen Bezugspersonen betreffen und im ersten Lebensjahr entstehen und sich dann immer weiter ausbilden[4], werden Ereignisrepräsentationen beschrieben, durch die allgemeine und bindungsrelevante Erinnerungen verschlüsselt werden und sich im Gedächtnis verankern (Fonagy, 1999). Darüber hinaus entwickelt sich als dritte Repräsentationsebene eine autobiographische Erinnerung, durch die Ereignisse in der Vorstellung verknüpft und in eine fortlaufende persönliche Geschichte umgewandelt werden, bevor auf einer vierten Ebene ein Verstehen psychischer Eigenschaften anderer Menschen sowie eine Differenzierung dieser inneren Zustände von denen des Selbst entsteht (Fonagy, 1999).

Eine wichtige Erweiterung in Richtung der Anwendbarkeit des Bindungskonzepts nicht nur auf die frühe Kindheit, sondern auch auf ältere Kinder, Jugendliche und sogar Erwachsene erfuhr die Bindungstheorie durch das von Sroufe & Waters (1977) beschriebene Konzept der *„empfundenen Sicherheit"*. Demnach können innere Hinweisreize wie Stimmungen oder Phantasie genauso relevant für die Reaktion des Kindes auf Trennung sein wie externe Ereignisse und soziale Umwelteinflüsse. Von diesen Gedanken und auch von kognitionspsychologischen Informationsverarbeitungsmodellen beeinflusst kam Bowlby (zit. nach Bretherton (1995)) zu dem Schluss, dass unterschiedliche Bindungsmodelle Unterschiede im Zugang zu Gedanken, Gefühlen und Erinnerungen widerspiegeln könnten. Die Auflösung der Beschränkung, dass Erfahrungen nicht mehr alleinig auf dem Verhalten der Bezugsperson beruhen, hat entscheidend dazu beigetragen, den Vorwurf der simplifizierenden Sichtweise abzuschwächen.

4.4 Implikationen

Die Bindungstheorie verleitet wie oft kritisiert wird dazu, einfache Erklärungsmodelle zur Entstehung individueller Unterschiede zu entwickeln, was der Komplexität von Entwicklungsprozessen allerdings nicht gerecht wird. Allzu oft entsteht bei Untersuchungen der Eindruck eindimensionaler Prozesse der Entwicklung, die natürlich so nicht haltbar und zu Recht Angriffspunkt für Kritiker der Bindungstheorie sind, wobei hauptsächlich die Überbetonung des mütterlichen Verhaltens sowie die deterministische Verantwortung der Bindungsqualität für die weitere Entwicklung kritisiert wird (Fthenakis & Kasten, 1977, 1985)[5].

Als Basis für die vorliegende Arbeit wird angenommen, dass zwar der Mutter-Kind Bindung eine entscheidende Bedeutung für die weitere Entwicklung zukommt, da die Mutter(-figur) häufig die primäre Bezugsperson darstellt und

---

[4] Das, was ich als Grundgerüst eines repräsentastionalen Systems bezeichnen werde

[5] Diesbezüglich ist anzumerken, daß Bowlby (zB 1969) selbst immer von der *„Mutter Figur"* gesprochen hat, was in seinem Verständnis durchaus auch ein Mann sein kann.

viele Erfahrungen in dieser Bindungsbeziehung gemacht werden, auf keinen Fall aber angenommen werden darf, dass diese Erfahrungen der weiteren Entwicklung deterministisch zugrunde liegen. Zweitens wird angenommen, dass sich aus den gemachten Erfahrungen heraus generalisierte Repräsentationen des Selbst, von anderen und von Beziehungen ausbilden, deren Stabilität mit dem Alter und der Anzahl der gemachten Erfahrungen zunimmt. Arbeitsmodelle von Bindung entwickeln sich im ersten Lebensjahr, bleiben aber dann nicht unverändert, wenn auch diese prinzipiell jederzeit neu strukturierbaren aktiven Konstruktionen ein gewisses Maß an Stabilität besitzen (Fremmer-Bombik, 1995; Main, 1995). Bowlby war fest davon überzeugt, dass Unterschiede in der Sicherheit der Mutter-Kind Bindung langfristige Folgen im Hinblick auf spätere Beziehungen, das spätere Verständnis des Selbst und auf die Entwicklung psychischer Störungen haben. Die Vielzahl an durchgeführten Untersuchungen belegt aber nur zum Teil die prägende Bedeutung früher Bindungsbeziehungen (Becker-Stoll, 2002; Thompson, 1999). Die Wahrscheinlichkeit einer entwicklungsbezogenen Kontinuität hängt vermutlich sehr von vermittelnden Bedingungen ab (Rutter, 1995; Suess & Zimmermann, 2001). Eine sichere Bindung sollte eher als Schutzfaktor gesehen werden und weniger als Determinante psychischer Gesundheit, ebenso wie unsichere Bindung nicht unmittelbar prädiktiv für die Entwicklung psychischer Störungen ist, sondern nur als Risikofaktor gesehen werden sollten (Zimmermann, 2000; Zimmermann et al., 2000). Die frühe Mutter-Kind Bindung sollte auch nicht als prototypische Beziehung gesehen werden, deren Betrachtung es erlaubt, die Qualität späterer Beziehungen vorherzusagen. Es können zwar immer wieder enge Zusammenhänge von frühkindlicher Bindungssicherheit und späterem Verhalten gefunden werden (zB Suess et al., 1992), allerdings darf man dabei nicht vergessen, dass sich Bindungssicherheit eher auf mentale Prozesse auswirkt, die einer Psychopathologie zugrunde liegen, als auf das Verhalten selbst. Die frühe Beziehungsumwelt ist von großer Bedeutung für die weitere Entwicklung (Zimmermann et al., 2000), allerdings nicht, weil sie die Qualität späterer Beziehungen prägt, sondern weil sie dazu beiträgt, das Kind mit einem mentalen Verarbeitungssystem auszustatten, das wiederum die Basis zur Handlungssteuerung und Beziehungsgestaltung darstellt. Die Schaffung einer psychischen Realität ist wohl die zentrale Aufgabe der Bindung an Betreuungspersonen. Bindungsbeziehungen bilden den Rahmen zur Ausbildung einer psychischen Realität, die wiederum das individuelle Verhalten im sozialen Kontext steuert. Die Bindungsqualität in den ersten Lebensjahren bildet nur ein Grundgerüst für die weitere psychische Entwicklung und die Basis für den Aufbau psychischer Realität. Im Bereich der klinischen Bindungsforschung wird darauf Bedacht genommen, dass psychischen Störungen gestörte psychische Strukturen und gestörte emotionaler Bewertungsprozesse zugrunde liegen (Buchheim et al., 1998; Strauss, Buchheim & Kächele, 2002). Das Kindesalter sollte dabei allerdings noch stärker miteinbezogen werden, da die meisten diesbezüglichen Ergebnisse nur für Erwachsene vorliegen (Albani et al., 1999; Albani et al., 2002; Dahlbender, 2002; Steele & Steele, 2001).

4.5 Bindung und psychische Störung

Abschließend sollen Zusammenhänge zwischen Bindungsmustern, unterschiedlichen inneren Arbeitsmodellen und psychische Störungen in Kindheit, Jugend und Erwachsenenalter dargestellt werden. Grundsätzlich zeigt sich, dass sicher gebundene Personen bedeutend weniger anfällig für psychische Störungen sind (Buchheim, 2002; Zimmermann et al., 2000). Kinder mit sicherer Bindung an die Mutter im ersten Lebensjahr zeigen nach Suess et al. (1992) im Kindergarten weniger Feindseligkeit und einen kompetenteren Umgang mit Konflikten als unsicher gebundene Kinder. Auch Vaughn, Heller & Bost (2001) berichten von Zusammenhängen zwischen Bindungssicherheit im ersten Lebensjahr und dem positiven Umgang mit Gleichaltrigen im Alter von 2 Jahren. Verschuren, Marcoen & Schoefs (1996) berichten weiters Zusammenhänge zwischen einer sicheren Bindungsrepräsentation von 5-Jährigen und einem positven Selbstwert und Akzeptanz unter Gleichaltrigen. Auch in der Bielefelder Längsschnittsstudie wiesen sicher gebundene Kinder im ersten Lebensjahr in der mittleren Kindheit weniger Probleme mit Gleichaltrigen und engere Freundschaften auf. Weiters zeigten unsicher an die Mutter gebundene Kinder eine eingeschränkte soziale Wahrnehmungsfähigkeit auf mit der Tendenz, Handlungen anderer gegenüber feindselige Absichten zu attribuieren (Suess et al., 1992). Dieser Aspekt ist in Bezug auf die Entwicklung aggressiven Verhaltens relevant, da beispielsweise von Crick & Dodge (1994) beeinträchtigte sozio-kognitive Informationsverarbeitungen bei Kindern mit reaktiv aggressivem Verhalten in Zusammenhang gebracht wurden. Auch Sroufe (1999) stellt aufbauend auf seinen Ergebnissen Zusammenhänge her zwischen aggressivem Verhalten, geringer sozialer Kompetenz in der Kindheit und unsicher vermeidender Bindungsqualität, insbesondere bei Jungen. Lyons-Ruth, Alpern & Rapacholi (1993) machen vor allem die Kombination von unsicher vermeidender Bindungsqualität und Bindungsdesorganisation für aggressives und dissoziales Verhalten im Kindergarten verantwortlich. Ergebnisse aus Risikostichproben im Kindesalter weisen darauf hin, dass Auswirkungen einer unsicheren Bindung in der frühen Kindheit auf die Entwicklung von Störungen besonders dann zu beobachten ist, wenn andere Risikofaktoren wie beispielsweise ein zerrüttetes Elternhaus oder ineffektive Erziehungspraktiken hinzukommen (Greenberg, 1999).

Im Jugendalter zeigen sich ebenfalls Auswirkungen einer sicheren Bindungsrepräsentation, erfasst mit dem weiter unten beschriebenen Adult Attachment Interview (George, Kaplan & Main, 2001), und aktiven Bewältigungsstrategien, höherer Ich-Flexibilität und geringerem Rückzugsverhalten in schwierigen Situationen (Zimmermann, 1999). Rosenstein, & Horowitz (1996) fanden weiters bei Jugendlichen mit

Verhaltensstörungen und Drogenmissbrauch häufiger unsicher distanzierte Bindungsrepräsentationen, während Jugendlichen mit affektiven Störungen eher unsicher verstrickte Bindungsmuster zugeordnet wurden. Insgesamt zeigt sich in den Befunden eine deutliche Häufung unsicherer Bindungsrepräsentationen in Stichproben mit psychisch belasteten Jugendlichen (Becker-Stoll, 2002). Wenige Befunde gibt es über die Zusammenhänge frühkindlicher Bindungsmuster und Psychopathologie im Jugendalter. Warren, Huston, Egeland & Sroufe (1997) konnten dabei eine signifikant erhöhte Zahl an Angststörungen im Alter von 17,5 Jahren bei Kindern mit desorganisiert-desorientiertem Bindungsmuster in der frühen Kindheit feststellen.

Im Erwachsenenalter konnten Fonagy et al. (1996) einen signifikant höheren Anteil an unsicher distanzierten Bindungsklassifikationen bei bipolaren Störungen feststellen. In derselben Studie werden außerdem Zusammenhänge von verstrickten Bindungsmustern in Kombination mit ungelösten traumatischen Erfahrungen und einer Borderlinepersönlichkeit berichtet. Insgesamt berichtet von Ilzendoorn (1995) aus den Daten einer Metaanalyse von einem eindeutig höheren Auftreten von unsicheren Bindungsmustern in klinischen Gruppen.

Insgesamt lässt sich in Anlehnung an Buchheim (2002) ableiten, dass die Reduktion auf die vier vorhandenen Bindungskategorien die klinische Forschung erheblich einschränkt, da zwar unsichere Bindungsmuster eindeutig mit psychischen Störungen in Zusammenhang gebracht werden, aber störungsspezifische strukturelle Muster nicht abgebildet werden können. Dazu wäre die Konzeptualisierung klinisch relevanter Bindungskategorien anzustreben, die in der Lage sind, die vermuteten strukturellen Unterschiede abzubilden, und zwar sowohl in Kindheit, Jugendalter und Erwachsenenalter.

5 Regulationsprozesse in der frühen Kindheit

5.1 Die Kompetenz des Säuglings

Eine Errungenschaft psychoanalytischer Theorien ist es, dass der Kindheit eine bedeutende Rolle für die weitere Entwicklung beigemessen wird. Durch das rekonstruktive Vorgehen, das auf den Berichten Erwachsener über ihre Kindheit aufbaut, waren allerdings Grenzen gesetzt, da die ersten Lebensjahre und besonders die frühe Mutter-Kind Beziehung damit kaum zugänglich sind. Durch das Interesse an frühen Interaktionsprozessen wurde zunehmend eine systematische extraklinische Forschung notwendig, die insbesondere von Margret Mahler, John Bowlby und Rene Spitz eingeleitet wurde. Mahler (1980) betrachtet den Schritt von der Symbiose zur Individuation als zentral für die Entwicklung. Demnach nimmt sich der Säugling in den ersten 6 Lebensmonaten nur mit der Mutter verschmolzen wahr und erst im Laufe der weiteren Entwicklung beginnt er ein eigenständiges Wesen zu werden. Auch wenn das Bild des symbiotisch passiven mit wenigen Fähigkeiten ausgestatteten Säuglings heute überholt ist (Dornes, 2000), ist es Mahler wie auch Spitz zu verdanken, dass die systematische Beobachtung von Mutter-Kind-Paaren in der Psychoanalyse salonfähig wurde, was Bowlby aufgrund der oben beschriebenen Diskrepanzen nicht in diesem Maße gelungen war. Durch methodische Weiterentwicklungen wurde immer mehr über die erstaunlichen Fähigkeiten eines Säuglings bekannt (zB Beebe, Lachmann & Jaffe, 1997), die früher nicht für möglich gehalten wurden. Damit wurde das Bild davon, wie der Säugling seine Umwelt erlebt, verändert. Einen Überblick und eine Diskussion zur kognitiven Entwicklung finden sich beispielsweise bei Krist, Natour, Jäger & Knopf (1998). Aber auch die Gefühlswelt des Säuglings geht weit über das Empfinden von Lust und Unlust hinaus. Bereits im ersten halben Lebensjahr finden sich typische Gesichtsausdrucksmuster für Interesse, Überraschung, Ekel, Freude, Ärger, Trauer und Furcht (Izard et al., 1995), die nicht erlernt werden müssen, sondern zur Grundausstattung eines Säuglings gehören (Ekman, 1993; Krause, 1983). Außerdem wird angenommen, dass Gefühlsausdruck und Gefühl sich weitgehend entsprechen (Ekman, 1992)[6]. Darüber hinaus können Säuglinge die vitalen Dimensionen von Affekten (rasch auftauchend, anschwellend, intensiv, lange andauernd,...) wahrnehmen, wodurch sie ein breites Spektrum von fein nuancierten Empfindungen haben (Stern, 1992). Des Weiteren werden dem Säugling auch interaktive Fähigkeiten, in Form von mimischen, lautlichen und gestischen Verhaltensweisen zugesprochen, mit denen sie den Eltern ihre Befindlichkeit signalisieren und deren Interaktionsangebote beeinflussen (Dornes, 2000). Diese „neue" Sicht, dass Unstimmigkeiten im Synchronisierungsprozess beidseitig (also auch vom Säugling) nachreguliert werden, verändert den Blick auf die Mutter- Kind Interaktion grundlegend

---

[6] Die diesbezüglich kontroversielle Diskussion ist beispielsweise in Dornes (1993; 1997) nachzulesen

(Beebe et al., 1997; Tronick, 1989). Das daraus resultierende Wechselspiel zwischen einem kompetenten aktiven Säugling und seinen Bezugspersonen kann als wichtige Basis für die weitere psychische Entwicklung gesehen werden (Papousek, Schieche & Wurmser, 2004).

5.2 Die Bedeutung niedriger Spannungszustände

Gerade in psychoanalytischen Theorien begegnet man immer wieder der Annahme, dass intensive Erlebnisse von besonderer Bedeutung für die psychische Strukturbildung sind (zB Kernberg, 1982), was im Gegensatz zur von der Säuglingsforschung postulierten Annahme des „low-tension-learnings" steht, wonach alltägliche Erfahrungen in relativ undramatischen und spannungsfreien Interaktionen von zumindest ebenso großer Bedeutung sind, da das Kind die meiste Zeit in solchen Zuständen verbringt (Dornes, 1997). Zu solchen spannungsarmen Zuständen gehört auch die von Winnicott (1971) bzw. Winnicott (1974) beschriebene Fähigkeit des Alleinseins, womit gemeint ist, dass es Phasen gibt, in denen das Kind weder von inneren Bedürfnissen bedrängt wird noch von außen (zB von der Mutter) vereinnahmt wird. Es befindet sich in einem Gleichgewichtszustand, in dem es Wirkungen seiner eigenen Handlungen explorieren kann. Auch Stern (1992 p.128) schreibt:

„ ... dass vorwiegend die gewöhnlichen Ereignisse des Lebens die repräsentationale Welt konstituieren, nicht die außergewöhnlichen. Außergewöhnliche Momente sind vermutlich nicht mehr als vorzügliche aber leicht atypische Beispiele des Gewöhnlichen... "

Es ist also nicht ausreichend, nur nach stark affektbeladenen Interaktionssequenzen zu suchen, um die weitere Entwicklung zu erklären. Um das Spektrum der Belastungsschwere abbilden zu können hat Tress (1986) versucht, frühkindliche Belastung in eine 5-stufige Skala einzuteilen. Diese reicht von keiner Belastung über geringe und deutliche Belastung bis hin zu starker und extremer Belastung. Sein Fokus lag darauf zu erklären, warum hoch belastete Kinder sich doch ‚normal' entwickeln können. Dabei zeigte sich vor allem die stabile Präsenz einer liebevollen Bezugsperson als ausschlaggebend (Tress, 1986).

5.3 Entwicklung und frühkindliche Interakation

Die Neigung des Menschen, soziale Beziehungen einzugehen, bietet die Grundlage der Annahme, dass in diesen Beziehungen Erfahrungen gemacht werden, die Einfluss auf die weitere Entwicklung haben, wobei die in Bindungsbeziehungen gemachten Erfahrungen die Basis für den Aufbau von Repräsentationen bilden (Zimmermann, 2000). Die emotionale Kommunikation zwischen Kind und Bezugspersonen in der vorsprachlichen Entwicklung sollte zum besseren Verständnis dieses zentralen Einflusses näher betrachtet werden. Die im vorangegangenen Abschnitt beschriebenen interaktiven regulatorischen

Mikroprozesse werden neben dem kindlichen Ausdrucksverhalten auch sehr stark von der Reaktion der Bezugsperson darauf beeinflusst. Damit das elterliche Verhalten dem Säugling gegenüber in optimaler Weise zur Verhaltens- und Emotionsregulation beitragen kann, muss es bestimmten Anforderungen gerecht werden. Die elterliche „Feinfühligkeit" - beschrieben als die Fähigkeit, ...kindliche Signale wahrzunehmen, sie richtig zu interpretieren sowie prompt und angemessen darauf zu reagieren. (Grossmann et al., 1998) spielt unter bindungstheoretischer Sichtweise eine wesentliche Rolle (de Wolff & van IJzendoorn, 1997). Eine feinfühlige Bezugsperson ist dabei in der Lage, die teilweise sehr unspezifischen kindlichen Signale wahrzunehmen und die kindlichen Bedürfnisse richtig und unabhängig von der eigenen augenblicklichen Bedürfnislage zu erschließen. Feinfühligkeit darf dabei aber nicht als stereotype Anwendung unterstützender Verhaltensweisen fehlinterpretiert werden, da durch die mit dem Alter zunehmenden intrapsychischen Regulierungsfähigkeiten des Kindes sich unterstützendes Verhalten ständig neu definiert, weil Situationen, in denen die Möglichkeiten des Kindes erschöpft sind und Überforderung eintritt, weniger werden, sodass es durchaus vorkommen kann, dass Unterstützung darin besteht nicht zu handeln, wenn das Kind das Bedürfnis äußert, etwas alleine tun zu wollen.[7] Das kindliche Ausdrucksverhalten und die elterlichen Kompetenzen, darauf zu reagieren sind die zwei zentralen Eckpfeiler eines Systems, in dem interaktive Regulierungsprozesse ablaufen. Beide können durch viele Faktoren beeinflusst werden, sei es durch Temperament (Pauli-Pott & Bade, 2002) auf der einen oder durch psychische Störungen wie Depressionen auf der anderen Seite (Schmücker & Buchheim, 2002). Selbstregulation beim Kleinkind wird von einer komplementär angepassten regulatorischen Unterstützung von Seiten der Bezugspersonen ergänzt, sodass Regulierungsprozesse im Zusammenspiel von kindlichen und elterlichen Verhaltensweisen ablaufen (Papousek et al., 2004). Das bindungstheoretische Konzept der mütterlichen Feinfühligkeit ist in diesem Prozess eine wichtige Fähigkeit von Seiten der Mutter, die die Feinabstimmung des Zusammenspiels von selbstregulatorischen Fähigkeiten des Kindes und intuitiv regulatorischen Fähigkeiten der Eltern beeinflusst und fördert. Im alltäglichen Interaktionskontext werden diese ständig geübt und entwickeln sich weiter (Papousek, 1996). Der kindliche Erfahrungsraum erweitert sich dadurch und führt zu einer zunehmenden Eigenständigkeit des Kindes, wodurch das System sehr dynamisch wird. Fonagy (2003c) gibt dafür ein Beispiel:

„ ...Ein Kind von 11 Monaten sitzt in einem Hochstuhl und zeigt auf ein Glas Wasser; die Mutter bückt sich und reicht ihm eine Verpackung aus Silberfolie. Dies mag einen Beobachter verwirren, dennoch hat die Mutter in Übereinstimmung mit den Erwartungen des Kindes gehandelt. Sie hatte beobachtet, dass das Kind zuvor mit der Verpackung aus Silberfolie gespielt und

---

[7] In diesem Falle würde man von überfürsorglichem Verhalten sprechen

diese dann fallen gelassen hatte. Damit verlor das Kind sie aus dem Blickfeld und deutet nun auf etwas ebenfalls Glänzendes, um seinen Wunsch auszudrücken... "(Fonagy, 2003c p.13)
Eine erfolgreiche Bewältigung dieser Entwicklungsaufgabe gilt als gute Basis für die Entwicklung einer positiven (sicheren) Beziehung (Scheurer-Englisch, 2001). Die Eltern-Kind Interaktion im Alltag (beim Beruhigen, Füttern, Schlafenlegen und im Spiel) bilden das Forum, in dem elterliche Repräsentationen wirksam werden und in einem dynamischen Wechselspiel ablaufen (Papousek, 1996; Sarimski & Papousek, 2000). Der Einfluss von schwierigem Temperament und Unreife auf Seiten des Kindes kommt dadurch zum Tragen, dass die selbstregulatorischen Fähigkeiten des Kindes und die Intensität der erlebten Spannungszustände beeinflusst werden und somit erhöhte Anforderungen an die intuitive elterliche Kompetenz gestellt beziehungsweise diese überfordert wird. Auch die Beeinträchtigung der elterlichen Ressourcen durch biologische und psychosoziale Belastungsfaktoren kann sich negativ auf den Regulationsprozess auswirken und diesen zum Scheitern bringen, indem zum Beispiel unbewusste Reinszenierungen neurotischer Beziehungsmuster oder verzerrte Wahrnehmungen mit der intuitiven elterlichen Verhaltensbereitschaft interferieren können. Papousek (1999) hat diese Prozesse und Einflussfaktoren in einem entwicklungsdynamischen Modell frühkindlicher Regulations- und Beziehungsstörungen sehr anschaulich zusammengefasst (Oerter, von Hagen, Röper & Noam, 1999 p.156). Entscheidend an diesem Modell ist die Betonung der interaktiven Komponente zwischen Kind und Bezugspersonen, da hier die aktive Rolle des Kindes in diesem Prozess anerkannt wird und sich die Betrachtung nicht auf die elterlichen Fähigkeiten alleine beschränkt. Durch die obigen Ausführungen wird deutlich, warum es bisher nicht ausreichend gelungen ist, eindeutige Zusammenhänge von mütterlicher Feinfühligkeit, kindlichem Temperament mit Bindungs(un)sicherheit zu finden, da jeder Faktor für sich genommen nur ein Teil des Gefüges der Eltern-Kind-Interaktion ist.
Die Qualität des Regulationsprozesses insgesamt sollte aber sehr wohl ein guter Prädiktor für Bindungsqualität sein.[8] Gute Ergebnisse erzielt man auch, wenn man die Auswirkungen von Beziehungsrepräsentation der Eltern auf die Ausbildung von Bindungsqualität bei ihren Kindern näher betrachtet. So erhöht beispielsweise eine unverarbeitete Trauer oder ein ungelöstes Trauma auf Seiten der Eltern die Wahrscheinlichkeit eines desorganisierten Bindungsmusters beim Kind (Main & Hesse, 1990), wobei angenommen werden kann, dass sich die Repräsentation von Beziehungsmustern bei den Eltern und/oder Bezugspersonen im oben beschriebenen Regulationsprozess widerspiegeln. Die elterliche Fähigkeit, eine intentionale Haltung gegenüber dem Kind einzunehmen, sich um

---

[8] auch hier können vermutlich keine eindeutigen Zuschreibungen gemacht werden, weil dies aufgrund der Vielzahl an Einflussfaktoren gar nicht möglich ist, dennoch sollte sich durch die Betrachtung dieses Prozesses die Vorhersagekraft deutlich erhöhen.

die innere Welt des Säuglings ebenso wie um die eigenen Gedanken, Gefühle und Bedürfnisse zu kümmern, ist ein wesentlicher Faktor bei der Übermittlung von Bindung (Fonagy, 2003b). In anderen Worten bedeutet das, dass die Bezugsperson in der Lage sein muss, neben ihrer eigenen psychischen Realität dem Kind einen ‚externen' Raum zum Aufbau einer kindlichen psychischen Realität zur Verfügung zu stellen, die dann sukzessive internalisiert werden kann. Die Tatsache, dass die generalisierten Beziehungsmuster der Eltern eine sehr gute Vorhersage der Bindungsqualität des Kindes zulassen (van Ilzendoorn et al., 1997), zeigt die Bedeutung der repräsentationalen Ebene in diesem Prozess.

Die Untersuchung der Mutter-Kind Interaktion und darin ablaufender alltäglicher interaktiver Mikroprozesse ist sehr aufwendig, aber auch notwendig, um den Prozess des Aufbaus komplexer psychischer Strukturen besser verstehen zu lernen. Die mikroanalytische Untersuchung von Konfliktregulierungsprozessen in Mutter-Kind-Dyaden wie sie beispielsweise bei Juen (2001) durchgeführt wurde oder auch die bereits erwähnten Arbeiten von Papousek (1996; 1999) sind sehr gute Beispiele dafür. Zunehmend aufgegriffen sollte auch der Ansatz von Bürgin (1998a) und von Klitzing (2002) werden, die dafür eintreten, vermehrt die Bedeutung der triadischen Beziehungsstrukturen in der frühen Kindheit anzuerkennen.

5.4 Die Bedeutung von Emotionen und von Emotionsregulation

5.4.1 Was sind Emotionen

Jeder weiß, was eine Emotion ist, bis er gebeten wird, eine Definition zu geben, schreiben Fehr und Russell 1984 (zit. nach Otto, Euler & Mandl, 2000). Diese 20 Jahre alte Aussage hat noch immer ihre Richtigkeit, wenngleich auch zunehmend die exakte Definition von Emotionen nicht mehr als Basis, sondern als ein Ziel emotionspsychologischer Forschung gesehen wird und man sich konsensueller Arbeitsdefinitionen als Orientierungsrahmen bedient (Frijda, 1986; Meyer, Schützwohl & Reisenzein, 1993) Einigermaßen einig ist man sich mittlerweile, dass an emotionalen Prozessen unterschiedliche Komponenten beteiligt sind, wobei eine jeweils unterschiedliche Gewichtung in der Bedeutung einzelner Komponenten vorgenommen wird. Emotionen werden als sich über die Zeit verändernde Prozesse von einer bestimmten Qualität und Intensität verstanden, an denen unterschiedliche Komponenten beteiligt sind. Dabei wird meist zwischen einer *kognitiven Komponente, einer neurophysiologischen Komponente, einer motivationalen Komponente, einer expressiven Komponente* sowie der *Komponente des subjektiven Erlebens* unterschieden (Bänninger-Huber & Widmer, 1996; Frijda, 1986; Krause, 1997; Lazarus, 1991).

Den Versuch einer solchen Arbeitsdefinition unternimmt auch Peham (2004) in Anlehnung an Bänninger-Huber & Widmer (1996), wonach Emotionen als Prozesse verstanden werden, die sowohl intrapsychisch als auch interaktiv entstehen und reguliert werden. Hier wird wieder die Bedeutung interaktiver

Prozesse aufgezeigt. Weiters kann nach Peham (2004) die auslösende Situation sowohl aus externalen wie internalen Komponenten – womit auch Phantasien, Erinnerungen, oder Vorstellungen eine angemessene Bedeutung zugeschrieben wird – jeweils verbunden mit einer spezifischen Bewertung bestehen. Hier wird die Bedeutung psychischer Prozesse, die im Rahmen früher Mutter-Kind Interaktion grundgelegt werden deutlich. Für eine umfassende Übersicht über den Stand der Emotionsforschung darf ich auf Peham (2004) verweisen.

Holodynski (1999) unterscheiden das strukturalistische, das funktionalistische sowie das kontextualistische Emotiosparadigma, die als übergeordnete Sichtweisen gesehen werden können, unter die sich wenn auch nicht kategorisch dann zumindest dimensional die vielen verschiedenen Arbeitsdefinitionen einordnen lassen. Ersteres beschreibt dabei Emotionen als psychische Zustände, wobei versucht wird, Emotionen über ihre objektivierbare Form und Struktur zu definieren. Zweitere Sichtweise zielt darauf ab, Emotionen in ihrer Veränderung der Handlungsbereitschaft zu beschreiben, die wiederum eine Veränderung der Beziehung von Person und Umwelt bewirkt. Das dritte Paradigma erweitert den Blickwinkel nochmals um die Bedeutung des kulturellen und sozialen Kontextes. Wie bereits beschrieben ist es wichtig, Entwicklungsprozesse des Menschen als ein dynamisches komplexes Ganzes zu sehen, was neben subjektiven Bewertungsprozessen als wichtige Komponente emotionalen Erlebens auch interaktive Einflussfaktoren und kulturell tradierte Bedeutungssysteme beinhaltet. Die Komponente des subjektiven Erlebens, die eine zentrale Ebene des funktionalistischen Paradigmas darstellt, ist dabei ebenso bedeutsam wie die Komponente der sozialen Bewertung einer Emotion. Emotionen lösen dabei spezifische Regulierungsprozesse aus, die intrapsychisch ebenso wie interaktional und aktional ablaufen können. Jede Emotion hat eine spezifische Funktion, zu der alle Komponenten in einem übergeordneten Zusammenhang stehen, woraus sich ein spezifisches Profil von Bewertungsprozessen, Handlungsbereitschaften und Regulierungsprozessen ergibt (Bänninger-Huber & Widmer, 1996). Für die frühkindliche Entwicklung sind Emotionen als grundlegende funktionale Bestandteile des Erlebens und Verhaltens zu sehen, da affektive Regulierungsprozesse das Kind in eine optimale Lernbereitschaft versetzen (Papousek, 1999). Da diese Prozesse in erster Linie im Rahmen von Beziehungen (interaktiv) ablaufen, wird wiederum deutlich, welchen Einfluss frühkindliche Interaktionserfahrungen auch auf die emotionale Entwicklung haben. Sowohl emotionale Ausdrucksmuster als auch emotionale Regulationsmuster stehen in engem Zusammenhang mit mütterlicher Feinfühligkeit und Bindungsqualität (Spangler, 1999).

5.4.2 Entwicklung von Emotionsregulation

Emotionen sind also mehr als psychische Zustände, denn sie haben auch Prozesscharakter und dienen der Herstellung, Aufrechterhaltung und Unterbrechung von Beziehungen zwischen Person und innerer und äußerer

Umwelt, sofern diese Beziehungen persönlich bedeutsam sind (Campos, Campos & Barrett, 1989). In den vorangegangenen Überlegungen werden Emotionen im Rahmen affektiver Regulierungsprozesse in der frühkindlichen Entwicklung als grundlegende funktionale Bestandteile des kindlichen Erlebens und Verhaltens gesehen. In einer funktionalistischen Sichtweise werden Emotionen als die Veränderung der Handlungsbereitschaft gesehen, die auf eine Veränderung der Person-Umwelt Beziehung hin gerichtet ist. Der Entwicklungsprozess führt nach Friedlmeier (1999) von einem direkten affektiven System über ein von konkretem kommunikativem Verhalten abhängigen System hin zu einem vom Verhalten unabhängigen System der inneren Modellbildung. Das affektive System ist zunächst präsymbolisch und bildet die Voraussetzung für den Aufbau mentaler Repräsentationen. Wie zuvor beschrieben braucht der Säugling zur Regulierung seiner Affekte eine externe Bezugsperson. Dadurch hat Emotionsregulierung zunächst eine stark interaktive Komponente. Sehr bald entwickelt das Kind erste selbstregulatorische Fähigkeiten, wobei die Entwicklung von einer direkten affektbasierten interaktiven Regulation hin zu einer schemabasierten und später konzeptbasierten selbstständigen Regulation von Emotionen geht (Holodynski & Friedlmeier, 1999). Ziel des Prozesses ist es aber nicht, interpsychische Regulierungsprozesse zu minimieren und intrapsychische Regulierungs-kompetenz aufzubauen, sondern viel mehr ein generelles Verständnis emotionaler Zustände zu entwickeln, das deren Regulation (auch interaktiv) steuern kann.

Der Symbolbildung kommt dabei entscheidende Bedeutung zu und zwar sowohl auf Seiten des Kindes als auch auf Seiten des Erwachsenen über diverse Phantasien der Eltern. Die Sichtweise der Entwicklung, dass zunächst der Säugling stark auf die Bezugspersonen angewiesen ist, sich aus den gemachten Erfahrungen heraus mentale Repräsentationen bilden, die andere Personen auch bei physischer Abwesenheit ‚verfügbar' machen können und sich zu einem generalisierten Modell erweitern, beschreibt eine grundlegende Annahme der Bindungstheorie und auch dieser Arbeit. Wie oben beschrieben können verschiedenste Faktoren auf den interaktiven Prozess des Austausches von Kind und Bezugspersonen einwirken. In den alltäglichen Mikroprozessen werden Erfahrungen im Umgang mit affektiven Zuständen gemacht, die eine wichtige Grundlage der emotionalen Entwicklung bilden. Das Kind braucht dabei abwechslungsreiche Beziehungserfahrungen, wobei Erfahrungen in unterschiedlichen Beziehungen zu einem Ganzen generalisiert werden. Leichte Abweichungen in den Erfahrungen sind dabei eher förderlich, während zu starke Diskrepanzen belastend wirken (Beebe & Lachmann, 1994).

5.5 *Entstehung und Auswirkung von Bindungsdesorganisation*

Der Aufbau eines „psychischen Grundgerüsts" im Rahmen frühkindlicher Beziehungserfahrungen ist ein wichtiger Baustein zur Entwicklung psychischer

Realität und Emotionsregulation. Die Beschreibung unterschiedlicher Bindungsmuster habe ich im vorangegangenen Kapitel vorgenommen. Nähere Angaben dazu findet man zum Beispiel bei Fremmer-Bombik (1995) oder bei Ainsworth (1985). Es ist vor allem der Arbeit von Mary Main und ihren Mitarbeitern zu verdanken (Übersicht in Main, 1995), dass mittlerweile auch Kinder identifiziert werden, denen im Alter von 1 Jahr ein konsistentes inneres Arbeitsmodell zu fehlen scheint oder dieses dermaßen instabil ist, dass es ihnen nicht gelingt, die Grundelemente psychischer Realität zu organisieren. In der Fremde-Situation (FST) werden diese Kinder als desorganisiert eingestuft und verhalten sich widersprüchlich, ziellos und stereotyp (Jacobvitz, Hazan & Thalhuber, 2001). Kleinkinder, die als desorganisiert eingestuft werden, scheinen dabei Gefahr zu laufen, in ihrem späteren Leben unbefriedigende zwischenmenschliche Beziehungen zu unterhalten oder sogar eine ernstzunehmende psychopathologische Erkrankung zu erleiden (Lyons-Ruth & Jacobvitz, 1999). Main & Hesse (1990) verknüpfen das desorganisierte Bindungsverhalten mit ängstlichem und beängstigendem Fürsorgeverhalten. Kleinkinder machen demnach Erfahrungen mit unerklärlich beängstigendem Verhalten im Rahmen des oben beschriebenen Regulierungsprozesses auf Seiten ihrer Eltern. Angst spielt eine zentrale Rolle in der Förderung des Überlebens des Kleinkindes, da es bei Auftauchen von Gefahr Sicherheit und Schutz bei der Bezugsperson sucht. Bei desorganisierten Kindern scheint es nun so zu sein, dass die Bezugsperson Quelle von Schutz und Bedrohung in einer Person ist und es dadurch Kindern nicht gelingt, eine organisierte Strategie zu entwickeln, um bei Beunruhigung Schutz und Sicherheit zu bekommen (Main & Hesse, 1990). Durch die große Diskrepanz an Erfahrungen haben Kinder keine Strategie zur Stressbewältigung (Jacobvitz et al., 2001). Weil Kinder sich auf den Schutz und den Trost ihrer Eltern verlassen, löst das Erschrecken der Eltern bei den Kleinkindern Angst aus. Eltern desorganisierter Kinder können nicht angemessen auf ihr Kind reagieren. Die emotionale Kommunikation ist gestört, weil die Bezugsperson gleichzeitig Quelle und Auflösung der Angst ist, was zu einem Zusammenbruch von Verhaltensstrategien beim Kind führt (Main & Hesse, 1990). Bindungsdesorganisation steht in engem Zusammenhang mit familiären Risikofaktoren wie Misshandlung, schwerer depressiver und bipolarer Störungen sowie Alkohol- oder Drogenkonsum (Main, 1995). Dies sind Faktoren, die die Regulierungsprozesse im Rahmen von Bindungsbeziehungen massiv beeinflussen, vor allem auf Seiten der intuitiven elterlichen Didaktik (Jacobvitz et al., 2001). Vermutlich sind diese Prozesse bei der Entwicklung von Desorganisation dermaßen massiv beeinträchtigt, dass das Kind sich in einem permanenten Spannungszustand befindet, da die vermeintlich schutzgebende Bindungsperson nicht in der Lage ist, dem Kind als externe Regulierungsinstanz zu dienen und darüber hinaus noch spannungserhöhend (angstauslösend) einwirkt (vgl. dazu auch die Cortisol Messungen desorganisierter Kinder zB in Spangler & Grossmann, 1993). Es ist zu beobachten, dass sich Desorganisation eher in einer bestimmten Beziehung entwickelt und nicht in Zusammenhang gebracht werden kann mit angeborenen Eigenarten oder schwierigem Temperament des Kindes (Jacobvitz et al., 2001). Dies ist auch im Sinne der Beschreibungen von vorhin, wonach der Einfluss von Temperamentsfaktoren auf die Bindungsqualität nicht an sich beobachtet werden kann, sondern vielmehr deren Einfluss auf das Gelingen der Eltern-Kind Kommunikation. Schwieriges kindliches Temperament kann durchaus durch eine gut ausgeprägte elterliche Didaktik kompensiert werden, stellt aber erhöhte Anforderungen an die elterliche Kompetenz, die bei desorganisierter Bindungsqualität jedoch gerade beeinträchtigt ist. Das wird auch gestützt durch Beobachtungen der Einflüsse mentaler Repräsentationen von Bindungsbeziehungen von Seiten der Eltern auf die Bindungsqualität ihrer Kinder (Fonagy & Target, 2003). Die Annahme generationsübergreifender Tradierung von Bindung ist auf diesem Wege recht gut belegt. Sehr häufig ist zu beobachten, dass Eltern, bei denen ein unverarbeitetes Trauma festgestellt wurde, Kinder haben, die als desorganisiert eingestuft werden (Buchheim, 2002). In der Kommunikation mit seinen Eltern lernt das Kind dabei nicht seine angstbeladenen Affekte zu regulieren, da der Elternteil nicht in der Lage ist, dem Kind zu helfen, seine negativen Affekte (wie bei einer sicheren Bindungsbeziehung) in eine positive emotionale Grundstimmung zu integrieren (Fremmer-Bombik, 1995). Genau dieser Prozess ist aber entscheidend für den Aufbau angemessener Regulationsstrategien beim Kind. Es scheint so zu sein, dass ein unverarbeiteter seelischer Zustand in das Elternverhalten eindringt, was den Prozess der emotionalen Kommunikation zwischen Kleinkind und Bezugsperson scheitern lässt, wenn eine traumatische Erfahrung noch aktiv ist – d.h. der Prozess der Reorganisation (noch) nicht abgeschlossen ist, wodurch es der Bezugsperson nicht gelingt, eine konsistente Gesamtrepräsentation herzustellen. Diese wäre allerdings notwendig, um dem Kind einen geeigneten Raum zum Aufbau seiner psychischen Realität zu bieten. Allgemein gesagt ist die Wahrscheinlichkeit der Bindungsdesorganisation beim Kleinkind stark erhöht, wenn die intuitive elterliche Didaktik stark beeinträchtigt ist.

5.6 Frühkindliche Regulationsprobleme und psychische Störung

Auf den ersten Blick betrachtet ergibt sich nur eine geringe Persistenz frühkindlicher Probleme bis ins Schulalter (Laucht, Schmidt & Esser, 2004). Demnach zeigen Probleme wie exzessives Schreien oder Schlafstörungen im Säuglingsalter nur geringe Zusammenhänge mit späteren Verhaltensauffälligkeiten. Etwas anders stellt sich die Situation aber dar, wenn man Kinder mit multiplen Regulationsproblemen getrennt betrachtet. Regulationsprobleme umfassen dabei exzessives Schreien, Schlafstörungen, Fütter- und Gedeihstörungen sowie Klammern, Trotzen und Toben[9]. Diese

---

[9] auch zusammengefasst als Störungen der emotionalen Verhaltensregulation (Papousek et al., 2004)

Kinder zeigen beispielsweise in der Mannheimer Risikokinderstudie (Esser et al., 1990) signifikant mehr externale (hyperkinetische, oppositionelle und aggressive) Verhaltensprobleme und internale (ängstliche und depressive) Auffälligkeiten als die Kinder der Vergleichsgruppe. Multiple Regulations-störungen zeigen weiters starke Effekte auf die Mutter-Kind-Interaktion insofern, als dass Mütter dieser Säuglinge weniger feinfühlig und responsiv waren, weniger mit ihrem Kind lächelten und ihr Kind weniger stimulierten (Laucht et al., 2004). Verstärkt werden diese Zusammenhänge durch das gleichzeitige Auftreten psychosozialer Belastungsfaktoren (Laucht et al., 2004), wobei sich ein niedriges Bildungsniveau sowie eine psychische Erkrankung der Eltern als besonders relevant erwiesen. Insgesamt zeigt sich eine gute Prognose bei Kindern mit isolierten Regulationsproblemen, wohingegen Kinder mit multiplen Regulationsstörungen ein erhöhtes Risiko für Verhaltens-auffälligkeiten über die gesamte Kindheit hinweg aufwiesen. Multiple Regulationsstörungen stehen weiters in Zusammenhang mit Beeinträchtigungen der frühen Mutter Kind Interaktion, wobei dysfunktionale Interaktionsmuster (vor allem sichtbar in verkürzten Phasen positiver Interaktion) das Risiko späterer Auffälligkeiten erhöhen und zu einer ungünstigen Prognose beitragen. Interessant in diesem Zusammenhang ist auch der gefundene Geschlechtsunterschied, wonach bei Mädchen mit multiplen Regulations-störungen eine geringe Reaktivität und Responsivität der Mutter eine Prognose externaler Verhaltensauffälligkeiten zulässt, wohingegen bei Jungen diese Zusammenhänge bei hoher Responsivität gefunden wurden. Dies kann als Hinweis auf spezifische Einflüsse dysfunktionaler Interaktionsmuster auf die Prognose frühkindlicher Regulationsprobleme gewertet werden (Laucht et al., 2004).

6 Erleben und Repräsentieren - Der Prozess der Integration von Erfahrungen

Mit der vorliegenden Arbeit soll versucht werden, die psychische Welt eines Vorschulkindes besser verstehen zu lernen, wozu es zunächst notwendig ist, sich Gedanken darüber zu machen, was psychische Welt denn überhaupt bedeutet und wie sie sich entwickelt. Die Frage danach, wie Kinder denken und wie sie Erfahrungen internalisieren und integrieren, ist dabei wesentlich (Siegler, 2001).

6.1 Zum psychologischen Strukturbegriff

Allgemein versteht man unter Struktur das geordnete Zusammenfügen von Teilen zu einem Ganzen. Erklärt werden kann eine Struktur durch Funktionsregeln und durch die Entstehungsgeschichte. Der Rekurs auf die Entwicklungsgeschichte von Strukturen erfordert entweder den direkten Zugang dazu oder Modelle zu deren Entstehen (Arbeitskreis-OPD, 2004). Diese theoretischen Grundannahmen sollten dabei immer kritisch hinterfragt werden. Auch psychische Strukturen des Menschen sind so zu verstehen im Sinne eines ganzheitlichen Gefüges von psychischen Dispositionen, das als Ergebnis aus einer wechselseitigen Beeinflussung von angeborenen Bereitschaften und interaktionellen Erfahrungen in der Kindheit entsteht (Sharpio, 1991). Für andere wird diese Struktur teilweise in erster Linie im interaktionellen Handeln sichtbar (Arbeitskreis-OPD, 2004). Struktur begründet dabei den zeitüberdauernden persönlichen Stil, wobei psychische Struktur nicht als starr und unveränderlich gesehen werden sollte, sondern als ein ständiger lebenslanger Entwicklungsprozess. Strukturen verändern sich dabei nach Seidler (1995) durch die Integration neuer Information, was zu einer Modifikation und Umorganisation führen kann. Darüber hinaus lässt sich psychische Struktur in strukturelle Dimensionen unterteilen. Dazu gehören die Fähigkeit zur Selbstwahrnehmung und Selbststeuerung sowie die Fähigkeit zu einer flexiblen Abwehr (Arbeitskreis-OPD-KJ, 2004). Wichtig dabei ist es, dass es dem Selbst gelingt, Objekte mit eigenen Eigenschaften von sich abgegrenzt zu erleben, nachdem verlässliche mentale Repräsentanzen der Objekte aufgebaut wurden. Dadurch wird es möglich, mit ihnen in Verbindung zu treten und sich aus dieser Beziehung auch wieder zurückzuziehen. Voraussetzung dafür ist die Fähigkeit zur Objektwahrnehmung, zur Kommunikation und zur Bindung, wobei sich diese grundlegende Strukturentwicklung in den ersten fünf bis sechs Lebensjahren vollzieht (Arbeitskreis-OPD, 2004). Eine strukturelle Störung im Erwachsenenalter kann in einer mangelhaften Ausbildung eines oder mehrerer dieser Strukturelemente gesehen werden, was sich in einer unreifen, unvollständig entwickelten und instabilen Selbststruktur äußert (Heinemann & Hopf, 2004). Psychische Struktur ist dabei immer als die Struktur des Selbst in Beziehung zum anderen zu sehen. Sie kann im Sinne des Arbeitskreises OPD

Kinder und Jugend (Arbeitskreis-OPD-KJ, 2004 p.123) aufgefasst werden als das Ergebnis einer *bidirektionalen Wechselwirkung von angeborenen Bereitschaften und interaktionellen Erfahrungen in der Herausbildung von spezifischen Erlebnis- und Handlungsdispositionen des Kindes in der Auseinandersetzung mit seiner Umwelt.* Während die Abbildung der Qualität psychischer Strukturen im Kindesalter noch auf den drei Dimensionen Selbst- und Objektwahrnehmung, Steuerung und Abwehr sowie kommunikative Fähigkeiten beruht, werden vom Arbeitskreis OPD in der Operationalisierung psychischer Struktur dann sechs Dimensionen genannt. Diese beschreiben sehr anschaulich beobachtbare Funktionen:

- *Die Fähigkeit der Selbststeuerung*
- *Die Fähigkeit der Selbstwahrnehmung*
- *Die Fähigkeit zur Abwehr*
- *Die Fähigkeit zur Objektwahrnehmung*
- *Die Fähigkeit zur Kommunikation*
- *Die Fähigkeit zur Bindung*

Der Aufbau eines stabilen Kerns einer psychischen Struktur ist eine zentrale Aufgabe einer gesunden Entwicklung in den ersten 6 Lebensjahren. Eine ungestörte, stabile psychische Struktur beschreibt demnach die Verfügbarkeit eines psychischen Binnenraums, den der einzelne mittels intrapsychischer Prozesse so regulieren kann, dass auch interpersonelle Beziehungen hergestellt, aufrechterhalten und unterbrochen werden können (Arbeitskreis-OPD, 2004). Es sind hier zwei Aspekte wesentlich: einerseits beschreibt Struktur ein Organisationsschema mentaler Repräsentationen, andererseits handelt es sich dabei um ein Bündel an Fähigkeiten. In Kombination dieser beiden Aspekte könnte man psychische Stuktur als Fähigkeit beschreiben, seine repräsentationale Welt zu organisieren (vgl. Kapitel 3).

6.2 Was ist psychische Realität

Häufig ist von einer psychischen im Gegensatz zu einer physischen (realen) Welt die Rede. Der Begriff „Psychische Realität" wird nach Michels (1984) in der Psychoanalyse meist umgangssprachlich verwendet und umschreibt subjektive Erfahrungen, die von unbewussten Prozessen beeinflusst sind. Ursprünglich versuchte Freud mit einer Trennung in eine Gedankenwelt und eine äußere Welt die Bedeutung von Gedanken für das Funktionieren des Ich zu erklären und kam so auf ein Erklärungsmodell zur Herausbildung neurotischer Strukturen. Demnach sind Neurotiker dadurch gekennzeichnet, dass sie der psychischen (Gedanken)welt gegenüber der realen (faktischen) Welt mehr Bedeutung beimessen und auf Gedanken reagieren wie gesunde Personen auf faktische Realitäten (Fayek, 2002). In diesem Sinne liegt die Gefahr in einer unvollständigen Unterscheidung von Reizen aus der äußeren Welt, woraus unbewusste maladaptive Prozesse entspringen (Brenner, 1996). Ein Neurotiker kann zwar den Ursprung von Erfahrungen orten (entweder internal oder external), er misst allerdings internen Erfahrungen mehr Gewicht bei als dem Wissen der faktischen Realität. Fonagy & Target (1996) geben ein Beispiel einer zwanghaften Person, die zwar weiß, dass eine Türe verschlossen ist, aber dennoch mehrfach nachprüft, weil das interne Bild eines unsicheren Hauses größere Bedeutung hat als das Bild, das ihm von seinen Sinnen zur Verfügung gestellt wird. In der Phase des Aufbaus psychischer Realität ist das Kind noch nicht in der Lage zwischen internen und externen Strukturen ausreichend zu trennen. Fonagy & Target (1996) beschreiben diesen Modus als „psychic equivalence mode", wonach für den Säugling und das Kleinkind alles real und transparent ist, weil es noch keine internalisierte und abgegrenzte psychische Realität besitzt. Die Innenwelt wird demnach noch nicht als eigene abgeschlossene und von außen nur begrenzt zugängliche Einheit wahrgenommen. Die besondere Herausforderung für das Kind ist, aus diesem Modus und dem „Modus des Als ob" (Pretend mode) – der die Fähigkeit beschreibt, mit Symbolen umzugehen - heraus über eine Integration dieser beiden Realitäten ein Verständnis für geistige Prozesse zu entwickeln, das es ihm erlaubt, zwischen Innen- und Außenwelt zu trennen, es aber doch als Teile des gleichen Systems zu sehen. Eine genaue Beschreibung der Begrifflichkeiten liefert Kapitel 7.

In den klassischen Theory of Mind Tests wird dies deutlich, wenn Kinder mit 3 Jahren anderen das gleiche Wissen zuschreiben, das sie selbst haben. Erst mit etwa 4 bis 5 Jahren erkennen dann Kinder, dass andere Personen Dinge durchaus anders wahrnehmen als sie selbst (Wellman et al., 2001). Eine zentrale Frage ist es nun, wie sich diese Fähigkeit äußert, wenn man anderen nicht nur Wissen zuschreiben soll, sondern Emotionen und Handlungsintentionen, beziehungsweise wie diese Fähigkeit durch emotionale Erregtheit beeinflusst wird. Viele Autoren (zB Gergely & Watson, 1996; Stern, 1985) gehen davon aus, dass das Kind bereits gegen Ende des ersten Lebensjahres rudimentäre Fähigkeiten besitzt, anderen mentale Zustände, im Besonderen Emotionen, zuzuschreiben. Diese Prozesse sind Gegenstand des nächsten Kapitels. In der Entwicklung eines Kindes kommt weiters dem Symbolischen eine wesentliche Bedeutung zu. Ich möchte hier nicht auf die Diskussion einsteigen, ab wann Kinder in der Lage sind, symbolisch zu denken, was häufig unter der Frage diskutiert wird, ob Säuglinge phantasieren können (vgl. Dornes, 1993, 1997), sondern darstellen, wie sich die Symbolfunktion beim Kind entwickelt und welche Bedeutung ihr zukommt. Ich gehe davon aus, dass der Säugling vielerlei Kompetenzen besitzt, allerdings anfänglich nur innerhalb der physischen Realität, was bedeutet, dass sich psychische Strukturen erst aus den Erfahrungen in der realen Welt heraus entwickeln.

6.2.1 Exkurs: Der Erfahrungsraum des Kindes

Kinder kann man nur verstehen, wenn man auch begreift, in welcher Welt sie leben. Die vielschichtige und noch immer in Gang befindliche Diskussion, was

nun der adäquate Zugang zur frühen Kindheit und im Besonderen zur
präverbalen Entwicklung sei, möchte ich mit diesem Abschnitt ergänzen. Auf
der einen Seite steht der reale Säugling der Säuglingsforschung, die versucht,
durch Beobachtung zu begreifen, auf der anderen der konstruierte Säugling der
Psychoanalyse, der versucht, aus Berichten von Erwachsenen ein Säuglingsbild
zu erschließen (vgl. Dornes, 1997). Wie immer bei polarisierenden Sichtweisen
hat beides Wahrheit und Mängel und zwar deshalb, weil beides subjektiv
gefärbt ist, sei es durch den Beobachter auf der einen oder durch den
Erwachsenen selbst auf der anderen Seite. Um zu erfahren, was der Säugling
denkt,   fühlt   und   wahrnimmt   ist   der   retrospektive   Zugang   über
Erwachsenenberichte wohl kaum geeignet, sowie es auf der anderen Seite mit
Säuglingsbeobachtungen kaum gelingen wird zu erfahren, wie ein Erwachsener
seine Kindheit repräsentiert. Um zu erfahren, wie frühkindliche Erfahrungen die
weitere Entwicklung beeinflussen ist es deshalb einerseits wichtig zu wissen,
was bei Kindern überhaupt relevante Erfahrungen sind, auf der anderen Seite
aber auch, wie diese Erfahrungen sich im Individuum manifestieren, also wie
diese Erfahrungen internalisiert und auch repräsentiert werden. Im nächsten
Abschnitt werden wir uns mit dem zweiten Punkt auseinandersetzen. Zuvor
scheint es mir aber wichtig, den Erfahrungsraum des Säuglings und des Kindes
näher zu betrachten. Um zu verstehen, wie das Kind Erfahrungen internalisiert,
ist es zunächst wichtig zu wissen, welche Erfahrungen überhaupt gemacht
werden. Um auf den ersten Satz diese Kapitels näher einzugehen ist es mit ein
Defizit in der Forschung zur präverbalen Entwicklung, dass man versucht,
Kinder im Vergleich zu Erwachsenen zu verstehen oder sie zumindest vor dem
Hintergrund der ‚Erwachsenenwelt' zu begreifen, in der sich der Forscher ja
selbst befindet. Dies führt zwangsläufig dazu, dass das Kleinkind als mangelhaft
ausgestattetes Wesen dargestellt wird, da es Fähigkeiten des Erwachsenen
einfach noch nicht hat, weil es diese auch gar nicht braucht. Man soll also anders
gesagt vermehrt versuchen, Kinder in deren Umwelt zu verstehen um zu
begreifen welch weitreichende Fähigkeiten kleine Kinder haben. Eine
wesentliche Frage wurde bisher noch außer Acht gelassen, nämlich jene, ob alle
Objekte für das Kind grundsätzlich gleich bedeutsam sind oder nicht. Warum
mag das eine Kind lieber eine Rassel, das andere lieber einen Ball? Es spielt
dabei nicht nur die Wahrnehmung eine Rolle, sondern in großem Maße auch die
Bewertung von Objekten, die wesentlich vom affektiven System beeinflusst
gesehen werden kann. Relevanz bekommen Objekte durch das affektive System,
das den Bewertungsrahmen bildet und somit zur Ebene der Wahrnehmung
hinzukommt. Ein Kind wird nur dann explorieren, wenn es eine persönliche
Relevanz (eine affektive Bedeutung) hat. Auch das Nähesuchen, das in der
Bindungstheorie beschrieben wird, ist eine Exploration, nämlich die der
Verfügbarkeit der Bezugsperson. Um aber die Begriffe nicht zu vermischen
behalte ich den Begriff „Bindungsverhalten" bei. Damit Erfahrungen für das

Kind Bedeutung erlangen bzw. überhaupt gemacht werden, braucht es also Spannungszustände im Sinne einer (affektiven) Besetzung.

6.2.2 Exkurs: Warum die Bindungsperson so bedeutsam ist

Dass eine primäre Bezugsperson und deren (feinfühliges) Verhalten sehr große Auswirkungen auf die weitere Entwicklung hat, wurde in der Bindungsforschung schon vielfach bewiesen (zB Dozier et al., 1999; Scheurer-Englisch, 2001; Spangler, 1999; Zimmermann et al., 2000). Ich möchte hier allerdings die Frage nach dem Warum stellen. Während Erwachsene primär neue Erfahrungen aufgrund ihrer Repräsentationen, Schemata oder Skripts, die sich aus bisher gemachten Erfahrungen gebildet haben einschätzen, steht dieser Bewertungsraum Neugeborenen noch nicht zur Verfügung (Übersicht in Dornes, 1993). Neugeborene machen allerdings sehr schnell viele Erfahrungen, die anfänglich nicht eingeordnet werden können. Zu dieser Einordnung braucht das Kind eine Bindungsbeziehung. Die Bindungsperson hat die Aufgabe, dem Kind einen Raum zu geben, um seine Repräsentationen auszubilden (Fonagy & Target, 2003). Der Säugling hat somit eine „externalisierte Struktur" zur Verfügung, zu der es noch keinen Zugriff hat. Wenn neue Erfahrungen vom Säugling gemacht werden – beispielsweise emotionale Zustände in Form eines Hungergefühls – ist es wichtig von Seiten der Bezugsperson, dies auch als Hunger zu interpretieren, ein Prozess, der beim Erwachsenen internal erfolgt. Zur Integration neuer Erfahrungen wird also ein repräsentationaler Raum benötigt, der es ermöglicht, diese Erfahrungen zu bewerten, einzuordnen, zu interpretieren und zu strukturieren. Dies erfolgt beim Erwachsenen und beim Säugling gleichermaßen, nur ist dieser Bewertungsraum beim Säugling „externalisiert" und die Art von Erfahrungen ist eine andere. Man könnte nun verleitet sein zu sagen, dass dann im Erwachsenenalter Bindung keine Rolle mehr spielt, weil der Erwachsene ja seinen Bewertungsraum integriert hat, allerdings darf man nicht vergessen, dass das Gefühl der Sicherheit und Nähe eines ist, das der Mensch zumindest immer wieder anstrebt. Er hat im Laufe der normalen Entwicklung gelernt und erfahren, dass der Weg, dieses Gefühl herzustellen, über dauerhafte Beziehungen führt (Gloger-Tippelt, 2001; Zimmermann, Spangler, Schieche & Becker Stoll, 1995). Im Kindesalter muss die externe psychische Realität des Kindes (über die Bindungsperson) genau das repräsentieren, damit es mit der Zeit internalisiert werden kann und so die Basis nach dem Bedürfnis bietet, Beziehungen eingehen zu wollen. Das Repertoire an interaktiven Fähigkeiten, die ein Säugling bereits hat, ist als sein Draht zu seinem externalisierten internen Raum zu verstehen. Sehr schnell übernimmt der Säugling Teile dieser psychischen Struktur selbst, die äußere Welt des Säuglings wird zunehmend internalisiert. (zB Friedlmeier, 1999). Die wesentliche Aufgabe der Bezugsperson ist es, dem Kind gegenüber verständlich zu sein, weil ein Kind diese Bedeutungszuschreibungen noch nicht alleine vornehmen kann. Am eindrücklichsten zeigt sich dies über das „social referencing", wo der

Gesichtsausdruck der Mutter ein sichtbares und verständliches Signal darstellt, dass etwas gefährlich ist oder eben nicht. Das Kind kann diese Bedeutung nicht alleine zuschreiben, weil es noch nicht in der Lage ist, symbolisch und abstrakt zu denken. Das Kind lernt die mentale Welt über die sichtbaren Signale der Bezugsperson kennen und integriert diese im Laufe der Zeit. Erst mit der Fähigkeit symbolisch zu denken kann das Kind seinem Verhalten selbst Bedeutung geben, wenn es ihm nämlich gelingt, Handlungsfolgen zu antizipieren.

6.3 Die Entstehung des inneren Bildes und die Symbolfunktion

Auch wenn seine Theorie bereits vielfach kritisiert wurde, ist die Entstehung des inneren Bildes und der Symbolfunktion unweigerlich mit dem Namen Jean Piaget verbunden (Piaget, 1974, 1990; Übersicht in Siegler, 2001). Piaget geht davon aus, dass Objektvorstellungen des Säuglings weitgehend übereinstimmen mit der Summe der Empfindungen, die das Objekt bei ihm auslösen. Abwesende Objekte existieren beim Säugling nicht mehr, weil sie keine Empfindungen auslösen können. Es werden zwar Gedächtnisspuren gebildet, die im ersten Lebensjahr allerdings nicht abgerufen werden können, wenn das Objekt abwesend ist. Der Säugling denkt also nicht symbolisch, sondern sensumotorisch, er verfügt nicht über die Fähigkeit, sich ein Bild von einem abwesenden Objekt zu machen (Piaget, 1990). Die meiste Kritik an Piaget's Theorie bezieht sich auf den Zeitpunkt des Auftretens symbolischen Denkens und weniger auf die grundlegende Annahme, dass Säuglinge diese Fähigkeit nicht von Anfang an besitzen, sondern erst entwickeln müssen. Dies rechtfertigt aber keineswegs, den Säugling als mangelhaft ausgestattetes Wesen zu sehen, auch wenn er natürlich nicht autonom ist, da der Säugling sehr abhängig von seiner Umwelt ist. Seine Fähigkeiten beziehen sich auf die Beziehungsgestaltung mit seinen Bezugspersonen (Dornes, 1993). Säuglinge lernen nach Piaget also erst mit der Zeit über den Weg der verzögerten Nachahmung zu symbolisieren. Innere Bilder sind somit die Folge der Internalisierung von Handlungen (eben dieser Nachahmungen). Die Vorstellung von Objekten ist demnach als Schema zu sehen und nicht als (Ab)Bild. Denken ist nicht - wie in der psychoanalytischen Literatur oft zu finden - das Ergebnis der Abwesenheit von Objekten, sondern entsteht durch deren Anwesenheit. In ersterem Fall würde ein Bild das Objekt bei Abwesenheit ersetzen, was Piaget (1990) bestreitet, da Säuglinge eben diese Fähigkeit noch nicht haben. Erst mit zirka 18 Monaten kann das Kind Objekte symbolisch repräsentieren und die aufgebauten Schemata auch bildhaft evozieren (Piaget, 1990). In einem nächsten Schritt entwickelt sich dann die Fähigkeit, verschiedene Symbole zu verknüpfen, indem verschiedene Handlungen miteinander koordiniert werden (Piaget, 1990). Ob diese Bilder nun wie von Piaget angenommen erst ab 18 Monaten vorhanden sind oder bereits ein paar Monate früher, möchte ich hier nicht näher diskutieren, obwohl mittlerweile viele Befunde vorliegen, die eine

Vorverlegung des Erwerbs der Symbolfunktion nahelegen (Übersicht bei Dornes, 1993). Ein Grund für die unterschiedlichen Annahmen zum Zeitpunkt der Entstehung der Symbolfunktion liegt vermutlich in den unterschiedlichen zugrunde gelegten Konstrukten. Ist bedingte Evokation anhand von Schlüsselreizen bereits ausreichend oder muss das Kind frei evozieren können, um ihm die Fähigkeit zu symbolisieren zuzusprechen? Muss es hypothetisch repräsentieren können oder reicht bereits das Repräsentieren anhand empirischer Sachverhalte aus? Die Diskussionen dazu sind ausführlich von Dornes (1993; 1997) beschrieben worden. Egal wann man den Zeitpunkt annimmt, eines ist klar: Der Säugling ist der Realität ausgeliefert und kann ihr nicht entfliehen, indem er sich in eine Phantasiewelt begibt. Später wird uns diese Annahme in der Beschreibung der Theorie von Peter Fonagy als „psychic eqivalence mode" wieder begegnen. Der Säugling kann sich allerdings dennoch gegen die Realität zur Wehr setzen, indem er Signale wie Schreien oder auch Symptome wie Schlafstörungen und Ähnliches an die Mutter sendet. Genau darin liegen die beziehungsgestaltenden Kompetenzen des Säuglings.

Was bisher noch fehlt, ist die Betrachtung des Säuglings innerhalb seines Erfahrungsraumes. Wie bereits des Öfteren erwähnt, ist der Säugling in ein interaktives Setting eingebunden, seine Umwelt besteht nicht nur aus (realen oder vorgestellten) Objekten, die er exploriert, sondern ganz wesentlich auch aus interaktiven Sequenzen, die es zu repräsentieren gilt (Dornes, 1993; Stern, 1985) und die den Rahmen der Exploration bilden. Kinder leben in einer dynamischen Umwelt, die sie auch aktiv beeinflussen und mit der sie interagieren. Es ist somit wesentlich, den Prozess der Internalisierung zu betrachten und sich nicht nur auf die Art und Beschaffenheit der inneren Bilder, sofern Repräsentationen überhaupt als Bilder bezeichnet werden können, zu beschränken. In weiterer Folge geht es nun darum, wie Internalisierungsprozesse im Rahmen frühkindlicher Erfahrungen ablaufen.

6.3.1 Bion's Theorie des Denkens

Bion (1990; Übersicht bei Dornes, 1997; Fonagy, 1999) beschreibt in seiner affektiven Theorie des Denkens einige neue Aspekte zur Entstehung und zum Funktionieren des psychischen Apparats und diskutiert dabei nicht darüber, welche Gestalt frühe psychische Inhalte haben (Dornes, 1997). Er verabschiedet sich von der Annahme von Geburt an vorhandener unbewusster Phantasien, die von Melanie Klein (Klein, 1989) beschrieben wurde. Am Anfang stehen für ihn frühe sensorische Empfindungen, die er als Beta Elemente bezeichnet. Diese sind für das Kind noch ohne Bedeutung, aber sie beunruhigen den Säugling, wodurch er Signale aussendet, die die Mutter aufnimmt und versteht und so dem Säugling die Unruhe nimmt (Dornes, 1993). Die Fähigkeit, diese Signale des Säuglings aufzunehmen, ohne selbst dadurch beunruhigt zu werden, beschreibt Bion als Alpha Funktion, die Beta Elemente aufnimmt und diese in psychisch bedeutungsvolle Gefühle umwandelt, die der Säugling als Alpha Elemente dann wieder aufnehmen kann. Die Mutter wird somit zum psychischen „Container" des Säuglings (Bion, 1990; auch beschrieben bei Daudert, 2002). Das Baby erlebt dadurch die Mutter als ein Objekt, das Gefühle aufbewahren und regulieren kann. Symbolisierte Gefühle sind in Bion's Terminologie solche, die bedeutungshaltig sind, und nicht bloß Missempfindungen, die man loswerden möchte (Dornes, 1997). Diese Bedeutung des Symbolisierens beschreibt, dass Gefühle als bedeutungsvolle Erfahrungen und nicht als isolierte Elemente erlebt werden und nicht mehr nur die Fähigkeit zur bildhaften Vorstellung umfasst, was meines Erachtens eine Bereicherung des Verständnisses darstellt.

Nach Lazar (1993) können Säuglinge nicht phantasieren, aber sie können denken, in dem Sinne, dass sie psychisch unveredelten Rohstoff in verdaute (oder besser verdaubare) Gefühle und Wahrnehmungen verwandeln können. Ob die Psyche des Säuglings anfänglich tatsächlich nur aus bedeutungslosen Betaelementen „besteht" mag bezweifelt werden, dennoch halte ich diese Sichtweise des Symbolisierens für bereichernd. Grundsätzlich gehen die meisten Theorien, so sehr sie sich im Detail manchmal unterschieden, davon aus, dass sich psychische Realität als Ansammlung und Verknüpfung von Repräsentationen (Schemata, Skripts,...) wesentlich beeinflusst von Interaktionserfahrungen und –prozessen aufbaut. Die Erfahrung von Objekten als unabhängig von gegebenen Situationen zu sehen, also das, was man unter symbolischer Repräsentation verstehen könnte, wird in Interaktionen dadurch beeinflusst, dass das Objekt und die ihm zugeschriebenen Eigenschaften dynamisch und variabel sind. Was auch in Bion's Theorie noch zu kurz kommt, ist die Betrachtung des Interaktionsprozesses an sich. Es erscheint sinnvoll zu betrachten, wie das Kind nicht nur in Interaktionen repräsentiert, sondern auch wie es Interaktionen selbst repräsentiert, wie es also zu interagieren lernt. Die Betrachtung der Repräsentation von Interaktionen ist unweigerlich mit dem Namen und der Theorie Daniel Stern's verbunden.

6.4 Die Repräsentation von Interaktionen

Die Verarbeitung und Repräsentation von Interaktionsprozessen an sich wurde vor allem von Piaget (1974; 1990) doch stark vernachlässigt. Stern (1985; 1989; 1992; 1994; 1998; 1996) stellt diesen Aspekt in seiner Theorie in den Mittelpunkt. Ausgangspunkt dabei ist es, aufbauend auf der Skript- und Ereignistheorie, dass es immer wieder Ereignisse gibt, die sich wiederholen und der Säugling bereits sehr früh in der Lage ist, diese in einzelne Episoden zu segmentieren. Diese haben eine bestimmte zeitliche Abfolge, die als event durch Wiederholung zu sogenannten event Schemata oder Skripts führen (Dornes, 1997). Diese können als Generalisierungen individueller Episoden verstanden werden, in denen Ereignisse hinsichtlich ihrer gemeinsamen typischen Merkmale und Abläufe zusammengefasst werden. Leichte Abweichungen in den Abläufen modifizieren diese Skripts. Dieser Prozess gilt für äußere Ereignisse ebenso wie für affektbesetzte Interaktionen beispielsweise zwischen Mutter und

Säugling. Diese affektbesetzten Interaktionsskripts bezeichnet Stern (zB 1989) als RIGs (*Representation of Interaction that has been Generalized*). Durch die Generalisierung sind die Einzelepisoden nicht mehr zugänglich. In jeder Interaktionsepisode macht der Säugling nach Stern (1985) sechs verschiedene Erfahrungen, die zusammen in jeder Interaktion auftreten, und in weiterer Folge ein „Schema of being with" bilden. So macht der Säugling in diesem Modell in jeder Interaktion (1) sensumotorische Erfahrungen, die in sensumotorischen Schemata gespeichert werden. Weiters macht er (2) visuelle Wahrnehmungen, die zu perzeptuellen Schemata führen. Außerdem gibt es nach Stern (3) konzeptuelle Schemata, wonach bereits Säuglinge eine (Mini)Theorie über das Gesehene besitzen.[10] Demnach ordnen Kinder erst ab 1 Jahr Dinge nach konzeptuellen und nicht mehr nach perzeptuellen (sichtbaren) Kriterien so, dass beispielsweise ein Vogel und ein Flugzeug zunächst nach wahrnehmbaren Unterscheidungen kategorisiert worden sind (Dinge mit Flügeln) und erst später das eine den Tieren, das andere den unbelebten Objekten zugeordnet wird (Siegler, 2001). Weiters gibt es eine (4) zeitliche Abfolge eines Ereignisses, das in einem Skript abgelegt wird. Sehr bedeutsam sind bei Stern vor allem in seinen späteren Ausführungen (Stern, 1998) auch (5) begleitende Gefühle wie zum Beispiel Hunger, was Stern als Gefühlsgestalten (feeling shapes) bezeichnet, worunter er eine zeitliche und dynamische Textur eines Erlebnisses versteht. Diese ist verständlicherweise nicht vom Gefühl selbst zu trennen, da wir das Zu- und Abnehmen nur in Form eines Zu- und Abnehmens von etwas empfinden können. Gefühlsgestalten können aber, wie es auch Fonagy (1994) unterstreicht, von einer Situation auf eine andere „übertragen" werden. Als letzten Bereich beschreibt Stern (6) „protonarrative Hüllen". Diese sind die Episoden, in die ein Kind Ereignisse segmentiert. Dies dient dem Kind zur Interpunktion im Sinne, *zuerst* passiert das, *dann* jenes usw. Die beiden letzten Annahmen sind wohl die weitreichendsten Fortschritte von Stern's Theorie. Demnach nimmt ein Säugling Interaktionsepisoden als geschichtsähnlich strukturiert wahr. Daher auch der Name protonarrativ, da diese Struktur der einer erzählten Geschichte ähnelt, wenn auch in vereinfachter Form, Kleinkinder denken nach Stern also narrativ (Fonagy, 1999).

Interaktionsepisoden werden in fünf bis sechs verschiedenen Formaten gespeichert[11], da in jeder Interaktion mindestens sechs verschiedene Erfahrungen gemacht werden. Eine wichtige Ergänzung ist es, dass die Aktivierung der Repräsentanzen uns in eine andere Welt versetzt als wenn wir ein Ereignis gerade erleben. Stern beschreibt dazu 3 Augenblicke: den erlebten, den repräsentierten und den erinnerten (Stern, 1989). Der Säugling ist dabei noch nicht in der Lage, eine virtuelle Realität in seiner Erinnerung zu kreieren. Mit der Fähigkeit zu symbolisieren, spätestens im Alter von 18 Monaten, ist dies aber dann zunehmend möglich. Ein wesentlicher Prozess bei Stern ist der der

---

[10] was allerdings von einigen Autoren zumindest für das erste Lebensjahr bezweifelt wird (zB Dornes, 2000).
[11] Je nachdem, ob man die konzeptuelle Komponente von Beginn an vorhanden annimmt oder nicht

Refiguration als Prozess, der vom repräsentierten zum erinnerten Augenblick führt. Vereinfacht beschreibt dies die Aktivierung erinnerten Materials. Demnach denkt der Säugling, indem er Repräsentationen von Interaktionserfahrungen bildet, die die beschriebenen sechs Elemente umfassen. Im Gegensatz dazu denkt der Säugling bei Piaget sensumotorisch und in der Psychoanalyse hat er unbewusste Phantasien, die von seinen Trieben herstammen, er denkt somit primärprozesshaft.

6.5   Die symbolische Welt des Säuglings

Stern sieht also Beziehungen als Grundstoff, aus dem heraus die ganze Entwicklung hindurch menschliche Verbundenheit, Intimität und Vertrauen gemacht werden. Die Fähigkeit, sich auf Beziehungen einzulassen, ist dabei eine Grundvoraussetzung psychischer Gesundheit. Insofern geht er von einer ähnlichen Grundannahme wie die Bindungstheorie aus, die das Bedürfnis nach sozialen Beziehungen sogar genetisch vorprogrammiert annimmt (Bowlby, 1969, 1973). In seinen Arbeiten hat Stern vor allem das Konzept der Repräsentationen erweitert (Fonagy, 1999). Die subjektive Integration aller Aspekte gelebter Erfahrungen beschreibt er als auftauchendes Moment. Die von Stern beschriebenen Schemata, aus denen sich das auftauchende Moment ergibt, bilden als Netzwerk das so genannte „Schema des Zusammenseins". Stern's Theorie ist meines Erachtens insofern eine gute Ergänzung zu Piaget's Theorie, als sie dem interaktiven Erfahrungsraum des Säuglings ausreichend Beachtung schenkt, während sich Piaget auf den Umgang mit Objekten beschränkt. Beiden gemeinsam ist, dass Erfahrungen, sei es mit Objekten oder in Interaktionen, durch Wiederholung oder wiederholter Nachahmung zu Schemata oder Skripts generalisiert werden und dass neue Erfahrungen diese bis zu einem gewissen Grad modifizieren können. Die psychosoziale Entwicklung des Säuglings sollte dabei immer in ein Beziehungsgefüge eingebettet gesehen werden. Die Fähigkeit zur emotionalen Regulation entsteht innerhalb des Kontextes interpersonaler Bedeutung (von Klitzing, 1998). Emde (1988) spricht in diesem Zusammenhang von einer „Erkundung im Sozialbezug", wonach eine Person emotionale Information von einem bedeutungsvollen Anderen sucht. Allerdings ist es dem Säugling offenbar anfänglich nicht möglich symbolisch zu denken. Er befindet sich also wie es Fonagy & Target (Fonagy & Target, 1996) bezeichnen in einem „psychic equivalence mode", wonach für ihn nur die reale wahrnehmbare Welt existiert. Der Säugling wird allerdings durchaus von Symbolischem beeinflusst, nämlich von der Phantasie der Eltern (von Klitzing, 1998). Es treffen also zwei unterschiedliche Strukturen aufeinander: die Wirklichkeitsverarbeitung des Säuglings erfolgt anfänglich in der äußeren Realität, während die des Erwachsenen auf symbolischer Ebene erfolgt. Der Säugling kann dabei die Phantasien der Eltern nur auf realer Ebene wahrnehmen, was dazu führen kann, dass der Dialog scheitert, weil das Kind das Verhalten der Mutter einfach nicht versteht. Siehe dazu auch den Exkurs

„warum die Bindungsperson so bedeutsam ist". Der Säugling kann nur über das nachdenken, was er auch „sieht". Wenn nun das Verhalten der Mutter keine ,sichtbare' Ursache hat, sondern die Ursache in ,unsichtbaren Phantasien der Mutter liegt, gelingt es dem Säugling nicht, diese sich ihm bietende Realität zu bewältigen. Einer feinfühligen Mutter gelingt es, sich dem Kind gegenüber verständlich zu verhalten. Erst auf der Ebene des symbolischen Denkens kann es dann dem Kind gelingen zu verstehen, dass elterliches Verhalten auch von mentalen Zuständen der Mutter beeinflusst ist. Es kann sich dann vorstellen, dass die Mutter sich anders verhalten würde, wenn sie sich in einem anderen affektiven Zustand befinden würde, was eine wichtige Voraussetzung dafür ist, divergente Erfahrungen zu integrieren. Ohne diese Fähigkeit ist es dem Säugling nicht möglich, einen Wutausbruch aufgrund von Ärger am Arbeitsplatz einer ansonsten liebevollen Mutter zu verstehen.

Natürlich ist nun das Kind nicht mit 18 Monaten plötzlich in der Lage, die mentale Welt von sich und anderen zu verstehen, sondern dies geht langsam und sukzessive vor sich, aber das Kind hat dann die Voraussetzung für ein grundlegendes Verständnis, dass es neben der äußeren Realität noch eine andere Realität, nämlich ein mentale (psychische) Realität gibt, auf die es ausweichen kann, um reale Gegebenheiten zu verstehen und auch zu verarbeiten. Für das Kind in diesem Alter allerdings ist es noch nicht möglich, die Verbindungen dieser beiden Realitätsbereiche herzustellen (Fonagy & Target, 1996). Es gibt entweder die eine oder die andere Realität, nicht aber ein gemeinsames Existieren beider. Außerdem ist zu hinterfragen, ob das Kind bereits zwischen der eigenen psychischen Realität und der von anderen unterscheiden kann. So ist anzunehmen, dass 1½ jährige Kinder zwar Wünsche und Phantasien haben, sie wissen allerdings vermutlich erst etwas später, dass diese anderen Personen nicht unmittelbar zugänglich sind. Das Kind weiß also nicht, dass der andere die eigenen Gedanken nicht wahrnehmen kann. Hier ist es dann die besondere Fähigkeit der Bezugsperson, durch das äußerlich Sichtbare zu deuten, was das Kind denkt und fühlt. Dabei passiert es oft, dass Eltern sichtbare kindliche Signale falsch oder übertrieben deuten, was zu Interaktionsfehlern führen kann (Papousek, 1999). Bedeutungszuschreibungen als solche sind aber nichts Schlechtes, im Gegenteil, sie sind die Quelle des Verständnisses von Intentionalität beim Kind, fehlerhafte Bedeutungszuschreibungen in dem Sinne, dass Eltern das Gegenteilige annehmen, können allerdings die Interaktion stören. Wenn das Kind mit 2 Jahren eine Faust macht und damit auf den Tisch haut, kann es fehlerhaft als Anzeichen von Aggression missinterpretiert werden, obwohl das Kind eigentlich nur einen positiven Gefühlszustand durch das Erzeugen von Geräuschen herstellen will. Bei entsprechender Auftretenshäufigkeit wird somit dieser positive Zustand des Kindes mit der durch die Fehlinterpretation der Mutter einhergehenden negativen Reaktion gekoppelt, was dazu führt, dass auf Dauer positive Zustände des Kindes für dieses negative Reaktionen der Mutter hervorruft. Wenn die Mutter allerdings aus Sorge um den Glastisch dem Kind einen Gegenstand gibt, auf den es unbedenklich mit der Faust schlagen kann, steht wiederum die Beibehaltung des Gefühlszustandes im Vordergrund und das Kind fühlt sich verstanden. Es ist nun (lediglich) damit konfrontiert, ein Verständnis dafür zu entwickeln, warum es zB auf den Stuhl, nicht aber auf den Glastisch schlagen darf. Durch systematische Exploration kommt es den Gedanken der Mutter auf den Grund und es entwickelt ein Verständnis dafür. In diesem Beispiel ist es also nicht die Absicht des Kindes, den Tisch zu zustören, sondern eine andere. Durch Symbolisierungen kann das Kind nun die mentale Welt explorieren ebenso wie es dies mit der realen Welt tut. Der besondere Fortschritt dabei ist die Möglichkeit des Vergleichens, indem es sich Alternativen vorstellen kann. Es beginnt hier eine Phase, die ich als Verknüpfung von Repräsentationen bezeichnen möchte. Ich werde später darauf nochmals näher eingehen. Zum Abrunden des Kapitels möchte ich noch eine Theorie beschreiben, die den Prozess der Internalisierung sehr gut und anschaulich beschreibt. Gergely & Watson (1996) nennen sie *"social – biofeedback model of affect mirroring"*. Warum, wird sehr schnell ersichtlich.

6.6 social – biofeedback model of affect mirroring von Gergely

Gergely & Watson (1996) gehen von der Annahme aus, dass Säuglinge zwar Emotionsausdrücke zeigen, aber zunächst kein klares Bewusstsein der damit verbundenen emotionalen Zustände haben. Sein Bewusstsein beschränkt sich auf Empfindungen, dass er, wenn er freudig blickt, sich anders fühlt als wenn er traurig blickt. Diese Annahme ist der von Piaget gar nicht so unähnlich. Ekman (1993) nimmt demgegenüber an, dass der Gesichtsausdruck automatisch das entsprechende Gefühl produziert, weil beides verknüpft ist. Ekman spricht diesbezüglich von einer ANS[12] Spezifität von Emotionen. Eine ausführliche Diskussion zu diesem Thema findet man bei Zepf, Ullrich & Hartmann (1998) und auch bei Dornes (1993). Gergely behauptet aber nicht, dass der Säugling keine differenzierten Empfindungen hat, sondern lediglich, dass er kein Bewusstsein darüber besitzt. Dass Säuglinge bereits sehr differenzierte Ausdrucksmuster zeigen und somit weitreichende kommunikative Fähigkeiten besitzen (Ellgring, 2000), konnte immer wieder belegt werden (zB Izard, Huebner, Risser, McGinnes & Doughen, 1980; Malatesta & Haviland, 1982) und wird auch von Gergely & Watson (1996) nicht bestritten. Die Frage, inwieweit es Rückschlüsse auf das tatsächliche subjektive Erleben des Säuglings zulässt, also ob der Säugling neben einem differenzierten Affektausdruck auch ein differenziertes Affekterleben hat, möchte ich hier nicht näher diskutieren. Gergely gesteht dem Säugling also keinen bewussten Zugang zu einem differenzierten Affekterleben zu ebenso wie ein Erwachsener seinen Herzschlag nicht differenziert wahrnehmen und steuern kann. Wichtig ist für Gergelys

---

[12] Autonomes Nervensystem

Theorie in erster Linie, dass das Affektsystem des Säuglings noch nicht vollständig ausgeprägt ist und sich erst weiterentwickeln muss, was primär über das Spiegeln passiert. Zur Illustration des Prozesses der Affektspiegelung[13] stellt Gergely den Vergleich mit Biofeedbacktraining an, womit es gelingt, intern ablaufende Prozesse des autonomen Nervensystems zu externalisieren und durch Übung bewusst steuern zu lernen (Green, 1999). Es entsteht dabei am Monitor eine sichtbare und eventuell hörbare Repräsentanz eines inneren nicht repräsentierten Prozesses. Man lernt nun mithilfe dieser äußeren Repräsentanz die Prozesse zu steuern und durch Übung wird diese Repräsentanz verinnerlicht, was dazu führt, dass es gelingt, auch ohne Monitor diese Prozesse zu steuern. Da sich nach Gergely in der Mutter-Kind-Interaktion etwas Vergleichbares abspielt, nennt er sein Modell social – biofeedback model of affect mirroring. Es werden also Affekte im menschlichen Gesicht sichtbar gemacht und nicht physiologische Prozesse auf einem Monitor. Dies deckt sich mit dem, was ich zuvor als das zur Verfügungstellen eines externen Raumes zur Entwicklung der psychischen Realität des Kindes bezeichnet habe. Demzufolge drückt der Säugling etwas aus, dessen er sich nur vage bewusst ist. Auf diesen Ausdruck reagieren die Eltern intuitiv mit einem ähnlichen aber modulierten Ausdruck. Diese Reaktion ist nach Papousek (1996) in der intuitiven elterlichen Didaktik vorprogrammiert. Durch die modifizierte Reaktion werden Äußerungen des Säuglings akzentuiert. Gergely spricht diesbezüglich von Markierung, eine Funktion, die dazu führt, dass die Reaktion nicht den elterlichen Affekt wiedergibt, wodurch der Säugling seinen eigenen Affekt bzw. die Als-ob-Affekte des Erwachsenen erkennt und ihn nicht mit dem echten Affekt des Erwachsenen verwechselt. Etwas Ähnliches ist uns bereits zuvor bei der Beschreibung protonarrativer Hüllen bei Daniel Stern oder bei der Beschreibung der Alpha Funktion bei Bion begegnet. Die Eltern sind somit der Bildschirm, der dem Kind seine Gefühlsregungen wahrnehmbar macht (Dornes, 2000). Gergely führt in diesem Zusammenhang zwei weitere Begriffe ein: die referentielle Entkoppelung und die referentielle Verankerung. Ersteres beschreibt die Tatsache, dass der Säugling sehr wohl weiß, dass das, was die Mutter zeigt, nicht ihrem eigenen inneren Zustand entspricht ebenso wie der Monitor im Biofeedback nicht seinen eigenen inneren Zustand zeigt, Zweites bedeutet, dass der Säugling sich nicht nur vom Ausdruck der Mutter angesprochen fühlt sondern auch, dass er ihn als Ausdruck und Widerspiegelung seines eigenen Affektzustandes versteht. Der größte Unterschied zwischen Eltern und einem Monitor besteht nun darin, dass der Ausdruck der Mutter nicht ausschließlich markierend ist, sondern auch Mitteilungscharakter hat. Die Mutter wird immer auch eigene innere Zustände transportieren, was das Kind aber vermutlich zu trennen in der Lage ist. Das Innovativste aber an Gergely's Theorie ist die Annahme, dass die Entstehung der Fähigkeit zum symbolischen Denken kein

---

[13] Das Wiedergeben emotionaler Zustände des Kindes im Gesicht anderer

reiner Reifungsprozess ist, sondern stark abhängig von Interaktionserfahrungen. Es wurden bisher zwar die Inhalte symbolvermittelten Denkens und Fühlens als interaktional beeinflusst angesehen, nicht aber der Prozess selbst. Die Eltern greifen dabei den vom Säugling nicht eindeutig wahrnehmbaren Zustand auf und markieren ihn in oben beschriebener Weise, sodass er für den Säugling wahrnehmbar wird. Hier finden sich wieder Ähnlichkeiten in der Beschreibung mit Bion's Alpha Funktion. Er erkennt dann auch, dass es sich dabei um seine Affekte handelt, wodurch das Gesicht der Eltern zu einer (sekundären oder externalen) Repräsentanz eigener Gefühlszustände wird. Diese wird nun immer mit aktiviert und durch die Verinnerlichung dieser Repräsentanz braucht der Säugling mit der Zeit die Mutter nicht mehr, um sich seiner Gefühle bewusst zu werden. In diesem Modell sind zwei zentrale Punkte integrierbar: erstens kann man den Einfluss der Symbolwelt (Phantasien,…) der Mutter begreifen und beschreiben und zweitens wird der Prozess des Aufbaus metakognitiver und reflexiver Fähigkeiten verständlich, worauf ich im nächsten Kapitel eingehen werde.

7 Das Denken über das Denken und Fühlen

Bisher ging es in erster Linie um mentale Repräsentationen und psychische Struktur. Die Dimension der Reflexivität, wie sie in Kapitel 2 erwähnt wurde, hat bisher noch kaum Beachtung gefunden. Es wurde beschrieben, wie es dem Kind gelingt, Erfahrungen zu internalisieren und mentale Repräsentationen aufzubauen und zu strukturieren. Eng mit diesem Prozess verknüpft ist auch die Entwicklung eines (alltagspsychologischen) Verständnisses dessen, was Repräsentationen denn überhaupt sind und wie sie das Beobachtbare (Verhalten) beeinflussen können – also die Entwicklung eines repräsentationalen Erklärungsmodells des Geistes, etwas, das Main (1991) als metakognitive Kontrolle, Dennett (1983) als intentionale Haltung und Fonagy, Steele & Steele (1991), Fonagy (1994) und Fonagy & Target (1997) als Mentalisierung bezeichnet haben. Dieser metarepräsentationalen Fähigkeit soll nun Beachtung geschenkt werden. Man kann diese Fähigkeit vereinfacht gesagt als das Bewusstsein des eigenen und fremden mentalen Befindens beschreiben. Ursprünglich hat Main (1991) versucht, die Transmissionslücke, die sich daraus ergab, dass zwar eine starke Konstanz von Bindungsmustern auch über Generationen hinweg gefunden wurde (Fonagy, Steele & Steele, 1991), dies aber nicht erklärbar war, zu schließen. Main brachte das Konzept der metakognitiven Steuerung mit den Unterschieden in der Bindungsstruktur des Kindes in Zusammenhang. Das Fehlen metakognitiver Fähigkeiten auf Seiten der Bezugsperson erschwert es dem Kind dabei, Unterschiede zwischen der unmittelbaren Erfahrung und dem zugrunde liegenden mentalen Befinden zu begreifen. Elisabeth Meins (Meins et al., 2003; Meins et al., 2002) hat dazu die „mind mindedness" der Mutter untersucht, die sie als die Neigung der Mutter beschreibt, das Kind als eigenständiges Wesen mit eigenen mentalen Zuständen zu behandeln. Dabei zeigt sich dieses Konstrukt als besser geeignet, Bindungssicherheit vorherzusagen als die mütterliche Feinfühligkeit (Meins et al., 2003). Im vorigen Kapitel habe ich davon gesprochen, dass sich die Mutter dem Kind gegenüber verständlich verhalten muss, was genau dieses Phänomen beschreiben sollte. Metakognitive Fähigkeiten oder Mentalisierung auf Seiten der Mutter sind dabei ein wesentlicher Aspekt, damit ihr das gelingt.
Die zentrale Aufgabe des Kindes ist es, neben dem Aufbau einer psychischen Realität durch Exploration diese repräsentationale Welt auch zu erforschen und mit der realen Welt in Zusammenhang zu bringen. Fonagy et al. (2004) gehen dabei ebenso wie andere (Gergely & Watson, 1996) davon aus, dass die gesunde Entwicklung des Verständnisses geistiger Prozesse sehr stark von der Interaktion mit anderen abhängt, die ausreichend liebevoll und reflexiv sind. Das Kind wird dabei von Beginn an als sehr an seiner sozialen Umgebung orientiert und interessiert gesehen (Stern, 1985; Tronick, 1989). Dass sich Kinder in ihrem Verständnis geistiger Prozesse und mentaler Zustände im Alter von 3 Jahren und 5 Jahren unterschieden, wird durch „False Belief" Aufgaben deutlich, deren

klassisches Beispiel von Perner (1991) ‚*Maxi und die Schokolade'* weiter unten beschrieben wird. Das Kind muss also nicht nur lernen zu interagieren, was über den im vorangegangenen Kapitel beschriebenen Prozess geschieht, sondern auch ein repräsentationales Erklärungsmodell aufbauen, das die Welt verstehbar und bedeutsam macht.

Fonagy & Target (1996) sowie Target & Fonagy (1996) gehen davon aus, dass sich kleine Kinder in ihrem Verständnis psychischer Realität in einem dualen Modus befinden. Grundsätzlich operieren Kinder in einem sogenannten „Psychic Equivalence Mode", was bedeutet, dass Ideen und Gedanken keine Repräsentationen darstellen, sondern Nachbildungen der realen Welt. Es ist somit alles real oder wird als real empfunden. Darüber hinaus ist ein so genannter „Pretend Mode" von Bedeutung, wo Gedanken und Gefühle zwar als repräsentational gesehen und empfunden werden, allerdings nicht in Zusammenhang gebracht werden mit der ‚realen' externen Welt. Wichtig für die Bezugsperson ist es, sich in die kindliche „als ob Welt" zu begeben und sie nicht mit der realen Welt zu vermischen. Dadurch lernen Kinder die Verschiedenartigkeit von Gedanken und Gefühlen kennen und zu begreifen. Wenn die Mutter beispielsweise real ärgerlich ist, hat dies eine deutlich andere Ausprägung als wenn sie so tut als ob sie sich ärgert – ein Unterschied, den das Kind deutlich wahrnimmt. Problematisch ist es dann, wenn das Kind in seiner „Als-Ob-Symbolwelt" mit Aspekten der Realität konfrontiert wird. In einer Fußnote kommentiert Dornes (2000) den Umgang der Erwachsenen mit Spielzeugwaffen dahingehend, dass es sehr negative Effekte haben kann, wenn Erwachsene die Als-Ob-Waffen des Kindes als real ansehen, weil es dann dem Kind erschwert wird, die Unterschiede zwischen den beiden Ebenen zu erkennen. Es geht also nicht darum, den beschriebenen dualen Modus zu einer Einheit zu verbinden, sondern darum, beide Modi zu verknüpfen und als parallel existierend anzuerkennen.

Beide Aspekte – nämlich repräsentationale Strukturen sowie metarepräsentationale Fähigkeiten bilden zwei wesentliche Dimensionen der Entwicklung des Selbst (Fonagy et al., 2004). Der Umgang mit seiner eigenen Innenwelt und der anderer im Sinne einer metarepräsentationalen Steuerungsinstanz ist eine wesentliche Errungenschaft, die es dem Individuum ermöglicht, sich selbst und seine Handlungen und auch die anderer als bedeutungsvoll und vorhersagbar zu erleben. Das Interesse an diesem Bereich hat in den letzten Jahren rasant zugenommen und eine Integration kognitionswissenschaftlicher, entwicklungspsychologischer und selbstpsychologischer Erkenntnisse hervorgerufen, die bisher eher losgelöst voneinander betrachtet wurden. Zunächst werden zwei zentrale Begriffe betrachtet, um ein detaillierteres Verständnis der beschriebenen Fähigkeit auch durch die Abgrenzung der beiden Begriffe voneinander zu erlangen: Theory of Mind und Mentalisierung. Ähnlich wie das Selbsterkennen im Spiegel mit etwa 18 Monaten (Dornes, 2000) als kognitive Voraussetzung von Selbstbewusstheit gesehen werden kann, verhält es sich auch mit einer Theory of Mind. Das Erbringen der rein kognitiven Leistung ist eine notwendige, aber keine hinreichende Voraussetzung, um diese Fähigkeit auch in emotional besetzten Alltagsinteraktionen anwenden zu können. Während Theory of Mind Fähigkeiten im Vorschulalter gut erforscht sind und behauptet werden kann, dass 5-jährige Kinder ein Verständnis des Geistes entwickelt haben (Übersicht in Wellman et al., 2001), weiß man wenig darüber, welche Relevanz dies für Alltagsinteraktionen hat, in denen Emotionen eine zentrale Rolle spielen (Aslington, 2001).

7.1 Theory of Mind

Die Interpretation von Handlungen und Intentionen anderer beinhaltet wesentlich das Zuschreiben bedeutungsvoller mentaler Zustände, damit die Welt kohärent und verstehbar wird. Diese Kompetenz wird häufig unter dem Titel „Theory of Mind" diskutiert. Es handelt sich dabei um eine Entwicklungserrungenschaft, die es dem Kind ermöglicht, nicht nur auf beobachtbare Reize (v.a. Verhalten), ausgesendet von einer anderen Person, zu reagieren, sondern auch auf dessen mentale Zustände. Es geht dabei also um die Fähigkeit zu lesen, was in anderen vorgeht (Fonagy et al., 2004). Der Begriff als solcher wurde in einem Artikel von Premack & Woodruff (1978) mit dem Titel *„does chimpanzee have a theory of mind?"* eingeführt, ein Artikel, der diese Frage mit nein beantwortet. „Theory of Mind" (in weiterer Folge mit ToM abgekürzt) scheint somit für den Menschen spezifisch zu sein und wird häufig als kognitive Fähigkeit beschrieben, die es ermöglicht, andere als intentionale Agenten anzuerkennen und deren Handeln und Denken auf Basis des eigenen Verständnisses von Intentionalität zu interpretieren (Flavell, Mumme, Green & Flavell, 1992; Perner, 1991; Wellman et al., 2001). In den letzten 15 bis 20 Jahren hat sich die Forschung auf diesem Gebiet sehr intensiviert und differenziert. Dabei geht es immer um eine zentrale Frage: Wie, wann und in welchem Kontext entsteht ein Alltagsverständnis des Geistes (Wellman et al., 2001)? Ein zentraler Aspekt ist dabei in den Hintergrund gerückt, deren Antwort allerdings Voraussetzung für alle anderen Fragen ist: Wie kann man ein Alltagsverständnis des Geistes (ToM) überhaupt konzeptualisieren und erfassen? Es hat sich dabei die Annahme durchgesetzt, dass Kinder, die in der Lage sind, so genannte „False-Belief-Aufgaben" richtig zu lösen, eine Theory of Mind besitzen, weil sie in der Lage sind, zwischen dem geistigen Zustand einer Person (dem Glauben) und der realen Situation zu unterscheiden und Handlungsprognosen auf Basis dieser mentalen Zustände zu erstellen. Der False-Belief-Test wird bereits von Dennett (1979) als Nagelprobe einer Theory of Mind gesehen, was allerdings nicht zum Umkehrschluss führen darf, dass Kinder, die diese Aufgabe nicht adäquat zu lösen im Stande sind, kein Verständnis der mentalen Welt besitzen. Immer wieder wird von einem konzeptuellen Wandel in der Entwicklung gesprochen, der dazu führt, dass

Kinder von einem situationsbasierten zu einem repräsentationsbasierten Verständnis von Verhalten gelangen (Perner, 1991). Während Kinder sehr bald verstehen, dass Verhalten darauf beruht, ein Ziel (teleologisch) zu erreichen (zB er möchte den Ball haben), dauert es ein wenig länger, bis sie die repräsentationalen Grundlagen verstehen (zB er hat ein Bild eines Balles repräsentiert, das ihn zu Handlungen veranlasst). Die Frage ist nun aber, ob Kinder die „False-Belief-Aufgaben" nicht adäquat zu lösen im Stande sind, kein repräsentationsbasiertes Verständnis oder lediglich nicht die Möglichkeit haben, dies in der besagten Aufgabe zu nutzen. Hier wird deutlich, dass die Theory of Mind Forschung über kein konsistentes über Hirnreifungsprozesse hinausgehendes Entwicklungsmodell der genannten Fähigkeiten verfügt (Fonagy et al., 2004), auch wenn immer häufiger Faktoren gefunden werden, die die Entwicklung begünstigen oder hemmen. So hat die Anzahl der Geschwister und die Positionierung in der Geschwisterreihe ebenso Einfluss, wie das soziale Umfeld (Perner, Ruffman & Leekam, 1994). Außerdem hat Elisabeth Meins mit ihrem Konzept der „Mind Mindedness" die Rolle der Bezugsperson in diesem Entwicklungsprozess hervorgehoben (Meins et al., 2003; Meins et al., 2002), ein Aspekt, der wesentlich zu einer Erweiterung des ToM-Konzeptes über die kognitionswissenschaftlichen Grenzen hinaus beigetragen hat. Durch das Fehlen eines konsistenten Entwicklungsmodells hat die ToM Forschung zwei entscheidende Schwachstellen: Eine Erklärung, warum es Kinder gibt, die Probleme haben, ToM-Aufgaben zu lösen und woran das liegt, kann über die genetische Argumentation hinaus nur schwer gefunden werden, wodurch zweitens die klinische Relevanz der Befunde sehr gering ist.
Eine Übersicht über die Theory of Mind Entwicklung gibt Wellman et al. (2001), wobei festgestellt wurde, dass Theory of Mind Aufgaben nicht generell von 5-Jährigen gelöst werden können und von 3-Jährigen nicht. Einge Untersuchungen zeigen, dass bereits 3 Jährige False-Belief-Aufgaben lösen können, wenn man die Versuchanordnung entsprechend modifiziert (Sullivan & Winner, 1993). Auch Fodor (1992) zeigen in ihrer Untersuchung, dass bereits 3-Jährige Glauben und falschen Glauben verstehen können. Dies zeigte sich abhängig davon, ob man nach der Handlung (was wird er tun), nach den Gedanken (was wird er denken) oder nach dem sprachlichen Output (was wird er sagen) fragt. Außerdem wurden manchmal eine Handpuppe, eine echte Person oder ein Videostimulus benutzt (Wellman et al., 2001).

7.1.1 Erfassung von Theory of Mind

Wie wir gesehen haben ist Theory of Mind untrennbar mit dem Verständnis falschen Glaubens verbunden. Demnach haben Kinder eine Theory of Mind erlangt, wenn sie „False-Belief-Aufgaben" lösen können. Viele Autoren (Aslington, 2001; Flavell, 2000; Wellman & Liu, 2004) sprechen sich mittlerweile dafür aus, dass sich Theory of Mind stufenweise in den ersten Lebensjahren entwickelt, und in unterschiedlichem Alter unterschiedlich charakterisiert werden sollte. Es sollte demnach nicht davon ausgegangen werden, dass Kinder erst nach Erlangen der Fähigkeit, False-Belief-Aufgaben zu lösen, eine Theory of Mind besitzen. Standardisierte Verfahren liegen bisher aber nur für diese Aufgaben vor, wovon die bekannteste wohl *„Maxi und die Schokolade"* (Perner, 1991) ist. Dabei erzählt der Experimentator den Kindern eine Geschichte, bei der ein Objekt ohne Wissen des Protagonisten an einen anderen Ort transferiert wird. Der Protagonist Maxi legt seine Schokolade in den blauen Schrank. Während er weg ist, nimmt seine Mutter die Schokolade aus dem blauen Schrank und legt sie in den grünen Schrank. Maxi glaubt also weiterhin, dass die Schokolade im blauen Schrank ist. Dann kommt Maxi zurück. Nun fragt man die Kinder, wo Maxi die Schokolade suchen wird (Perner, 1991). Während mit 3 Jahren fast alle Kinder noch antworten *„im grünen Schrank"*, können die meisten 4-Jährigen und fast alle 5-Jährigen die Aufgabe richtig lösen. Theory of Mind Aufgaben sind fast immer nach diesem Muster gestrickt.

In einem Kommentar auf Wellman et al. (2001) schlägt Aslington (2001) vor, die Theory of Mind - Forschung in drei Bereichen zu erweitern. Erstens sollten zunehmend auch das Verständnis von Wünschen und Intentionen als Ergänzung zum Glauben miteinbezogen werden. Diesbezügliche (nicht standardisierte) Verfahren werden beispielsweise von Wellman & Woolley (1990) angeboten. Dabei werden die Kinder nach den folgenden Handlungen auf Basis von Wünschen gefragt, also beispielsweise was Bob tun könnte, um den Ball zu bekommen. Dabei zeigt sich, dass Kinder diese Aufgaben sehr viel früher lösen können als jene zum falschen Glauben. Manchmal werden auch False-Belief-Aufgaben mit Emotionsaufgaben in Zusammenhang gebracht (Cutting & Dunn, 1999). Man fragt beispielsweise, wie sich das Kind fühlt, wenn es entdeckt, dass in der Schachtel nicht der erwartete Inhalt ist. Dabei drängt sich nun natürlich die Frage auf, was passiert, wenn Kinder nicht mehr über falschen Glauben ‚nachdenken' sollen, sondern über Emotionen selbst. Der zweite Bereich, den Aslington (2001) anregt, betrifft die Sprache, insofern, als dass noch nicht ausreichend bekannt ist, wie sehr das Verständnis von Wünschen und Intentionen von der Sprache abhängig ist. Dies kann als Konsequenz des ersten Bereiches gesehen werden, wonach die neu zu entwickelnden standardisierten Tests auch in Zusammenhang mit der sprachlichen Entwicklung gebracht werden sollten. Drittens plädiert Aslington (2001) für eine stärkere Betrachtung der Konsequenzen, die sich aus der Entwicklung von Theory of Mind Fähigkeiten ergeben. Insgesamt regt Aslington (2001) in Anlehnung an Wellman et al. (2001) an, nicht eine einzelne Aufgabe als Marker für eine komplexe Entwicklung heranzuziehen.

7.2 Mentalisierung

Das Mentalisierungskonzept ist gewissermaßen eine Weiterentwicklung der kognitionspsychologischen Theory of Mind - Forschung, indem es deren

Ansätze mit psychoanalytischen und bindungstheoretischen Ideen verknüpft. Es geht dabei ebenso wie oben beschrieben um das Verständnis mentaler Zustände von sich und anderen, sowie in verstärktem Maße auch um die Reflexion darüber. Morton & Frith (1995) definieren sie als *„die Fähigkeit, das Verhalten anderer Menschen vorauszusehen und zu erklären und zwar in Begriffen ihrer mentalen Befindlichkeiten"*. Bereits um das 3. Lebensjahr kann man bei Kindern beobachten, dass sie nicht nur auf das Verhalten anderer reagieren, sondern auch Vorstellungen über deren Wünsche, Gefühle, Hoffnungen, Pläne und Absichten mit in ihre Reaktionen einbeziehen (Baron Cohen, 1995). Eine wesentliche Rolle in diesem Entwicklungsprozess spielt die Fähigkeit der Mutter (Bezugsperson), sich ein inneres Bild des Kindes als eigenständiges Wesen mit Wünschen, Absichten und Gefühlen zu machen, das es ermöglicht, das Kind zu verstehen und angemessen zu handeln. Diese inneren Repräsentanzen der Bezugsperson geben dem Kind Gelegenheit, sich selbst als ein eigenständiges Wesen zu erleben und zu erfahren (Fonagy, 1999; Fonagy & Target, 1996). Individuen unterscheiden sich dabei im Ausmaß darüber, wie sehr sie hinter das Beobachtbare blicken, um ihr Handeln und die Handlungen anderer in Bezug auf Gefühle, Wünsche und Absichten erklären, interpretieren und ausrichten zu können (Target & Fonagy, 1996). Den symbolischen Charakter von Gedanken zu durchschauen heißt zu begreifen, dass mentale Gebilde nicht einfach Dinge sind, die im Geist existieren, sondern Repräsentationen, die vom Geist hervorgebracht werden. Erst dann werden Gedanken oder allgemeiner gesagt mentale Zustände als subjektive Schöpfungen verstanden. Man spricht diesbezüglich von einer repräsentationalen Theorie des Geistes. Die Fähigkeit zum Mentalisieren ermöglicht es Individuen, nicht nur auf das Verhalten eines anderen Menschen zu reagieren, sondern vielmehr auch seine eigenen Vorstellungen über dessen Überzeugungen, Wünschen, Hoffnungen, Gefühlen und Einstellungen in die Handlungen zu integrieren. Sie bietet somit die Möglichkeit zu lesen, was in den Köpfen anderer vorgeht, wodurch Verhalten bedeutungsvoll und vorhersagbar wird. Diese Fähigkeit ist in höchstem Maße mit der Entwicklung des Selbst verknüpft, wobei in William James Unterscheidung zwischen einem *„I"* und einem *„Me"* Zweiterem als mentale Repräsentanz eine besondere Bedeutung zukommt, da der Aufbau eines konsistenten repräsentationalen Systems eng mit metarepräsentationalen Kompetenzen verknüpft ist. Mentalisierung (auch häufig als Reflexionsfunktion bezeichnet[14]) hat dabei eine selbstbezügliche und eine interpersonale Komponente, die dem Individuum im Idealfall eine verlässliche Fähigkeit vermittelt zwischen innerer und äußerer Realität, zwischen interpersonalen geistigen und emotionalen Prozessen sowie interpersonaler Kommunikation zu unterschieden. Dieses Konzept bettet metakognitive

---

[14] Dies bezieht sich auf die Operationalisierung psychischer Prozesse, die der Mentalisierungsfähigkeit zugrunde liegen

Fähigkeiten wie die Theory of Mind in das interaktive Alltagshandeln ein und macht es dadurch besonders bedeutsam. Die Ursprünge dieses Konzepts liegen in Dennetts These, dass die Vorhersage von Verhalten unter 3 Blickwinkeln erfolgen könnte: einem physikalischen, einem der Gestaltung und einem intentionalen (Dennett, 1983). Letzterer Blickwinkel ist entscheidend zum Verständnis der Regulierung durch mentale Zustände. In Erweiterung dieses Konzepts ist es nun aber auch bedeutsam, unbewusste Prozesse miteinzubeziehen, um auch Träume, neurotische Symptome und Ähnliches zu berücksichtigen. Eine Theorie des Geistes sollte somit um eine Theorie des unbewussten Seelenlebens ergänzt werden, um auch Wünsche, Überzeugungen und Emotionen, die dem Bewusstsein nicht direkt zugänglich sind, in den intentionalen Standpunkt miteinzubeziehen und so zu einem umfassenden Alltagsmodell des Seelenlebens zu gelangen.

Dies beinhaltet ein Bewusstsein darüber, dass Erfahrungen bestimmte Emotionen und Überzeugungen hervorrufen können, dass bestimmte Überzeugungen und Wünsche üblicherweise in Verhaltensweisen münden, dass es Beziehungen zwischen Überzeugungen und Emotionen gibt und dass bestimmte Entwicklungsphasen oder Beziehungen mit charakteristischen Gefühlen und Überzeugungen verbunden sind. Um dies greifbar zu machen haben Fonagy, Target, Steele & Steele (1998) die Mentalisierungsfähigkeit als Reflexive Functionning operationalisert (siehe nächstes Kapitel), indem sie die Annahme zugrunde legen, dass Individuen diese Fähigkeit nicht theoretisch artikulieren, sondern durch die Art und Weise, wie sie Vorgänge in (Bindungs)beziehungen interpretieren. Dieses so artikulierte Bewusstsein bietet die Grundlage der Kontinuität des Selbsterlebens, was als Basis für eine kohärente Selbststruktur gesehen werden kann (Fonagy et al., 2004). In Abgrenzung zur Introspektion, was eine Art Anwendung der Theorie des Mentalen auf eigene mentale Zustände darstellt, ist die Reflexionsfunktion charakterisiert durch das grundsätzliche Wissen um mentale Vorgänge. Ersteres hat somit klare Auswirkungen auf das eigene Seelenerleben, während Zweiteres der Selbstorganisation außerhalb des Gewahrseins Gestalt und Kohärenz verleiht. Immer wieder wird in der Literatur das Konzept der Mentalisierung mit dem einer Theorie of Mind in einem Atemzug genannt, wenn nicht überhaupt gleichgesetzt, was zentrale Unterschiede, die sich vor allem aus der unterschiedlichen Betrachtung der Entwicklung dieser Fähigkeit ergeben, verkennt.

Alles in den vorangegangenen Kapiteln Gesagte wäre obsolet, würde man wie Baron Cohen (1996) einen angeborenen (Lern-)Mechanismus, der im Gehirn spezifisch lokalisiert werden kann, der Theorie des Mentalen zugrunde legen. Auch scheint sich die Theory of Mind - Forschung mehr darauf zu konzentrieren, den Mechanismus des Erwerbs von Wissen um geistige und psychische Vorgänge zu fokussieren, was zwangsläufig zu einer Vernachlässigung der Bedeutung der emotionalen Besetzung in diesem Prozess führt. Das Kind wird so in zu hohem Ausmaß als reiner Informationsprozessor gesehen, der eine Theorie des Mentalen konstruiert, ohne die Einbettung dieses Prozesses in eine soziale Umwelt mit ihren vernetzten emotional besetzten Beziehungen ausreichend zu berücksichtigen. Auch in der Theory of Mind Forschung liegen demgegenüber Ergebnisse vor, wonach die Art der Familieninteraktion und der elterlichen Kontrolle (Cutting & Dunn, 1999), das Thematisieren von Emotionen durch die Eltern (Bretherton & Beeghly, 1982) sowie die mind mindedness der Mutter (Meins et al., 2002) starke Zusammenhänge mit dem Erwerb eines intentionalen Standpunktes aufweisen. Auch die Beobachtung, dass Kinder mit älteren Geschwistern bei False-Belief-Aufgaben deutlich besser abschneiden als andere ohne ältere Geschwister (Jenkins & Astington, 1996) spricht für die Notwendigkeit einer stärkeren Beachtung der Emotionalität in der Entwicklung von Intentionalität, weil erst durch die emotionale Besetztheit eine persönliche Relevanz für das Kind angenommen werden kann. Die Verknüpfung mit bindungstheoretischen Konzepten wird dadurch naheliegend, was vor allem von Fonagy & Target (2003) gemacht wurde und wird. Bevor ich allerdings auf ein Entwicklungsmodell der Theorie des Mentalen eingehe, möchte ich Unterschiede zwischen Theory of Mind und Mentalisierung explizit hervorheben, weil sie auch für das Verständnis des Vorgehens bei dieser Arbeit bedeutsam sind:

7.3 Worin unterscheiden sich Theory of Mind und Mentalisierung

a) Zunächst kann das Theory of Mind - Konzept nur schwer mit dem bisher Beschriebenen –nämlich der zentralen Bedeutung frühkindlicher Interaktionserfahrungen im Prozess der Selbstentwicklung - in Einklang gebracht werden, da Theory of Mind als eine generelle kognitive Kompetenz beschrieben wird, die primär auf Hirnreifungsprozessen beruht (Baron Cohen, 1995). Genetische Dispositionen besitzen zwar unbestritten eine hohe Relevanz für die Entwicklung, aber die alleinige Reduktion verkennt in hohem Maße die Bedeutung, die frühen Interaktionserfahrungen beim Aufbau eines repräsentationalen Systems und bei der Selbstentwicklung zukommt, nicht zuletzt aufgrund der weiter unten beschriebenen Vernachlässigung affektiver Komponenten. Ohne Repräsentationen und das entsprechende Nachdenken darüber ist das Individuum nicht in der Lage, seine Umwelt und sich selbst sowie Handlungen als bedeutungsvoll zu erleben, was unweigerlich zu einer Reduktion der Welt auf das Beobachtbare führt. Es ist das Verdienst von Fonagy & Target (1997), Konzepte der Theory of Mind und der Selbstentwicklung zu verknüpfen, und damit zu erklären, dass es nicht nur darum geht, ob ein Verständnis des Mentalen ausgebildet wird oder nicht (rein kognitive Fähigkeit), sondern darum, wie metarepräsentationale Fähigkeiten, deren Voraussetzung ein repräsentationales Erklärungsmodell ist, integriert und genutzt werden können. Metarepräsentationale Entwicklung ist demnach ebenso wie die Internalisierung von (Interaktions)erfahrungen abhängig und nicht davon losgelöst (Howley & Howe, 2004).

b) Der Bindungsaspekt in der Entwicklung von ToM Fähigkeiten impliziert nun auch, dass es sich nicht um eine kontextunabhängige Fähigkeit handelt, sondern um eine stark kontextabhängige. Während Therory of Mind als zentrale Fähigkeit über alle Beziehungen gleich ausgeprägt ist, macht es der Bindungsfokus erklärbar, warum Individuen in unterschiedlichen Beziehungen und Umwelten nicht in gleichem Maße zu metarepräsentationalen Leistungen im Stande sind. Mentalisierung ist demnach im Gegensatz zu ToM keine universelle Fähigkeit, sondern eine stark kontextabhängige, die damit einerseits der Dynamik des Mensch-Umwelt-Gefüges Rechnung trägt und sie andererseits auch für einen klinischen Kontext wesentlich brauchbarer macht (Fonagy, 2001). Allein die Tatsache, eine Theory of Mind zur Verfügung zu haben, lässt nur eingeschränkt Rückschlüsse auf dessen Anwendung in emotional besetzten Alltagsinteraktionen und –handlungen zu (Peskin & Ardino, 2003).

c) Es lässt sich nun also die zentrale Frage stellen, was mit ToM Fähigkeiten passiert, wenn der Kontext unterschiedliche persönliche Relevanz bekommt, also wenn er für das Individuum emotional bedeutsam wird. Es geht um die Frage, ob eine generelle mentalistische Fähigkeit bei erhöhtem emotionalen Arousal erhalten bleibt oder nicht. Fonagy et al. (2004) liefern dazu zwei gute Beispiele:
Ein Vater hört von seinem Sohn, dass der eine Lampe kaputt gemacht hat. Zunächst glaubt er den kindlichen Versicherungen, dies sei nicht mit Absicht geschehen. Er zeigt damit eine mentalisierende Einstellung, weil er nicht nur das Verhalten des Kindes, sondern dessen Motive berücksichtigt. Als er jedoch feststellt, dass es sich um seine Lieblingslampe handelt, gerät er so in Wut, dass er den Sohn schwer misshandelt. In emotionaler Erregung „regredierte" er also von einem mentalisierenden Modus, in dem Motive oder Absichten galten, zu einem teleologischen, in dem schädigendes Verhalten unter Absehung von (mentalen) Motiven bestraft wird (Fonagy et al., 2004 p. 361).
Ein zweites Beispiel soll den Unterschied zwischen teleologischem und repräsentationalem Erklärungsmodell illustrieren:
Nehmen wir an, ich beobachte einen Bekannten, der mir auf dem Gehweg entgegenkommt. Auf unserer Seite ist viel Betrieb, auf der anderen Seite wenig. Der Bekannte überquert die Straße und geht auf der anderen Seite mit erhöhtem Tempo weiter. Eine teleologische Interpretation seines Verhaltens wäre z. B. die, dass er die Straße überquert, um schneller vorwärts zu kommen. Eine solche Schlussfolgerung kann sich ausschließlich auf die beobachtbaren Gegebenheiten stützen und muss keine mentalen Zustände oder Absichten als Ursachen des Verhaltens in Anspruch nehmen. Das geschlussfolgerte Ziel ist das schnellere Vorwärtskommen. Ich kann zwar auch einen Wunsch

unterstellen, schneller vorwärts kommen zu wollen und hätte dann eine (intentionale) Erklärung aufgrund eines mentalen Zustands vorgenommen, aber das ist zur Erklärung des Verhaltens nicht notwendig. (modifiziert aus: (Fonagy et al., 2004 p. 355)

d) Der vierte Punkt betrifft die Frage der Emotionalität. Am Konzept von Fonagy & Target (1996) wird ersichtlich, dass den Emotionen und dem emotionalen Verständnis weitaus mehr Raum gegeben wird als in Theory of Mind Konzepten. Eine zentrale Frage dabei ist in Anknüpfung an den vorigen Punkt die Beschreibung der Fähigkeit des Nachdenkens über Emotionen, wenn man sich selbst in diesem emotionalen Zustand befindet.
Dies kann man als wesentliches Unterscheidungskriterium von Therory of Mind und Mentalisierung sehen.

7.4 Implikationen

Zunächst ist es wichtig, metarepräsentationale Fähigkeiten nicht als universelle Fähigkeit, sondern kontextabhängig zu betrachten. Die ToM-Forschung geht zwar in diese Richtung, aber bei weitem noch nicht in ausreichendem Maße. Die Entwicklung metarepräsentationaler Fähigkeiten sollte weiters nicht auf Hirnreifungsprozesse reduziert werden, sondern der unbestrittenen Bedeutung interaktiver Erfahrungen Rechnung tragen und somit in Zusammenhang mit bindungstheoretischen Konzepten betrachtet werden. Ohne eine Bezugsperson, die in der Lage ist, dem Kind einen externen Raum für seine innere Welt zur Verfügung zu stellen und dessen Inhalte dem Kind modifiziert zurückzugeben, kann auch eine defizitäre Entwicklung im metarepräsentationalen Bereich angenommen werden (Fonagy, 2001). Vor allem um einen klinischen Fokus zu erhalten, sollte außerdem mehr darauf geachtet werden, wie sich individuelle Bedeutungszuschreibung in Form von emotionaler Anspannung auf diese Fähigkeiten auswirkt. Es wäre auch interessant, der Frage nachzugehen, ob sich metarepräsentationale Fähigkeiten je nach Art der mentalen Zustände unterscheiden. Eine Metaanalye von Wellman et al. (2001) spricht etwa dafür, dass Kinder Wünsche zuschreiben können bevor sie Glauben zuschreiben. Im Besonderen wäre die Frage interessant, ob es etwas wie eine emotionale Reflexivität im Gegensatz zu einer intentionalen Reflexivität gibt, um die Bedetung eines emotionalen Verständnisses herausarbeiten zu können. Reflexivität im Kindesalter ist dabei noch weit weniger erforscht als Theory of Mind - Fähigkeiten. Informationen darüber sind aber vermutlich wichtig, um ein besseres Verständnis für die Ursachen von kindlichem Problemverhalten zu entwicklen. Bei Erwachsenen hat sich diese Bedeutung schon zeigen lassen (Fonagy, 2001).

7.5 Entwicklung metarepräsentationaler Fähigkeiten

Es sind vor allem 3 Konzepte vorrangig, die im Prozess der Entwicklung metarepräsentationaler Fähigkeiten bedeutsam sind: der Selbstantrieb, die Zielgerichtetheit, sowie die Intentionalität (Baron Cohen & Swettenham, 1996). Die grundlegende Aufgabe für das Kind ist es zunächst, in „Agenten" und „Nicht-Agenten" unterscheiden zu lernen. Agenten sind dabei charakterisiert als selbstangetrieben und zielgerichtet. Dies ist die erste Aufgabe, die Kinder auf dem Weg zu einer ausgeprägten Theory of Mind zu lösen haben. Darüber hinaus ist es aber wichtig, auch die Intentionalität von Agenten zu erkennen, um deren Motivation zu verstehen. Dies wird zunächst nur auf Basis von sichtbaren Signalen, in erster Linie von Bewegung getan. Für ein Baby ist der Blickkontakt (Augenbewegungen) eine zentrale Informationsquelle dessen, was in anderen vorgeht. Babys reagieren sehr sensibel darauf, ob sie gerade angesehen werden oder nicht (Beebe et al., 1997). Dieser Mechanismus wird zunehmend komplexer, bleibt aber von seiner Grundstruktur derselbe. Es entsteht mit der Zeit ein komplexes Gefüge aus Signalen und Attributionen, die es dem Individuum ermöglichen, mentale Zustände von anderen zu deuten und zu verstehen (Flavell, 2000). Zentral ist aber nun die Frage, wodurch diese Prozesse beeinflusst werden, worauf die ToM Forschung keine adäquate Antwort geben kann. Theory of Mind Fähigkeiten basieren in erster Linie auf einem repräsentationalen System, das über die in den vorigen Kapiteln beschriebene Integration von Erfahrungen aufgebaut wird, wodurch kleinen Kindern diese Fähigkeit noch nicht zugesprochen werden kann. Sehr wohl können aber kleine Kinder Signale verstehen, sie sind nur noch nicht in der Lage, diese adäquat zu nutzen und zu interpretieren. Im eben genannten Sinne ist es eine besondere Herausforderung, das Selbst als Urheber von Handlungen zu erkennen und es so von anderen als Urheber von Handlungen abzugrenzen.

7.5.1 Entwicklungsgrundlagen im Säuglingsalter

Auch wenn die Organisation des Selbst mit der Integration körperbezogenen Erlebens beginnt und so die physikalischen Grenzen zwischen Selbst und Nicht-Selbst gezogen werden, ist auch die Bedeutung des face to face Austausches affektiver Signale zwischen dem Säugling und seiner Bezugsperson von Anbeginn an nicht zu unterschätzen, da die intentionale Haltung über den Weg der Entwicklung von Affektrepräsentanzen erworben wird. Es ist also zunächst zu klären, wie Säuglinge in der Interaktion mit primären Bezugspersonen lernen, ihre Affektzustände zu identifizieren und zu kontrollieren und so von einer interaktiven zu einer intrapsychischen Regulierung gelangen. Diese Frage wurde im vorangegangenen Kapitel bereits behandelt. Die ersten 6 bis 8 Lebensmonate sind neben der Neusynchronisierung der Biorhythmen dadurch gekennzeichnet, dass Säuglinge in der Interaktion mit den primären Bezugspersonen mentale Zustände, im Besonderen Emotionen, bei sich und anderen kennenlernen, was die Basis der Ausbildung von (Affekt)Repräsentanzen darstellt. Es geht nun hier spezifisch um die Frage, welche Bedeutung die emotionale Entwicklung unter dem Blickwinkel der Entwicklung metarepräsentationaler Fähigkeiten, also unter dem Blickwinkel einer Theorie des Mentalen, hat. Diese Frage ist in letzter Zeit stark ins Zentrum des Interesses gerückt (Fonagy et al., 2004).

Die Tatsache, dass sich die Theory of Mind - Forschung in erster Linie auf Überzeugungen und Wünsche konzentriert, vernachlässigt zwangsläufig, dass auch Emotionen mentale Zustände sind, die wir anderen zuschreiben, um uns deren Verhalten zu erklären. Nachdem Attribuierungen komplexer intentionaler mentaler Zustände wie etwa falsche Überzeugungen erst im Alter von 3 bis 4 Jahren erfolgen, wird durch diese Tatsache oft auch vernachlässigt, dass bereits im letzten Viertel des ersten Lebensjahres bestimmte Verhaltensweisen in Erscheinung treten, die rudimentäre Fähigkeiten eines Säuglings voraussetzen, anderen Akteuren zumindest bestimmte Arten innerer Zustände zuzuschreiben. Mit etwa 8 Lebensmonaten erfolgt ein Sprung in eine neue Qualität. Dabei entdeckt das Kind nach Stern (1985) *„that there are other minds out there"*, wobei sich das *„Other"* auf die Unterscheidung von Selbst und Anderem bezieht, *„Out"* impliziert die Unterscheidung von Innen- und Außenwelt, und *„mind"* die Vorstellung von etwas Geistigem – oder wie man heute sagen würde, den Beginn einer „Theory of Mind". Dazu muss das Kind nicht nur begreifen, dass es so etwas wie eine Psyche oder einen Geist gibt, sondern auch, dass seine eigene Psyche und die davon verschiedene Psyche eines Anderen miteinander in Beziehung treten können. Warum nun aber die Betrachtung einer Theory of Mind - Entwicklung nicht erst durch dieses sogenannte „Neun Monats-Wunder" beginnt, sondern bereits die Zeit davor von erheblicher Bedeutung ist, liegt daran, dass eine wichtige Voraussetzung dafür ein von beiden geteiltes Koordinatensystem ist, in das die Ausdrucksweisen und Bedeutungen ihrer Kommunikationen – wie Gesten, Haltungen oder Gesichtsausdrücke – eingeordnet werden können. Dieses System wurde in den vorangegangenen Monaten in der wechselseitigen Interaktion erworben. Was sich zwischen Mutter und Baby abspielt, bekommt mit neun Monaten eine weitere Dimension: die der inneren subjektiven Zustände, die hinter dem äußeren Verhalten liegen. Das eigene Selbstempfinden und das anderer schließt nun, zusätzlich zum äußeren Verhalten und dem direkt Zugänglichen auch innere oder subjektive Erlebenszustände ein. Es folgt gewissermassen ein Sprung von Interaktion zu Intersubjektivität. Letztere spielt sich zwischen der inneren Befindlichkeit der beiden Partner ab. Stern (1992) beschreibt die „Affektabstimmung" von Seiten der Mutter als wesentliches Element, wodurch das Baby überhaupt erkennt, dass es ein Inneres gibt, das hinter dem äußeren Verhalten liegt. Dabei geht es nicht allein um ein Einfühlen der Mutter in die Affektlage des Kindes, sondern vielmehr darum, dass die Mutter den einer Handlung des Kindes zugrunde liegenden Gefühlszustand erfasst und in anderer Weise wiedergibt.

Köhler (2004) gibt dazu ein Beispiel: „*Das Kind reckt seine Hand angestrengt nach einem Spielzeug aus, die Mutter gibt ein lang gezogenes „Aaaaaaah" von sich". (S. 163)*. Das ist eine sehr besondere Art des Spiegelns, eine mimisch-semantische, weil nämlich der gleiche Zustand, die gleiche innere Verfassung in einer anderen Form ausgedrückt wird. Damit beginnt dem Kind eine Vorstellung davon zu dämmern, dass es hinter dem äußeren Verhalten ein Inneres gibt, das dem Verhalten zugrunde liegt, und dass es außer ihm selbst noch andere Wesen mit einem Inneren gibt. Die Art der Erfahrung der Spiegelung der eigenen Affekte durch die Mutter ist für das sich entwickelnde Selbstgefühl von ausschlaggebender Bedeutung. Winnicott (1971) sagt: Es blickt ins Auge seiner – „empathischen" – Mutter und sieht sich selbst. Es erfährt sich jetzt nicht nur von innen, mit seinen körperlichen Empfindungen, sondern es sieht sich von außen. Es bildet nun eine zusätzliche sekundäre mentale Repräsentanz seiner selbst. Die Widerspiegelung seines Selbst durch das Auge der Mutter ist aber davon geprägt, wie diese ihr Kind sieht, wie es für sie in ihrem Inneren aussieht bzw. davon, welche Bedeutung sie dem Ausdruck ihres Kindes beimisst beziehungsweise in welchem Ausmaß sie es als einen „intentionalen Agenten" ansieht. Sie ist kein Spiegel aus Glas, wodurch das Kind zwei Selbstrepräsentanzen ausbildet, eine, die seiner Binnenwahrnehmung, seinem biologischen oder konstitutionellen Selbst entspricht und eine sekundäre, in der es sich quasi mit den Augen seiner Mutter betrachtet. Der von William James beschriebene Unterschied von „I and Me" hat hier seinen Ursprung. Wenn das Kind angesichts der Mutter einen inneren Zustand ausdrückt, so baut es durch das Enkodieren des affektspiegelnden Ausdrucks der Mutter eine Repräsentanz auf, die seinen inneren emotionalen Zustand beschreibt. Dies ist gewissermaßen eine Selbstrepräsentanz auf sekundärer Ebene. Sie ist auf „Input" von außen, nicht von innen, gegründet. Zwei Variablen des Affektspiegelns sind von besonderer Bedeutung, nämlich Kongruenz und Markierung, Begriffe, die im vorigen Abschnitt in Gergelys Theorie beschrieben wurden. Das Selbst des Kindes ist nach Kohut (1979) zunächst nur als eine Art virtuelles Selbst im Kopf seiner Mutter zu sehen. Das heißt, das Selbst des Kindes wird stark davon beeinflusst, wie sich die Mutter seine Befindlichkeiten, Absichten und Eigenschaften vorstellt. Und damit kann sie, je nachdem wie voreingenommen sie ist, die tatsächliche Befindlichkeit des Kindes beträchtlich verfehlen. Bei zu intensiver oder fehlerhafter Behandlung des Kindes wird ein Konstruktionsfehler in seinem Selbst herbeigeführt. Hierdurch wird es gezwungen, Repräsentanzen der Seelenverfassung („state of mind") des Objektes als Kern seines Selbst zu internalisieren. Dieser Kern bleibt dann fremd und unverbunden mit den Strukturen des der Konstitution entsprechenden Selbst, die verschwinden. Die Fehlzuschreibungen, die dem Kind durch die Eltern zuteil werden, können im Alter des Spracherwerbs, wenn es um die Ko-Konstruktion von Narrativen geht, noch verstärkt werden. Hier gibt es nämlich die schwerwiegende Möglichkeit, dass eine Mutter das Erleben des Kindes nicht so benennt wie es tatsächlich ist. Der Zugang zum eigenen Kern ist versperrt, weil dadurch der Kontakt mit der spiegelnden Umwelt verloren zu gehen droht. So bleibt im Grunde nur die sekundäre Repräsentanz seines Affektes bewusst, die von außen stammt, die fremdbestimmt ist. Es kommt dadurch nach Gergely, Fonagy & Target (2003, p. 198) zu einem entfremdeten Selbst. *„Man könnte sagen, dass das Handlungsselbst eines solchen Menschen aus der Wahrnehmung dessen stammt, wie seine Mutter sich seine Intentionalität in ihrem Inneren vorstellt".*

Wir stehen hier am Beginn der Entwicklung psychischer Realität oder mentalen Gewahrseins. Wichtig ist, sich klarzumachen, dass nur das psychische Realität gewinnt, was geteilt wurde. Zunächst sind es Affekte und Gesten in ihrer fast synchronen Verlaufsstruktur. Später erstreckt sich das Teilen auf inneres Erleben; („shared awareness" Sander, 1962), noch später auf Werte. Zu den frühesten Manifestationen des geteilten Beziehungswissens im sich entwickelnden Mutter-Kind-System gehört das „Neun-Monats-Wunder". Der Ausdruck stammt von dem Anthropologen und Primatenforscher Tomasello (1993). Der „seriösere" Fachausdruck lautet: „Geteilte Aufmerksamkeit" („joint attention"). Jedoch ist das Kind in diesem Stadium noch nicht in der Lage, Inneres und Äußeres klar auseinanderzuhalten. Es kann jetzt anfangen sich etwas vorzustellen, auch wenn es dazu noch einer Anregung, eines Auslösers aus dem äußeren Kontext bedarf.

Mittlerweile ist, wie bereits beschrieben wurde (Dornes, 1993, 1997), das Bild des passiven, undifferenzierten Säuglings überholt und es wird angenommen, dass Babys von Anfang an über reichhaltige Wahrnehmungs-, Lern und Repräsentationsfähigkeiten verfügen und speziell auf die Struktur der sie umgebenden gegenständlichen und sozialen Umwelt vorbereitet sind (Emde, 1988; Stern, 1985). Dazu gehört auch das Vorhandensein primäremotionaler Ausdrucksmuster, wodurch angenommen werden kann, dass es sich bei Basisemotionen um angeborene dynamische Verhaltensorganisationen mit Anpassungsfunktion handelt, die durch spezifische mimische Ausdrucksmuster charakterisiert sind (Ekman, 1993; Izard et al., 1980). Außerdem geht das heutige Verständnis biosozialer Entwicklung davon aus, dass Mutter und Kind von Anbeginn an ein affektives Kommunikationssystem bilden, in dem die Mutter durch die Modulierung der Affektzustände des Säuglings eine entscheidende interaktive Funktion erfüllt. Aufgrund vorliegender Ergebnisse kann angenommen werden, dass Säuglinge eine angeborene Tendenz zeigen, ihre Gefühlszustände automatisch auszudrücken, die Kontingenzstruktur der affektiven Face-to-Face-Kommunikation wahrnehmen, diskrete mimische Emotionsausdrucksmuster voneinander unterschieden können, in einem hohen Maße von den affektregulierenden Interaktionen mit der Mutter als Möglichkeit zur emotionalen Selbstregulierung abhängig sind und dass die Qualität ihrer Affektzustände und ihre auftauchenden selbstregulierenden Reaktionen nachhaltig durch die charakteristischen Besonderheiten des affektiven

Kommunikationsverhaltens der Mutter beeinflusst wird (Beebe et al., 1997; Tronick, 1989).

7.5.2 Das Spiel mit der Realität

Die „*Playing with Reality* – *Theorie*" von Peter Fonagy und Mary Target (Fonagy & Target, 1996; Target & Fonagy, 1996) ist als eine Weiterführung des Affektspiegelungsmodells von Gergely & Watson (1996) zu betrachten. Das Affektspiegeln nimmt nämlich durch den erweiterten Horizont des Säuglings und die damit verbundene Abnahme der Face-to-Face-Interaktion deutlich ab. Die zentrale Behauptung der Theorie ist, dass das symbolische Spiel in der Zeit zwischen 1,5 und 4 Jahren denselben Stellenwert einnimmt, den die Affektspiegelung im ersten Lebensjahr hatte. Aber diese Theorie ist noch mehr als die Fortführung des Affektspiegelungsmodells. Sie enthält eine eigenständige Konzeptualisierung der Verfassung des Seelenlebens in der Zeit zwischen 1,5 und 4 Lebensjahren über die Natur von Subjektivität, also bevor es eine repräsentationale Theorie des Geistes gibt. Ab etwa 1,5 Jahren existieren laut Autoren 2 Modi, in denen Gedanken und Gefühle erfahren werden: den Als-Ob-Modus („Pretend Mode") und den Modus psychischer Äquivalenz („Psychic Equivalence Mode"). Das Kind oszilliert zwischen beiden Modalitäten, die parallel nebeneinander existieren, hin und her. Zu einer Integration kommt es erst im Alter von 4 Jahren und wird durch die Art und Weise der elterlichen Stellungnahme zu kindlichen Spielhandlungen und anderen Lebensäußerungen gefördert oder behindert. Die klinische „Anwendung" dieser Theorie besteht in dem Nachweis, dass Borderlinepatienten aufgrund traumatischer Erfahrungen zwischen beiden Modalitäten oszillieren und ihnen die Integration in einen sogenannten „Reflektierenden Modus" nicht gelingt. (Gergely et al., 2003).
Zunächst ist also das Kind geprägt von der Erwartung, dass seine eigene innere Welt und die von anderen Personen mit der externen Realität übereinstimmen. Im Spiel lernt das Kind mit der Zeit einen weiteren Modus kennen, der dadurch gekennzeichnet ist, dass das Kind zwar Unterschiede versteht, aber keine Zusammenhänge zwischen inneren Vorstellungen und äußeren Situationen herstellt. Soweit ist es nur eine Wiederholung des vorigen Kapitels, wonach Kinder sich zunächst nur in der realen Welt bewegen und sich mit der Zeit – ab dem Zeitpunkt, wo sie fähig sind zu symbolisieren, eine repräsentationale Struktur aufbauen, deren Zusammenhänge zur externen Realität allerdings noch nicht begreifbar sind. Das Kind entwickelt also mit der Zeit eine psychische Realität. Wie aber geht es mit dem Vorhandensein zweier Modi um? In einem weiteren Schritt integriert das Kind im Laufe der normalen Entwicklung diese beiden Modi und kommt in ein Stadium des Mentalisierens, das Kind beginnt somit eine Art metarepräsentationales System zu entwickeln, das es ihm ermöglicht, auch über eigene und fremde mentale Zustände nachzudenken und diese in Beziehung zur äußeren Welt zu setzen. Das Kind muss somit lernen

und im Rahmen von Interaktionen erfahren und explorieren, wie Repräsentationen beschaffen sind.

7.5.2.1 Äquivalenzmodus

Bei 3 jährigen Kindern kann häufig beobachtet werden, dass sie Probleme damit haben, Anschein und Realität gleichzeitig zu betrachten. Wenn diese beiden auseinanderdriften, entscheidet sich das Kind für eines. Dies wird im Experiment von Flavell et al. (1986) ersichtlich, wo Kindern ein Schwamm gezeigt wird, der wie ein Stein aussieht. Dabei verursacht die Frage danach, was es ist und wie es aussieht, dieselbe Antwort, nämlich „ein Stein". Wenn man sie im Anschluss den Gegenstand angreifen und zusammendrücken lässt, antworten sie auf beide Fragen mit „ein Schwamm". Im Modus der psychischen Äquivalenz erlebt das Kind also seine Gedanken, als ob sie Realität wären. Damit ist gemeint, dass seine mentalen Zustände einen ähnlichen Effekt haben wie ein wirkliches Ereignis. Der Gedanke an ein Krokodil unter dem Bett hat dieselbe ängstigende Wirkung wie ein wirkliches Krokodil, das Vorlesen einer Geschichte mit Einbrechern dieselbe Wirkung wie ein wirklicher Einbruch, oder – bei Erwachsenen – der Gedanke an eine Krebserkrankung dieselbe Wirkung wie die Diagnose Krebs. (Dornes, 2004). Mentale Zustände sind also hinsichtlich ihrer Auswirkungen gleichzusetzen mit Ereignissen in der Realität. Der Umgang der Eltern mit diesem Erleben ist nun von erheblicher Bedeutung für die weitere Entwicklung. Eltern können im günstigsten Fall das Erleben des Kindes akzeptieren, wenn es im Modus psychischer Äquivalenz ist, aber sich gleichzeitig so verhalten, dass deutlich wird, dass sie nicht genau dasselbe erleben. Als Illustration liefert Dornes (2004) ein Beispiel:

Er schildert den Fall eines kleinen Kindes, das Angst vor einem hinter der Tür hängenden Bademantel hat und nicht einschlafen kann, weil es darin einen bedrohlichen Mann sieht. Für das Kind ist das die Realität, und sein Erschrecken teilt sich auch ganz real und zwingend mit. Eltern sollten dem Kind dann nicht nur sagen, dass der Bademantel kein Mann ist oder dass es dumm wäre, sich vor ihm zu fürchten. Sie sollten den Bademantel auch wegnehmen und so die Realität des furchtauslösenden Gedankens anerkennen, ohne aber gleichzeitig dieselbe Furcht zu zeigen. Eltern schließen sich also einerseits der Wahrnehmung des Kindes an, stellen aber gleichzeitig die Möglichkeit einer anderen Perspektive zur Verfügung und schaffen damit Distanz zur kindlichen Perspektive.

7.5.2.2 Als-Ob-Modus

Würde man nur die eine Seite betrachten, könnte man natürlich folgern, dass Kinder noch keinerlei Vorstellungen über das Psychische haben. Doch damit würde ich mir selbst widersprechen. Dann wäre auch das kindliche Spielverhalten nicht erklärbar, wo Kinder im Alter von 3 Jahren genau das, was Ihnen unterstellt wird, nicht zu können, eben doch können. Wygotsky (1967) schreibt, dass ... *im Spiel das Kind seinem Durchschnittsalter, seinem Alltagsverhalten immer voraus ist.* In der Welt des Spiels kann das Kind Repräsentationen partiell von ihren Referenten ablösen und so diese freigesetzten Repräsentationen modifizieren, etwas, was im oben genannten Modus unmöglich war. Ein schönes Beispiel dessen liefern Gopnik & Slaughter (1991), die die für ein 3-jähriges Kind quasi unlösbare False-Belief Aufgabe in einem „Als-ob-Modus" durchführten. Sie baten Kinder, so zu tun, als ob in einem leeren Glas Kakao sei, das dann von einem Erwachsenen geleert wurde. Im Anschluss wurde das Kind gebeten, so zu tun, als ob das Glas jetzt Limonade enthielte. Interessanterweise hatte kaum ein 3-jähriges Kind Schwierigkeiten, sich daran zu erinnern, dass ursprünglich Kakao im Glas war. Es kann also im Spiel die Realität suspendiert werden. Im Spiel besitzt selbst das kleine Kind ein mentalisierendes Modell des psychischen Erlebens und versteht seine Psyche als etwas, das mentale Zustände repräsentiert. Diese Fähigkeit kommt erst dann zum Zusammenbruch, wenn sie von der faktischen Realität überlagert wird, wodurch eine strikte Trennung zwischen Als-Ob-Modus und äußerer Realität erfolgen muss. Der Erwachse muss darauf Bedacht nehmen, indem er das Kind in diesem Als-Ob-Modus belässt oder aber einen Wechsel klar signalisiert. Wenn das Kind mit einem Stock auf den Vater schießt und dieser mit realem Ärger darauf reagiert, kann das Kind den Pretend-Mode nicht aufrechterhalten, wodurch die Situation ‚bedrohlich' wird. Erwachsene tendieren dazu, das kindliche Spiel auf Basis ihres eigenen Verständnisses der psychischen Realität zu betrachten anstatt aus der Sichtweise des Kindes. Dabei verstehen sie oft nicht, dass Kinder im Spiel Fähigkeiten haben, die sie in der Realität nicht haben, was häufig zu Fehlinterpretationen führt. Kleinen Kindern fehlt gewissermaßen das Verständnis dafür, dass Gegenstände im Spiel reale Gegenstände repräsentieren. Fonagy et al. (2004) sind der Auffassung, dass der Umgang der Erwachsenen mit den spielerischen Äußerungen ihrer Kinder ab 1,5 Jahren dieselbe Funktion hat wie die Affektspiegelung im ersten Lebensjahr. Nun ist es nicht mehr das Gesicht der Eltern, das den Zustand des Kindes aufnimmt, modifiziert und zurückspiegelt, sondern es sind die Kommentare der Eltern zu den kindlichen Spielhandlungen. Die Kinder erschaffen im Spiel eine externe Darstellung ihrer eigenen Zustände, indem sie diese in den Spielfiguren verankern. Nicht mehr das elterliche Gesicht ist jetzt eine solche externe Darstellung, sondern die Spielfigur. Verinnerlicht wird nicht mehr nur das Bild, das das Kind im Gesicht der Eltern von sich vorfindet, sondern auch der Kommentar der Eltern zu seinem Spiel. Die Kommentare der Eltern zu den Spielhandlungen sind implizite Kommentare zu den im Spiel dargestellten und externalisierten Selbstzuständen des Kindes und werden verinnerlicht wie vorher die in den Gesichtsausdrücken und Vokalisierungen zu Tage tretenden Kommentare der Eltern. Es wird also mit der Realität gespielt. Der Unterschied zwischen einem intuitiven Wissen um den fiktiven Charakter des Spiels und einem expliziten Verstehen desselben spielt in der entwicklungspsychologischen

Literatur eine erhebliche Rolle, vor allem bei der Klärung der Frage, ab wann Kinder nicht nur symbolische Handlungen hervorbringen, sondern den symbolischen Charakter ihrer Hervorbringungen – auch den ihrer Gedanken – durchschauen. Den symbolischen Charakter von Gedanken zu durchschauen heißt zu begreifen, dass mentale Gebilde nicht nur Dinge sind, die im Geist existieren, sondern Repräsentationen, die vom Geist hervorgebracht werden. Erst dann werden Gedanken als subjektive Schöpfungen verstanden, die die Realität nicht nur wiedergeben, abbilden oder sonstwie erfassen, sondern repräsentieren. Der Erwerb einer solchen repräsentationalen Theorie des Geistes wird üblicherweise auf das Alter von 4 Jahren datiert. Für Details der Debatte siehe Perner (1991), Astington & Jenkins (1995) oder Mitchell (1993).

7.6 Die Integration dualer Erfahrungsmodi

Im vierten bis fünften Lebensjahr sollten nun die beiden beschriebenen Modi zunehmend integriert werden und so ein reflektierender / mentalisierender Modus der psychischen Realität hergestellt werden (Gopnik, 1993). Der Unterschied zwischen Anschein und Realität wird zunehmend (auch in der Realität) anerkannt, die unterschiedliche Wahrnehmung von Personen wird akzeptiert und die Veränderbarkeit von mentalen Zuständen wird verstanden. Das Kind lernt gewissermaßen zu begreifen, dass mentale Zustände Repräsentationen sind, die unzutreffend sein und sich verändern können, weil sie lediglich auf einer von zahlreichen Sichtweisen beruhen.

Ein Umfeld, in dem das Als-Ob und das Reale nebeneinander Platz haben, führt zu Symbolisierung und schließlich auch zu einer Integration von Als-Ob- und Äquivalenzmodus. Diese Integration ermöglicht eine neue Weise des Erlebens der eigenen Gedanken- und Gefühlswelt. In ihm verfügt das Kind über eine repräsentationale Theorie des Geistes, in der es seine Gedanken und Gefühle als Einstellungen zur Realität durchschaut, die von dieser zwar beeinflusst werden, aber keine äquivalenten Abbilder derselben sind. Wenn die Mutter jetzt böse auf das Kind ist, so kann sich das Kind sagen: Meine Mutter glaubt oder denkt, ich sei böse, aber ich glaube und denke etwas anderes. Es kann nun mit der Realität spielen, weil es die eigenen Gedanken und Gefühle nicht als notwendigerweise durch die Realität hervorgerufen versteht, sondern als eigene subjektive Reaktion darauf. Die Bedeutung dieser Integration wird von Fonagy et al. (2004) vor allem für 5 zentrale Bereiche beschrieben:

- Das Kind kann nun Kontinuität im Erleben psychischer Strukturen wahrnehmen, was bedeutet, dass das Kind sein Denken der Welt anpassen kann ohne das Gefühl zu haben, sich selbst (sein Selbst) ändern zu müssen.
- Es kann nun das Handeln anderer als bedeutungsvoll erleben, indem es anderen Gedanken und Gefühle zuschreibt, Verhalten wird vorhersagbar, was die Autonomie stärkt.

- Das Kind versteht weiters, dass Dinge nicht automatisch so sind wie es das Verhalten einer anderen Person nahelegt, es kann zwischen innerer und äußerer Realität unterschieden. Diesem Bereich kommt vor allem in Fällen von Misshandlung oder Trauma eine wesentliche Bedeutung zu, weil dem Kind nun eine Funktion zur Regulierung seines psychischen Erlebens zur Verfügung steht.

- Die eingeschränkte Integration hat eine mangelhafte Kommunikationsfähigkeit zur Folge, da ohne eine klare Repräsentation des mentalen Zustands des anderen die Kommunikation darüber stark eingeschränkt sein muss.

- Durch intensive Erfahrungen kann Mentalisierung dabei helfen, mit anderen Menschen ein höheres Niveau der Intersubjektivität zu erreichen und so sein eigenes Leben als bedeutsamer wahrnehmen.

7.7   Mentalisierung und psychische Störung

Im Bereich der klinischen Forschung wurde das Mentalisierungskonzept bisher in erster Linie von der Arbeitsgruppe um Peter Fonagy mit der Borderlinepersönlichkeitsstörung in Zusammenhang gebracht. Demnach zeigen Borderline-Persönlichkeiten eine deutlich eingeschränkte Fähigkeit zu mentalisieren (Fonagy et al., 1996). Dieses häufig traumainduzierte Versagen der Reflexivität wird demnach mit schweren Persönlichkeitsstörungen in Zusammenhang gebracht (Daudert, 2002). In der Cassel Hospital Studie von Fonagy et al (1991) wurde gezeigt, dass schwer traumatisierte Personen nur dann eine Borderline-Persönlichkeit etnwickeln, wenn gleichzeitig ihre reflexiven Fähigkeiten gering ausgeprägt sind. Außerdem wurde von Fonagy & Target (1997) eine gering ausgeprägte Reflexivität mit einer Disposition zu destruktiver, mitleidloser Aggressivität und Gewaltdelikten bei jugendliche Straftätern in Zusammenhang gebracht. Darüber hinaus gelang es Fonagy (2003d) nachzuweisen, dass die kindliche Bindungsqualität eine Funktion des Ausmaßes ist, in dem Eltern sich in die vermuteten seelischen Zustände des Kindes hineinversetzen und diese in für das Kind verstehbare Handlungen übersetzen können. Reflexive Fähigkeiten sind, wie wir gesehen haben, eng verbunden mit der Entwicklung des Selbst. Die bisher vorliegenden Daten sprechen dafür, dass schwere Persönlichkeitsstörungen mit einer eingeschränkten Reflexivität einhergehen. Reflexivität wiederum bildet sich in den ersten 5 Lebensjahren heraus, womit es auf der Hand liegt, im Sinne eines präventiven Vorgehens Reflexivität bei 5-Jährigen zu erfassen, da eine diesbezügliche Einschränkung die Wahrscheinlichkeit der Ausbildung einer schweren Persönlichkeitsstörung stark erhöht.

8 Die Erfassung von Repräsentationen bei Erwachsenen

Innere Arbeitsmodelle sind ein realitätsreflektierendes, realitätsregulierendes und realitätsschaffendes System (Bretherton et al., 2001). Wie repräsentationale (psychische) Strukturen von Erwachsenen mit psychischen Störungen zusammenhängen und welchen Einfluss der Aufbau einer psychischen Realität über den Weg der Mutter-Kind-Interaktion auf die Entwicklung von Kindern hat, ist Inhalt der vorangegangenen Kapitel. Für eine Übersicht über die Zusammenhänge von Repräsentationen und psychischer Störung im Erwachsenenalter möchte ich auf Buchheim (2002) oder Dozier (1999) verweisen, für die Einflüsse frühkindlicher Interaktionserfahrungen auf die psychische Entwicklung auf die vorangegangenen Kapitel dieser Arbeit. Das Verständnis und die Erfassung der psychischen Realität in Form von Selbst-, Fremd- und Beziehungsrepräsentanzen bei Erwachsenen sind demnach wesentlich für die weitere Forschung, einerseits im Hinblick auf das bessere Verständnis der repräsentationalen Organisationsstrukturen, die psychischen Erkrankungen zugrunde liegen, andererseits im Hinblick auf die normale und abweichende psychische Entwicklung (Arbeitskreis-OPD, 2004). Die Bindungsforschung verfolgt diese Richtung sehr intensiv und auch erfolgreich, was allerdings nicht dazu verleiten darf, in unterschiedlichen Bindungsrepräsentationen die alleinige Erklärung zu vermuten, sondern sie als, wenn auch schon gut erforschten Teil der Gesamtheit des Erklärungsraumes psychischer Störungen, zu sehen. Methoden der Bindungsforschung beschreiben neben dem OPD Interview (Arbeitskreis-OPD, 2004) am besten ein geeignetes Vorgehen bei der Erfassung psychischer Realität und liefern vom methodischen Zugang her Potential, nicht nur Bindungsrepräsentationen zu erfassen, sondern auch darüber hinauszugehen. Auch wenn man in der Bindungsforschung darauf abzielt, Bindungsrepräsentationen zu erfassen, geht es eigentlich darum, generalisierte Beziehungsrepräsentationen von Personen anhand von bindungsrelevanten Thematiken zu beschreiben. Die Bindungsorganisation oder besser die Beziehungsrepräsentation einer Person wird dabei vor allem auf der Grundlage dessen erfasst, wie ein Individuum seine bisherige Bindungsgeschichte bewertet und welchen Stellenwert er dieser zuschreibt. Was Methoden der Bindungsforschung im Allgemeinen und das weiter unten beschriebene Adult Attachment Interview (George et al., 2001) im Speziellen auszeichnet und für unsere Überlegungen relevant macht, ist die Betonung interaktiver Prozesse über den Weg der Bewertung von Beziehungen durch die interviewte Person. Die Ansätze, Repräsentationen bei Erwachsenen zu erfassen, gehen in verschiedene Richtungen, wobei Bartholomew & Horowitz (1991) angeregt haben, die Konvergenzen und Divergenzen der verschiedenen Methoden näher zu prüfen. Die Autoren nehmen an, dass die unterschiedlichen Methoden letztlich auf demselben theoretischen Konzept aufbauen, und deshalb auf einem Kontinuum anzusiedeln seien, deren äußere Pole auf der einen Seite durch das aufwendige Adult Attachment Interview und auf der anderen durch die sehr einfache und ökonomische Ein-Item-Selbstzuordnung von Hazan und Shaver (1987) definiert sind. Das vorliegende Kapitel beschränkt sich auf die Beschreibung von Interviewmethoden. Zur näheren Beschreibung von Fragebogenverfahren in der Bindungsforschung darf ich den interessierten Leser auf Höger (2002) verweisen, wobei ich mich der Vermutung von Buchheim & Strauss (2002) anschließe, wonach Fragebogenverfahren wohl kaum geeignet sind, unbewusste psychische Prozesse von Individuen zu erheben und zu ergründen. Bei näherer Betrachtung der Konvergenzen einzelner Methoden, insbesondere in Bezug auf die Reliabilität, konnten kaum zufriedenstellende Ergebnisse erzielt werden (Crowell & Treboux, 1995). Außerdem gibt es zu allen vorliegenden Methoden Kritik, vor allem in Bezug auf psychometrische Kriterien (Crowell & Treboux, 1995; Stein, Jacobs, Ferguson, Allen & Fonagy, 1998), woraus vielleicht abgeleitet werden könnte, dass die unterschiedlichen Methoden doch unterschiedliche Aspekte psychischer Realität erfassen, was im Sinne der Annahme sehr komplexer repräsentationaler Strukturen durchaus logisch erscheint. Dies impliziert gleichzeitig die Forderung nach einer sorgfältigen Auswahl für den jeweils spezifischen Forschungszweck, sowie die Notwendigkeit der weiteren Ergründung von Ursachen dieser Diskrepanzen. Im Folgenden werde ich einen kurzen – beim Adult Attachment Interview (AAI) einen etwas ausführlicheren Überblick über Interviewmethoden der Bindungsforschung geben, wobei ich nochmals betonen möchte, dass die Suche nach unterschiedlichen Bindungsmustern nur ein Teil dessen ist, was es zu verstehen gilt. Der Weg, wie diese Methoden an unbewusste Prozesse heranzukommen versuchen, ist allerdings viel versprechend.

8.1 Das Adult Attachment Interview

Das Adult Attachment Interview (AAI George et al., 2001) ist im Moment wohl das wichtigste Messinstrument für Bindung im Erwachsenenalter und hat nach Fonagy (1999) auch das Interesse der Psychoanalyse geweckt, was in Hinblick auf den in Kapitel 2 geforderten Dialog der beiden Disziplinen eine große Errungenschaft darstellt. Beim AAI handelt es sich um ein halbstrukturiertes Interview, das darauf abzielt, die aktuellen Repräsentationen von Bindungserfahrungen über den Weg des Berichtens über die Kindheit zu erfassen, indem man das „Unbewusste überrascht" (George et al., 2001), wodurch man sehr schnell zu sensiblen Themen vorstoßen kann. Die Anforderung besteht einerseits darin, über Bindungserinnerungen nachzudenken, und andererseits eine kohärente Geschichte zu produzieren. Das zentrale Element der Auswertung ist die Kohärenz, deren Verständnis auf den Überlegungen zum rationalen Diskurs von (Grice, 1989) aufbauen. Dieses Interview zeichnet sich vor allem durch seine hohe Vorhersagekraft aus, wobei es sogar schon gelungen ist, bereits vor der Geburt des Kindes deren spätere Bindungsklassifikation (Fonagy, Steele & Steele, 1991), sowie andere

Fähigkeiten in Beziehungen (von Klitzing, 2002) vorherzusagen. Außerdem zeigten sich die AAI Klassifikationen unabhängig von diversen anderen Faktoren wie autobiographischen Erinnerungen, sozialer Erwünschtheit und etwas überraschend dem sprachlichen IQ (Bakermans-Kranenburg & van Ilzendoorn, 1993; Crowell, Waters, Treboux & O'Connor, 1996; Sagi, van Ilzendoorn & Scharf, 1994). Für weiterführende Informationen findet sich bei Hesse (1999) oder Steele & Steele (2001) jeweils ein ausführlicher Überblick über Forschungsergebnisse, die unter Verwendung des AAI gewonnen wurden.

8.1.1 Der Interviewleitfaden des AAI

Der Fokus des Interviews liegt auf 3 Bereichen:
- *Frühe Bindungserfahrungen*
- *Bindungsrelevante Gefühle und Gedanken sowie*
- *Beurteilung zum Einfluss der Bindungserfahrungen auf die weitere Entwicklung.*

Inhalte der Fragen sind, neben einer Orientierungsfrage zu allgemeinen Familienverhältnissen, die Beziehung zu den Eltern in der Kindheit auf allgemeiner Ebene, die Beziehung zu den Eltern in der Kindheit im Konkreten, getrennt nach Mutter und Vater. Weitere Themen sind Kummer, Trennung, Ablehnung in Bezug auf wichtige Bindungspersonen sowie Fragen nach dem damaligen Verhalten und der Reaktion der Bezugsperson darauf. In weiterer Folge geht es um die Frage nach Bedrohung und Misshandlung durch Bindungspersonen und den Verlust von nahe stehenden Personen in der Kindheit, den Umständen und den damit verbundenen Gefühlen von damals und heute. Im dritten Fragenkomplex geht es dann um Einflüsse der Kindheitserfahrungen auf die Persönlichkeit, die Bewertung der Eltern und die Beurteilung der Veränderung der Beziehung zu den Eltern bis hin zur aktuellen Beziehung zu den Eltern. Im letzten Teil geht es um die eigenen Kinder – sofern vorhanden – wobei die Beurteilung der eigenen Elternrolle um die Trennung vom Kind im Mittelpunkt steht. Die geschulten Interviewer sollten gezielt nachfragen um zu evaluieren, inwieweit ein Sprecher in der Lage ist, spontan seine Kindheitsgeschichte in kohärenter, kooperativer Weise darzustellen (nach Buchheim & Strauss, 2002). Der gesamte Interviewleitfaden gliedert sich in 18 Fragen, die sich auf die eben genannten Bereiche verteilen und erfasst die aktuelle emotionale und kognitive Verarbeitung der erlebten Bindungserfahrungen der Erwachsenen.

8.1.2 Die Auswertung des Interviews

Besonders hervorzuheben ist, dass es bei der Auswertung nicht in erster Linie um den Inhalt geht, sondern um die Kohärenz des Erzählten. Allgemein geht es um die Bewertung der emotionalen und kognitiven Integrationsfähigkeit der geschilderten Bindungserfahrungen. Die Kohärenz ist dabei das leitende Hauptkriterium, das den Grad der Einhaltung wichtiger Kommunikationsregeln erfasst (George et al., 2001). Ein kohärenter Diskurs sollte nach Grice (1989) vier Maximen erfüllen:

- *Qualität: Sei aufrichtig und belege deine Aussagen*
- *Quantität: Fasse dich kurz, sei aber vollständig*
- *Relevanz: Sei relevant und bleibe beim Thema*
- *Art und Weise: Ssei verständlich und geordnet*

Das Kriterium der *Qualität* ist verletzt, wenn der Sprecher die Beziehung zu seiner Bindungsperson idealisiert ohne konkrete Beispiele geben zu können, oder wenn Widersprüche im Interview in Bezug auf die Beziehungsbewertung auftauchen. Eine Verletzung des Kriteriums der *Quantität* besteht entweder in einem Abblocken bindungsrelevanter Fragen, die sich dahingehend äußert, dass ein Sprecher darauf besteht, sich nicht an seine Kindheit erinnern zu können, oder aber in einem Erzählen exzessiv langer Passagen unter Missachtung von Sprecherwechselsignalen. Die *Relevanz* ist verletzt, wenn ein Sprecher auf Fragen mit einem anderen als dem erfragten Inhalt antwortet und dadurch vom Thema abweicht. Die Verletzung des Kriteriums der *Art und Weise* besteht aus grammatikalisch falschen oder zusammenhangslos aneinanderreihten Sätzen.

Individuelle Unterschiede in den erfassten Bindungsrepäsentationen bilden sich dabei in den drei Hauptkategorien *„secure"*, *„dismissing"* und *„preoccupied"* (nach Buchheim & Strauss, 2002) ab. Beispiele zu den beschriebenen Klassifikationen sind aus Buchheim et al.(1998) entnommen.

Secure (sicher autonom)

Erwachsene dieser Kategorie erzählen auf offene, kohärente und konsistente Weise über Kindheitserinnerungen, egal ob sie positiv oder negativ erlebt wurden. Unterschiedliche Erfahrungen können dabei in ein insgesamt wertschätzendes Gesamtbild integriert werden und werden während des Interviews auch reflektiert. Der Zugang zu den gefragten Themen scheint keine Probleme zu bereiten.

Beispiel:

I: Was haben Sie gemacht, wenn Sie sich als Kind verletzt haben?

P: Meine Mutter hatte zwar nicht viel Zeit, was mir damals manchmal zu schaffen machte, aber wenn mir etwas fehlte oder ich sie brauchte, war sie da.

I: Fällt Ihnen dazu irgendein Beispiel ein?

P: Ich erinnere mich z.B. damals, als ich mein Knie verletzt hatte, das war in den Sommerferien, ich war ungefähr 6 Jahre alt, da bin ich zu schnell mit meinem Rad um die Kurve gefahren und war ganz im Schock. Da bin ich gleich zu meiner Mutter, die hat alles stehen und liegen lassen und sie hat mich in die Arme genommen und gesagt: Oh, das muss wehtun, aber es wird wieder heilen. Ja wenn ich so darüber nachdenke, ich muss sagen, sie hat es gut gemacht.

Dismissing (bindungs-distanziert)
‚Bindungs-distanziert' klassifizierte Personen erzählen inkohärente, unvollständinge Geschichten. Sie zeigen Erinnerungslücken, was sich in der Verletzung der Quantität äußert. Die Bedeutung von Bindung wird relativiert, um schmerzliche Erinnerungen abzuwehren. Es wird versucht, Bindungsthemen zu deaktivieren und Bindungsthemen werden meist positiv dargestellt ohne aber konkrete Beispiele dafür nennen zu können.

Beispiel:
I: Wie würden Sie die Beziehung zu Ihren Eltern damals beschreiben?
P: Das war, ich war, ich habe eine glückliche Kindheit gehabt, also das war echt super.
I: Können Sie mir dazu ein Beispiel nennen?
P: Einfach so eine harmonische Familie wie man sich das vorstellt, ganz allgemein, also ganz normal halt.
I: Was verstehen Sie unter normal?
P: Keine Ahnung, also – oh je also ja sehr herzlich.
I: Gibt es dazu eine Erinnerung?
P: Nein, ich kann mich nicht erinnern, keine nein.
I: Fällt Ihnen ein konkretes Beispiel ein, das die Herzlichkeit beschreiben würde?
P: Also ich weiß nur noch, dass es mich als Kind immer so aufgeregt hat, wenn ich die abgetragenen Kleider meiner Schwester tragen musste, so Sachen fallen mir ein, aber es war eigentlich alles super.

Preoccupied (bindungs verstrickt)
Die Erzählungen von Personen in dieser Kategorie sind sehr ausufernd und nicht sehr objektiv. Es entsteht dabei der Anschein, dass Erfahrungen erst neulich gemacht worden wären (Verletzung der Relevanz). Es kommt zu einem Vermischen positiver und negativer Bewertungen, ohne dass sich die Sprecher dessen bewusst zu sein scheinen. Außerdem fällt auf, dass diese Personen durch pseudopsychologische Analysen konfliktbehaftete Aussagen zu verallgemeinern versuchen.

Beispiel:
I: Wie haben Sie die Beziehung zu Ihrer Mutter empfunden?
P: Oh den ganzen Dickkopf auch und Eigensinn, Eigenwillen und auch mit den Eigenheiten und deswegen habe ich allerdings sehr sehr spät eine sehr starke Auseinandersetzung gehabt, musste ich, um mich zu lösen, aber sie war diejenige, die für uns alles entschieden hat: Alles im Praktischen und daheim und so, es war ja klar, das konnte man dann nicht so und die Schule aber, es ging schon sehr wie,t ich war so unentschlossen.

I: Fällt Ihnen sonst noch etwas ein, das die Beziehung damals beschreiben würde?
P: Und ich will sie immer beschützen, und ich weiß nicht warum. Bis heute und na ja und eigentlich man sich immer gedacht hat bis 16 legt man einem die Wäsche hin und das musst du so machen und so, und hat sich und ich habe bis heute Träume, wo ich also schier aggressiv gegen sie werde. Das quält einen bis heute und ein und man möchte sie trotzdem ihre Kindheit ist mir so auch nah und irgendwo noch zum Mitleiden noch nah.

Ähnlich wie bei den frühkindlichen Bindungsmustern wurde auch hier in den späten 80er Jahren eine Kategorie *,unresolved trauma'* entwickelt, wobei die Erzählungen dieser Personen sich speziell Passagen des Interviews, die auf Berichte über traumatische Ereignisse (Verlust, Missbrauch,...) abzielen, unterschieden. Diese scheinen dann emotional noch nicht verarbeitet zu sein und die sprachliche Darstellung scheint desorganisiert und inkohärent.

Beispiel:
I: Wie haben Sie den Tod Ihrer Großmutter damals empfunden?
P: Ach das war schon schlimm, ich kann gar nicht glauben, dass sie tot ist, ich habe es immer noch nicht begriffen, sie ist vor 2 Jahren gestorben, und es ist für mich wie gestern...(ca.30sec. Pause)...
I: Waren Sie auf der Beerdigung?
P: Ja letztes Jahr, das war schlimm, ich weiß nicht mehr genau wie viel Uhr es war, doch genau 12:00 haben sie den Sarg runtergelassen und meine Oma hatte ihre Lieblingsbluse an, die mit den roten Blümchen, ihre Brille war etwas verrutscht.
I: Sie sagen, die Beerdigung war letztes Jahr, wann ist Ihre Grossmutter verstorben?
P: vor 2 Jahren

Ein geringer Prozentsatz an Interviews, der sich in diese Kategorien nicht einordnen lässt, wurde von Hesse (1999) in eine fünfte Kategorie zusammengefasst. In diese mit *„cannot classify"* bezeichnete Kategorie fallen Interviews, die zwei widersprüchliche Zustände in einem Interview zeigen, oder Interviews, wo die Kohärenz völlig zusammenbricht. Wie Van Ilzendoorn et al. (1997) aus ihrer Metaanalyse berichten, wurde diese Kategorie vor allem in Populationen mit schweren psychischen Störungen vergeben.

8.1.3 Weitere Anmerkungen

Untersuchungen zur Reliabilität des Verfahrens basieren bisher vor allem auf der ursprünglichen 3er Klassifikation, und berichten zufrieden stellende Werte (vgl. Hesse, 1999). Untersuchungen zur diskriminativen Validität sind insofern bemerkenswert, als keine Zusammenhänge in Bezug auf allgemeine Intelligenz-

und Persönlichkeitsmerkmale (Bakermans-Kranenburg & van Ilzendoorn, 1993; Sagi et al., 1994), Temperament oder soziale Erwünschtheit (Bakermans-Kranenburg & van Ilzendoorn, 1993; Crowell et al., 1996) gefunden werden konnten. Besonders bemerkenswert sind die Ergebnisse von Crowell et al. (1996), wonach keine Zusammenhänge zwischen der sprachlichen Organisation bezüglich Bindungserfahrungen und der sprachlichen Organisation bezüglich Erfahrungen in der Arbeitswelt, die ebenfalls nach den Grice'schen Konhärenzkriterien erhoben wurde, gefunden werden. Die Fähigkeit, einen kohärenten Diskurs zu Bindungsthemen zu entwickeln, scheint somit nicht auf allgemeine psychologische Merkmale rückführbar zu sein, sondern tatsächlich auf die Verarbeitung dieser Kindheitserfahrungen. Gut sind auch die Belege zur prädiktiven Kraft der Bindungsrepräsentationen der Eltern in Bezug auf die Klassifizierung der Kinder in der Fremde-Situation (FST) im Sinne einer transgenerationalen Übertragung von Bindung. Besonders hervorzuheben sind dabei die Ergebnisse von Fonagy et al. (1991), die in einer prospektiven Längsschnittstudie die Klassifikation der Kinder bereits in der Schwangerschaft anhand der mütterlichen Bindungsrepräsentation sehr gut vorhersagen konnten, wenngleich die Ergebnisse bisher nur unzureichend erklärbar sind. Für die klinische Anwendung ist es bereits sehr gut gelungen, zwischen klinischen und nicht klinischen Gruppen zu unterscheiden, wenngleich eine differenzielle Zuordnung von unsicheren Bindungstypen und Psychopathologien bisher noch nicht ausreichend gelungen ist, was nach Dozier (1999) auch auf die bisher nicht ausreichende Stichprobengröße zurückzuführen sein könnte. Meines Erachtens liegt dies auch daran, dass für eine differenzielle Unterscheidung Bindungsrepäsentationen als Erklärung bei weitem nicht ausreichen, weil sie einen zu groben Raster darstellen und nur einen Teil der psychischen Realität beschreiben.

Der Grund für die etwas ausführlichere Darstellung des AAI in der vorliegenden Arbeit liegt in erster Linie darin, dass dieses Interview eindrücklich aufzeigt, dass der Zugang zu eigenen inneren Prozessen und deren Organisation einen starken Zusammenhang haben mit psychischen Störungen. Mit dem AAI gelingt es sehr gut, an unbewusste Prozesse heranzukommen, was in Hinblick auf das Verständnis psychischer Realität ein wesentlicher Fortschritt ist. Außerdem ist es auch heute noch nicht so selbstverständlich, ein Verfahren zu finden, das sowohl von Bindungstheoretikern als auch von Psychoanalytikern gleichermaßen akzeptiert ist. Wie wir im nächsten Kapitel sehen werden, gibt es auch für das Kindesalter ähnliche Ansätze.

8.2 Weitere Verfahren auf Basis des AAI

Obwohl das AAI nicht zuletzt aufgrund der mittlerweile vorliegenden Fülle an empirischen Befunden und auch aufgrund seiner hohen prädiktiven Kraft, die vor allem darauf zurückzuführen ist, dass es mit diesem Interview gelingt, auch dem Bewusstsein nur schwer zugängliche mentale Verarbeitungsprozesse zu erfassen, als entscheidender methodischer Durchbruch bei der Erforschung mentaler Bindungsrepräsentationen bei Erwachsenen angesehen wird (Hoffmann, 2001), ist es natürlich nicht das einzige Verfahren zur Erfassung von Bindungsrepräsentationen bei Erwachsenen. Einerseits gibt es neben der ‚klassischen Auswertung' von Mary Main auch andere Ansätze, die Interviews auszuwerten, andererseits wurden modifizierte Formen des AAI entwickelt. Die erste Gruppe umfasst in erster Linie die weiter unten beschriebene Reflective Functioning Scale von Fonagy et al. (1998), in die zweite Gruppen fallen vor allem das CRI (Current Relationship Interview von Crowell und Owens (zit. nach Buchheim & Strauss, 2002; Fonagy, 2003a), sowie das Adult Attachment Projective von George, West & Pettern (1999).

Das AAP (George et al., 1999) – zu den Gütekriterien siehe (Buchheim, George & West, 2003) - ist als projektives Verfahren konzipiert, das aus acht Umrisszeichnungen besteht, die ein Aufwärmbild und sieben bindungsrelevante Szenen beinhalten. Die Reihenfolge ist auf eine graduelle Aktivierung des Bindungssystems hin ausgerichtet. Die Bilder stellen dabei Dyaden von zwei Erwachsenen dar oder Monaden, die darauf abzielen, dass Bindung internal konstruiert werden muss. Die Auswertung erfolgt auch hier anhand wörtlicher Transkripte nach festgelegten Kriterien. Eine detaillierte Beschreibung der Auswertung findet sich bei Gloger-Tippelt (2001) in deutscher Übersetzung. Das Adult Attachment Projective (AAP) wurde nicht zuletzt aus der Kritik heraus entwickelt, dass das AAI sehr unökonomisch in der Anwendung ist. Interessant ist die Ähnlichkeit des AAP mit der Kinderversion des Seperation Anxiety Test (SAT Klagsbrun & Bowlby, 1976), der bei der Erfassung kindlicher Repräsentanzen die Basis für methodische Weiterentwicklungen bildet. So führte offenbar bei Erwachsenen der Weg von Narrativentwicklungen anhand von verbalen Inputs (Interviews) zu Narrativentwicklungen anhand von Bildern, während bei Kindern die Entwicklung genau umgekehrt von statten ging (siehe nächstes Kapitel).

Neben diesen beschriebenen Verfahren, die nach Stein et al. (1998) eher Bindungsrepräsentanzen erfassen, gibt es weitere, die mehr auf allgemeine Beziehungsstile von Erwachsenen fokussieren. Dazu gehören unter anderem das Bindungsinterview von Bartholomew & Horowitz (1991) sowie das *Erwachsenen-Bindungs-Prototypen-Rating* (EBPR) (Übersicht in Buchheim & Strauss, 2002). Es liegen bereits Ergebnisse von Untersuchungen unter Verwendung des EBPR vor, die den Zusammenhang zwischen Beziehungsstil und Therapieerfolg (Mosheim et al., 2000) sowie Bindungsmustern und Copingstrategien (Schmidt & Strauss, 2002) belegen. Eine Übersicht über den Vergleich unterschiedlicher Bindungsmethoden im Erwachsenenalter haben Crowell & Treboux (1995) und auch Zimmermann, Becker-Stoll & Fremmer-Bombik (1997) vorgelegt.

Im Sinne des von Main (1985) postulierten *„move to the level of representations"* sollte man sich zur Erfassung innerer Arbeitsmodelle auf diejenigen Verfahren beschränken, die vermuten lassen, dass sie tatsächlich das Unbewusste erreichen können, da sonst etwas anderes erhoben wird als man vorgibt. Nach Buchheim et al. (1998) ist es sinnvoll, die Antworten der Interviewten auf die Kohärenz der Sprache hin zu überprüfen, da angenommen werden kann, dass Sprache als Verhalten auf dem Hintergrund innerer Arbeitsmodelle von Bindung gesteuert wird. Um also Zugang zu (unbewussten) repräsentationalen Strukturen eines Menschen zu bekommen, scheinen Verfahren wie das AAI ein guter Weg zu sein. Die Reflective Functionning Scale der Arbeitsgruppe um Peter Fonagy (Fonagy et al., 1998) am Anna-Freud-Center in London bietet diesbezüglich eine gute Weiterentwicklung in der Auswertung. Wie wir im vorangegangenen Kapitel gesehen haben, ist die Fähigkeit zu mentalisieren eine entscheidende Komponente psychischer Realität.

8.3 Die Reflective Functionning Scale

Aufbauend auf dem Konstrukt der Mentalisierung (Übersicht in Fonagy et al., 2004), hat die Arbeitsgruppe um Peter Fonagy in London ein Auswertungsmanual entwickelt (Fonagy et al., 1998), das anhand der Transkripte des Adult Attachment Interviews erfasst, ob der befragten Person ein stabiles psychologisches Modell zur Beschreibung eigener und fremder Gedanken und Gefühlen zur Verfügung steht, beziehungsweise welche Konzeption von mentalen Zuständen sie hat und inwieweit diese bei der Beurteilung der inneren Prozesse oder des Verhaltens anderer berücksichtigt werden. Ausgangspunkt für die Entwicklung der RF Skala waren nach Daudert (2002), die eine deutsche Version der Skala vorgelegt hat, folgende Punkte:

- *Mentalisierung ist für die seelische Entwicklung bedeutsam, weil das Verhalten dadurch vorhersagbar wird.*
- *Mentalisierung spielt eine wichtige Rolle für die Entstehung und Aufrechterhaltung von Bindungssicherheit.*
- *Mentalisierung erleichtert die Unterscheidung zwischen inneren Repräsentanzen und äußerer Realität, was beispielsweise für die Verarbeitung von Traumata von großer Bedeutung ist.*
- *Mentalisierung ermöglicht das Herstellen bedeutungsvoller Bezüge zwischen innerer und äußerer Welt.*

Die Reflective Functionning Skala versucht dabei über folgende Teilaspekte die Fähigkeit zu mentalisieren in ihrer Gesamtheit zu erfassen:

Spezielle Erwähnung mentalen Befindens

Die Befragten repräsentieren sich oder andere als denkend und fühlend; es geht um die Antizipation der Reaktion eines anderen Menschen, die dessen Wahrnehmung der eigenen mentalen Befindlichkeit berücksichtigt.

Einfühlungsvermögen in die Charakteristika mentalen Befindens

Dabei geht es um das Anerkennen der begrenzten Macht von Wünschen und Gedanken in der realen Welt sowie auch um das Wissen um die Möglichkeit, das seelische Befinden zu verbergen.

Einfühlungsvermögen in die Komplexität und Unterschiedlichkeit mentalen Befindens

Hiermit ist die explizite Anerkennung der Möglichkeit gemeint, ein und dasselbe Ereignis aus unterschiedlichen Perspektiven zu sehen und verschiedene Standpunkte dazu einzunehmen.

Spezielle Bemühungen, beobachtbares Verhalten mit mentalem Befinden zu verknüpfen

Dabei geht es um Bemerkungen, dass jemand andere Gefühle zum Ausdruck bringt als die tatsächlich empfundenen und dass jemand durch eigennützige Selbstdarstellung bewusst täuschen kann.

Anerkennung der Veränderungsmöglichkeit mentalen Befindens

Hierbei ist die Person in der Lage, Feststellungen zu treffen, dass sich Einstellungen in der Zukunft verändern können. Außerdem fällt hierunter das Wissen darüber, dass sich über diese Veränderung auch das Verhalten ändern kann.

Zunächst wird anhand der Antworten auf die Einzelfragen im AAI jeweils entschieden, ob Elemente des Mentalisierens überhaupt erkennbar sind. Die Fragen gliedern sich hierzu in Demand-Fragen, wo die interviewte Person explizit aufgefordert wird zu mentalisieren (*zB Warum haben sich Ihre Eltern während Ihrer Kindheit in der Art verhalten wie sie es getan haben?*) und in Permit Fragen, wo das Mentalisieren nicht explizit gefordert wird. *(zB Gab es andere Erwachsene in Ihrer Kindheit, denen Sie sich nahe gefühlt haben?)*.

Es ergeben sich für jede Antwort Werte zwischen 1 und 9 in folgender Abstufung

REFLECTIVE FUNCTIONNING SCALE	
9 außergewöhnlich	
7 ausgeprägt	angemessen bis hoch
5 gewöhnlich	
3 niedrig	
1 nicht vorhanden	eingeschränkt bis negativ
-1 negativ	

Bei angemessener bis hoher reflexiver Fähigkeit wird der jeweilige Typus der Antwort anhand der oben beschriebenen Dimensionen bewertet. Aus den vorhandenen Werten wird dann ein Gesamtwert vergeben, wobei die Antworten auf die Demand-Fragen mehr Gewicht haben. Im Anschluss finden sich einzelne Charaktere der jeweiligen Ausprägungen:

negative oder eingeschränkte selbstreflexive Funktion
Weder das Selbst, noch die anderen werden als intentional repräsentiert. Interpersonale Ereignisse werden auf banale Weise beschrieben, selbstanalytische Aussagen sind nicht überzeugend. Ein negativer Wert wird vergeben, wenn die Aufforderung zu mentalisieren aktiv blockiert wird. Dies ist beispielsweise der Fall, wenn die Person auf die Frage: *„Warum haben sich Ihre Eltern während Ihrer Kindheit in der Art verhalten wie sie es getan haben?"* beispielsweise antwortet: *„Sie sind doch der Psychologe und müssten das ja wissen".*

mittlere selbstreflexive Funktion
Tendenziell sind gewisse psychologische Zuschreibungen erkennbar, allerdings unspezifisch, Wahrnehmungen der mentalen Welt sind dabei ungenau oder projektiv. Auf die Frage: *„Warum haben sich Ihre Eltern während Ihrer Kindheit in der Art verhalten wie sie es getan haben?"* antwortet eine Person hier beispielsweise: *„Ich glaube, sie hatten viele Probleme in ihrer Beziehung, die sie an mir ausgelassen haben".*

hohe selbstreflexive Funktion
Hier werden zahlreiche Beispiele für die Reflexion von Handlungen gegeben, Es ist ein klares Wissen erkennbar, dass das Bewusstsein nicht alle Aspekte mentaler Aktivität steuern kann. Auf die Frage: *„Warum haben sich Ihre Eltern während Ihrer Kindheit in der Art verhalten wie sie es getan haben?"* antwortet eine Person hier beispielsweise: *„Mein Vater hat es glaube ich nie ganz verkraftet, dass ich nicht sein leibliches Kind war, wodurch er mir gegenüber immer wieder sehr distanziert war. Meine Mutter hat zwar versucht ihn dabei zu unterstützen, das zu akzepieren, fühlte sich aber glaube ich selbst ein wenig schuldig. Sie versuchten beide mir gegenüber liebevoll zu sein, was ihnen aber dadurch nicht immer gelang".*

Die Anwendung der Skala und damit auch das genaue Verständnis erfordert eine spezielle Schulung der Autoren. Ausführliche Beispiele aus Interviews können bei Daudert (2002) nachgelesen werden. Die Skala wurde von der Arbeitgruppe um Peter Fonagy ausführlich im Londoner Eltern-Kind-Projekt (Fonagy, Steele, Steele et al., 1991), in der Cassel Hospital Studie (Fonagy et al., 1996) und der Prison Health Care Studie (Fonagy, Moran & Target, 1993) validiert. Dabei erwies sich die Vorhersagekraft der *„Reflective Funcionning Skala"*, - erhoben bereits in der Schwangerschaft für die Bindungssicherheit der Kinder – erhoben in der Fremde-Situation (FST) - als sehr gut. Auffallend war, dass Mütter, die von vielen schlechten Erlebnissen berichteten, aber aufgrund ihrer kohärenten Darstellung dieser Erlebnisse als sicher eingestuft wurden, ausschließlich sicher gebundene Kinder hatten. Die Fähigkeit zu mentalisieren kann gewissermassen als eine Art Puffer verstanden werden, der hilft, unerwünschte Einflüsse auf die Mutter-Kind Interaktion zu minimieren. Bei guten Kindheitserfahrungen ist diese Fähigkeit nicht notwendig, wodurch die Skala hier an Relevanz verliert. Des Weiteren kann aufgrund der Untersuchungsergebnisse angenommen werden, dass die Fähigkeit der Eltern, Geist und Seele des Kindes wahrzunehmen, das generelle Verständnis des Kindes über seelische Prozesse fördert. Die reflexive Fähigkeit der Eltern scheint somit die metakognitive Entwicklung des Kindes zu fördern. Es wäre darauf aufbauend wünschenswert, reflexive Fähigkeiten auch bei Kindern erfassen zu können, um zu sehen, inwieweit diese Fähigkeiten in der Kindheit ausgeprägt sind und in welchem Zusammenhang sie mit Verhaltensauffälligkeiten und sozial emotionalen Problemen stehen, was ja das wesentliche Ziel dieser Arbeit ist.

Abschließende Bemerkungen

Es mag speziell in diesem Kapitel der Eindruck entstehen, dass es sich bei der vorliegenden Arbeit um eine bindungsspezifische handelt. Um späterer Enttäuschung vorzubeugen möchte ich nochmals darauf hinweisen, dass die Bindungstheorie in dieser Arbeit lediglich dazu benutzt wird, Ideen und Methoden zu erarbeiten, mit denen es gelingt, psychische Realität allgemeiner zu erfassen. Einerseits hat die Bindungstheorie und die klinische Bindungsforschung Theorien und Methoden hervorgebracht, die meines Erachtens auf andere Aspekte außerhalb des Bindungskonzeptes ausgeweitet werden sollten, andererseits eignen sich Methoden der Bindungsforschung gut, um die Denkweise, mit der an psychische Realität herangegangen werden sollte, zu demonstrieren. Es geht gewissermaßen darum, die Methodik beispielsweise des AAI zu nutzen, um auch an andere Aspekte psychischer Realität, die über das Bindungskonzept hinausgehen, heranzukommen. Ziel muss es demnach sein, den Fokus der Forschung und auch der Diagnostik zu erweitern, um über die Bindung hinaus alle Aspekte des psychodynamischen Verständnisses greifbar zu machen. Der Arbeitskreis OPD hat sich genau das zum Ziel gesetzt (Arbeitskreis-OPD, 2004).

9 Die Erfassung von Repräsentationen bei Kindern

Im vorigen Kapitel wurde die Erfassung von Repräsentanzen bei Erwachsenen thematisiert, nun wollen wir uns der Erfassung kindlicher Repräsentanzen zuwenden. Wie in der Fremde-Situation (FST) stehen häufig kindliche Verhaltensweisen im Mittelpunkt der Erforschung kindlicher Bindungsmuster. Die Entwicklung zeigt allerdings über den Weg der verstärkten Einbeziehung der kindlichen Phantasie und des Symbolspiels in Richtung der Betrachtung der Repräsentanzenwelt. Es steigt demnach des Bedürfnis und die Notwendigkeit, dem Verhalten zugrunde liegende Strukturen bereits im Kindesalter zu erfassen (Arbeitskreis-OPD-KJ, 2004). Wie in der Bindungsforschung des Öfteren gezeigt, unterscheiden sich Individuen in ihrer zugrunde liegenden Organisationsstruktur wie etwa in unterschiedlichen Bindungsrepräsentationen in Bezug auf psychische Auffälligkeiten (zb Greenberg, 1999). Bretherton et al. (2001) beschreiben die Bindungstheorie als auf zwei Ebenen ansässig, die beide betrachtet werden müssen, um den Prozess der Bindungsentwicklung erklären zu können: die Handlungs- und die Repräsentationsebene. Das Verhältnis von Repräsentationen und der darin abgebildeten Wirklichkeit vergleichen Bretherton et al. (2001) mit einer Landkarte. Landkarten beinhalten sehr viel weniger Details als die Landschaft selbst, dennoch kann man sich in einer Gegend zurechtfinden ohne selbst dort gewesen zu sein. Landkarten müssen demnach nicht alles genau abbilden und können auch verfremden, solange sie helfen, den Weg zu finden, was im übertragenen Sinn auch für Repräsentationen gilt. Repräsentationen sind demnach keine Abbildung der Realität, sondern mehr ein konstruiertes Organisationsschema auf Basis von realen Erfahrungen, die auch von Phantasien und Wünschen beeinflusst werden. Dieses Schema steuert (unbewusst) interaktive Handlungen, wodurch es lebenslange Bedeutung erlangt. Bindungsrepräsentanzen als wichtiger Teil dieses Schemas werden bei Erwachsenen beispielsweise über das Adult Attachment Interview erfasst, aber auch bei Kindern ist es an der Zeit, Wege zu finden, um diese repräsentationalen Strukturen fassbar zu machen, um kindliches Verhalten besser verstehen zu lernen. Der Prozess des Aufbaus einer psychischen Realität im Rahmen und auf Basis frühkindlicher Interaktionserfahrungen ist eine zentrale Aufgabe in der Kindheit. Natürlich ist die Erfassung der Innenwelt bei Kindern ungleich schwieriger als bei Erwachsenen, da im Kindesalter diese Strukturen noch einer großen Dynamik unterworfen sind, wobei man berücksichtigen muss, dass dieser Prozess bereits sehr früh beginnt und die ganze Kindheit andauert. Vereinfacht gesagt nimmt die Stabilität zu Lasten der Flexibilität zu, wobei man davon ausgehen kann, dass in den ersten sechs Lebensjahren die psychische Realität des Kindes bereits sehr gut ausgebildet wird (Arbeitskreis-OPD-KJ, 2004; Fonagy & Target, 1996). Wichtig ist hierbei allerdings auch zu betonen, dass ein gewisses Maß an Flexibilität immer – auch im Erwachsenenalter – erhalten bleibt und erhalten bleiben muss, um auch adäquat mit neuen Erfahrungen umgehen zu können, wobei bei einem Kleinkind diese Fähigkeit natürlich wesentlich besser ausgeprägt sein muss, da ein Kleinkind viel mehr neue Erfahrungen macht als ein Erwachsener. Es handelt sich also keineswegs um eine stetige Zunahme an Fähigkeiten von der Kindheit zum Erwachsenenalter, sondern es entsteht eine kontinuierliche qualitative Veränderung, um sich an die jeweiligen Umstände bestmöglich anpassen zu können. Wir nehmen hier implizit an, dass ein Kleinkind nicht mangelhaft ausgebildet ist, sondern viele Kompetenzen besitzt, es ist nur an seinen Erfahrungsraum angepasst, und nicht an den der Erwachsenenwelt. Die Herausforderung besteht also darin, seine Fähigkeiten und Strukturen dahingehend zu modifizieren, dass man sich in seiner sich mit der Zeit verändernden Umwelt adäquat bewegen kann. Wir müssen also versuchen und lernen, Kinder in Bezug zu ihrer eigenen Umwelt zu verstehen und zu begreifen und nicht auf Basis einer Erwachsenenwelt. Dies ist die spezielle Herausforderung für Methoden zur Erfassung von kindlichen Repräsentanzen.

9.1 Methoden zur Erfassung kindlicher Repräsentationen

Bei der Beschreibung von Methoden zur Erfassung von Bindungsqualität möchte ich mich ähnlich wie bei den Methoden im Erwachsenenalter auf diejenigen beschränken, die auf symbolischen Repräsentationen beruhen und so versuchen, Zugang zur Innenwelt von Kindern zu bekommen. Verhaltensorientierte Verfahren wie die Fremde-Situation (FST) sind beispielsweise in Solomon & George (1999) näher beschrieben. Aufbauend auf der Annahme, dass Kinder bereits sehr früh, nämlich schon im Alter von 18 Monaten beginnen, symbolische Formen von mentalen Repräsentationen zu verwenden und auch ihr Wissen zu konzeptualisieren (Bretherton & Beeghly, 1982), ist anzunehmen, dass dem zugrundeliegende Strukturen und Prozesse auch beobachtet werden können, wenn die Kinder dazu angeregt werden, diese einzusetzen. (Target, 2004, persönliche Unterredung). Grundsätzlich wird dies über 2 Wege versucht: einerseits über Antworten auf abgebildete Situationen (Bilder), andererseits über den Weg des spielerischen Erzählens. Im Vergleich der Methoden des Kindesalters mit denen des Erwachsenenalters fällt auf, dass die Entwicklungswege genau umgekehrt verlaufen. Bei Erwachsenen war zunächst das AAI, aus dem heraus das AAP als Methode, bei der Antworten auf vorgelegte Bilder abgefragt werden, bei Kindern hat sich aus den Bildverfahren heraus eine Methode zur Erfassung von kindlichen Repräsentationen über Geschichten entwickelt. Dies ist insofern von Bedeutung, als es die unterschiedliche Sichtweise von Kindern und Erwachsenen widerspiegelt, als man Kindern erst in letzter Zeit weitreichende Fähigkeiten, unter anderem auch die Fähigkeiten Geschichten überhaupt erzählen zu können, zuschreibt, während man auf der anderen Seite erkannte, dass es gar nicht so komplexer Strategien bedarf, um gewisse Aspekte der inneren (unbewussten) Repräsentanzenwelt von Erwachsenen zu erfassen. Weiters ist der Fokus bei der Erfassung kindlicher Repräsentanzen weit mehr vom Konzept der Bindung losgelöst als bei

Erwachsenen. Es ist aber immer noch in hohem Maße das Ziel vieler Verfahren und Kodiersysteme, Bindungsmuster und Bindungsqualitäten von Kindern zu erfassen, was dem Bedürfnis nach einem besseren Verständnis verhaltenssteuernder innerer Strukturen nur sehr eingeschränkt gerecht wird. Zur Illustration des Vorgehens sind diese Systeme aber durchaus hilfreich und die Ergebnisse gut vergleichbar, allerdings muss man auch danach streben, psychische Realität in ihrer Gesamtheit und nicht nur in seinen Teilaspekten zu ergründen.

9.1.1 Bildertests

Die Basis für diese Verfahren bietet der Separation Anxiety Test (SAT) in seiner Version für Kinder (Klagsbrun & Bowlby, 1976). Das Verfahren beinhaltet 6 Bilder, die bindungsrelevante Szenen darstellen. Bei jedem Bild wird das Kind gefragt, wie sich das abgebildete Kind fühlt und was es machen wird. Aufbauend auf dieses Verfahren hat Kaplan (zit. nach Solomon & George, 1999) ein Klassifikationssystem entwickelt, das darauf abzielt, Gruppen von Bindungsmustern auf Basis der emotionalen Offenheit und der Fähigkeit, konstruktive Lösungen anzubieten, zu bilden. Kinder in der Gruppe *Resourceful (B)* konnten in emotional offener Weise konstruktive Lösungen anbieten, ohne Anzeichen von Desorganisation zu zeigen. Als *Inactive (A)* eingestufte Kinder reagierten beunruhigt auf die Trennung und zeigten Gefühle des Verletztseins. Außerdem konnten sie keine Lösungen anbieten, wie das abgebildete Kind mit der Situation umgehen könnte. *Ambivalente (C)* Kinder boten widersprüchliche Antworten an. Häufig waren die Kinder gleichzeitig verärgert über die Eltern und wollten ihnen schön tun. Kinder aus der Kategorie *Fearful (D)* konnten keine konstruktive Lösung anbieten, zeigten unerklärliche Angst und wirkten desorganisiert. Dieses Verfahren kann und sollte erweitert werden, um mit einer entsprechenden Auswahl von Bildern über Bindungsklassifkationen hinausgehende Informationen, beispielsweise über die Fähigkeit der Emotionsregulation oder der Konfliktlösung, zu bekommen.

9.1.2 Puppenspiel

Diesem Abschnitt werden wir uns etwas ausführlicher widmen, da ein solches Verfahren auch der vorliegenden Untersuchung zugrunde liegt. Puppenspielmethoden in der beschriebenen Art sind in zweierlei Hinsicht interessant. Einerseits ist die Methode als solche gut anwendbar und liefert sehr gute Einblicke in die Innenwelt von Kindern (Bretherton & Oppenheim, 2003; Emde, 2003; Wolf, 2003), andererseits hat man es hier im Gegensatz zu anderen Verfahren geschafft, sich von den „Fesseln der Bindungsklassifikation" zu lösen und die Geschichten umfassender zu betrachten, wenn auch die Bindungsklassifikation ein zentraler Bestandteil bleibt (Bretherton et al., 2001).

9.1.3 Die MacArthur Story Stem Battery

9.1.3.1 Entwicklung der MacArthur Story Stem Battery

Vorläufer der MSSB

Grundsätzlich basiert die Mac Arthur Story Stem Battery in ihrer heutigen Form auf drei Entwicklungen. Einerseits versuchten Bretherton et al. (1990) mit der ASCT (Attachment Story Completion Task) Bindungsrepräsentationen von Vorschulkindern zu erfassen, Buchsbaum & Emde (1990) entwickelten parallel und in engem Austausch dazu Methoden zur Erfassung von Internalisierungsprozessen und dem Moralverständnis bei Vorschulkindern. Auch Oppenheim (1997) versuchte mit einem Geschichtenerzählverfahren die Bindungs- Explorationsbalance bei Vorschulkindern zu erfassen.

9.1.3.1.1 Die Attachment Story Completion Task (ASCT, Bretherton et.al. 1990)

Aufbauend auf der modifizierten Version des SAT von Main, Kaplan & Cassidy (1985), mit der deutlich wurde, dass sich Kinder in ihrer Art Lösungen zu finden und diese zu berichten je nach Bindungsmuster unterschieden, entwickelten Bretherton et al. (1990) bindungsrelevante Geschichten, die auch 3-jährigen Kinder vorgelegt werden konnten und ein breiteres Spektrum an Themen abdeckten. Die Überlegungen basierten in erster Linie auf Ergebnissen der Forschung zum Symbolspiel, aus der Wolf (2003) fünf Ebenen ableitete, die das Symbolspiel umfasst:

- *Das Handeln mit Figuren als ob sie real wären*
- *Das Interagieren mit Figuren als ob sie real wären*
- *Das Zuschreiben von Gefühlen und mentalen Zuständen*
- *Einfache moralische Urteile*
- *Das Ausstatten der Figuren mit Kognitionen*

Es zeigte sich sehr rasch, dass Kinder bereits früh in der Lage waren, die Aufgabe des Geschichtenerzählens zu lösen. Aus all diesen Überlegungen heraus haben Bretherton et al. (2001) fünf Geschichten zusammengestellt, die unterschiedliche bindungsrelevante Themen beinhalteten, und die die Basis bildeten, um Bindungsrepräsentationen von Kinder einzuschätzen, was uns hier allerdings nicht im Detail beschäftigen soll.

9.1.3.1.2 Zugang zur moralischen Entwicklung bei 3-jährigen Kindern (Buchsbaum et.al., 1990)

Aufbauend auf der Annahme, dass Anfänge der Moralentwicklung bereits vor dem dritten Lebensjahr zu beobachten sind (Buchsbaum et al., 1992; Damon, 1988; Juen, 2001) und damit im Widerspruch zu klassischen psychoanalytischen Kozepten, die davon ausgingen, dass die Lösung des Ödipuskonfliktes eine notwendige Voraussetzung ist, haben Buchsbaum & Emde (1990) versucht, das Moralverständnis von 3-jährigen Kindern mithilfe von Spielinterviews zu erfassen. Demnach verarbeiten Kinder bereits im ersten Lebensjahr Informationen über eigene und andere Gefühle und Gedanken, was ihnen dabei hilft, sich in wechselseitigem Verhalten zu orientieren und Regeln zu verstehen. Im zweiten Lebensjahr reagieren Kinder auf Beunruhigung bei anderen mit ersten Anzeichen von Empathie (Zahn-Waxler, Radke-Yarrow, Wagner & Chapman, 1992; Zahn-Waxler, Robinson & Emde, 1992). Die Moralentwicklung beginnt also schon in der frühen Kindheit, wobei natürlich der Sprachentwicklung im Alter zwischen zwei und drei Jahren eine wichtige Rolle zukommt. Ab etwa drei Jahren ist es dann möglich zu beobachten, wie Kinder affektive Themen in der Sprache über die Kommunikation mit einer anderen Person repräsentieren (Fivush & Fromhoff, 1988; Wolf, 2003). Die Grundfragen dabei waren:

- *Können Kinder moralische Konflikte mit Sinn erfüllen und darauf bezogene affektive Themen erkennen und erzählen?*
- *Können Kinder kohärente Geschichten über Regeln, Empathie und internalisierte Verbote erzählen?*
- *Können Kinder mit alternativen Handlungsausgängen im Sinne einer Auflösung moralischer Konflikte umgehen?*
- *Können Kinder in den Geschichten Elternfiguren repräsentieren?*
- *Lassen diese Repräsentationen Rückschlüsse auf frühe Internalisierungsprozesse zu?*

Aufbauend auf Erkenntnissen, dass Konflikte eine wesentliche Rolle vor allem in der Moralentwicklung spielen und dass Kinder Geschichten über moralische Dilemmata im Alter von drei Jahren erzählen können, haben Buchsbaum & Emde (1990) ein Set von Geschichtsstämmen zusammengestellt, die es erlauben sollten, dies zu provozieren. Vor allem diesem Ansatz ist es zu verdanken, dass die Gechichtenergänzungsverfahren nicht nur in Richtung Bindungsklassifikation gingen, sondern darüber hinaus.

9.1.3.1.3 Attachment Doll Play (Oppenheim, 1997)

Aufbauend auf dem Fokus in der Bindungsforschung, die frühe Kindheit und damit verbunden die Ebene der Verhaltensbeobachtung zu verlassen, hat auch David Oppenheim (Oppenheim, 1997) versucht, Zugänge zu inneren Arbeitsmodellen und individuelle (Bindungs)Repräsentationen über Narrative zu erfassen. Cassidy (1988), und auch Bretherton et al. (1990) konnten Zusammenhänge zeigen zwischen Bindungssicherheit in der frühen Kindheit und der Fähigkeit der Kinder, über Emotionen zu sprechen und belastende Situationen konstruktiv zu lösen. Aufbauend auf diesen Überlegungen wurde das Attachment Doll Play Interview (ADI, Oppenheim, 1997) entwickelt. Der Fokus lag dabei ähnlich wie beim ASCT auf der Erfassung von Bindungssicherheit durch Aktivieren der Repräsentationen über die Mutter-Kind-Beziehung. Dazu hat Oppenheim genau darauf geachtet, dass die Geschichten auch bindungsrelevante Themen beinhalten, um auch wirklich

Bindungssicherheit zu erfassen. Dabei wurden auf Basis früherer Ergebnisse drei Dimensionen als Marker von Bindungssicherheit herausgearbeitet: Die Fähigkeit der Kinder, offen über emotional bedeutsame und konflikthafte Inhalte zu erzählen, die Fähigkeit, konstruktive Lösungen für Trennungs- und Belastungssituationen anzubieten sowie die dargebotene Qualität der Mutter-Kind-Interaktion (Oppenheim, 1997). Was diesem Interview und der ASCT im Gegensatz zur kategorialen Klassifikation von Bindung wie etwa in der Fremde-Situaltion (FST) gemeinsam ist, ist die dimensionale Beschreibung von Bindungssicherheit.

Einerseits gab es also Bestrebungen, über den Weg des Geschichtenerzählens Bindungsrepräsentationen zu erfassen, andererseits gab es auch den Versuch, allgemeinere Aspekte des Umgangs mit Konflikten und Moralthemen zu erfassen, was vermutlich nicht mit den gleichen Geschichten möglich ist. Oppenheim (1997) hat angeregt, Story Stems für den jeweiligen Forschungszweck sorgfältig auszuwählen, um auch das zu erheben, worauf man abzielt. Dazu hat die Narrative Work Group, geleitet von Robert Emde, versucht, diese unterschiedlichen Interessen in einem gemeinsamen Ansatz zu vereinen, was aufbauend auf den drei beschriebenen Verfahren in der Mac Arthur Story Stem Battery (Bretherton & Oppenheim, 2003; Bretherton, Oppenheim et al., 1990) mündete. Mitte der 80er Jahre entwickelte sich bei Mitgliedern des *, MacArthur Research Network on Early Childhood Transitions'* also zunehmendes Interesse, die Innenwelt von Kindern mithilfe von Geschichtenerzählverfahren zu erforschen. Aufgrund der gemachten Erfahrung, dass Kinder Spaß daran haben, Geschichten zu erzählen und zu spielen, sah man hier die Möglichkeit, Zugang zur repräsentationalen Welt und zu inneren Gefühlen der Kinder zu bekommen. Gestützt wurden diese Bemühungen durch Erkenntnisse und Erfahrungen aus der psychoanalytisch orientierten Spieltherapie, die unter anderem betont, dass das kindliche Spiel Aufschluss über psychische Konflikte und auch den Umgang damit geben kann (Winnicott, 1971). Die Geschichtsanfänge sind soweit strukturiert, dass die hervorgerufenen Geschichten der Kinder anhand verschiedener Dimensionen in Codierschemata ausgewertet werden können, um in erster Linie individuelle Differenzen der Kinder und vor allem deren individuelle repräsentationale Unterschiede herausarbeiten zu können (Emde, 2003).
Im Zuge der Entwicklung hat sich ein Set von Geschichten entwickelt, die das Kind mit Problemen und Konflikten konfrontieren, die so oder ähnlich auch in dessen täglichem Leben auftauchen (Bretherton & Oppenheim, 2003). Aufbauend auf dem ursprünglichen Schwerpunkt, der auf Bindung und moralischen Konflikten beruhte, wurde von den Mitgliedern der *, Narrative Work Group'* ein immer umfassenderes Set an Geschichtsanfängen entwickelt, das auch die emotionale und soziale Entwicklung sowie die Entwicklung narrativer Kompetenz fokussierte.

9.1.3.2 Inhalte und Ziele der MSSB

Die MacArthur Story Stem Battery besteht aus 13 Geschichtsanfängen. Von einigen Forschern wurden noch weitere Geschichtsanfänge entwickelt. Aus dem gesamten Pool an Geschichten werden je nach Forschungsinteressen und dem Alter der Kinder einige herausgenommen oder auch das gesamte Set der 13 ursprünglichen Geschichten verwendet. Dem Kind wird unter Verwendung von Spielfiguren der Anfang einer Geschichte dargestellt und erzählt, der eine Konfliktsituation beinhaltet und die Kinder emotional bewegen soll. Das Kind wird in standardisierter Weise aufgefordert, die Geschichte zu Ende zu erzählen und auch mit den Spielfiguren zu Ende zu spielen. Das Ziel des Verfahrens besteht in der Erfassung von Selbst-, Fremd- und Beziehungsrepräsentationen, die sich aus den auftauchenden Themen, dem Erzählfluss, dem Aufgreifen und Ausagieren des Konfliktes sowie dem jeweiligen Ende der Geschichten schließen lassen. Während die Zusammenstellung der Geschichtsanfänge und auch die Anzahl der verwendeten Geschichten je nach Fragestellung und Problemstellung variieren kann, ist die Präsentation der Geschichten standardmäßig vorgegeben.

9.1.3.3 Auswertung der Geschichten

Wenn man versucht, Antworten von Kindern auf die Spielgeschichten systematisch zu erfassen, hat man zunächst ein grundsätzliches Problem zu lösen. Soll man die einzelnen Geschichten betrachten und codieren oder soll man versuchen, die Gesamtheit aller Geschichten zu erfassen (Robinson & Mantz-Simmons, 2003)? Im Sinne einer höheren Interrater-Übereinstimmung ist der erste Ansatz sicher besser geeignet, einen Weg, den man auch mit dem am weitesten verbreiteten Codiermanual dem MacArthur Narrative Coding System (MNCS Robinson & Mantz-Simmons, 2003; Robinson, Mantz-Simmons, Mcfie & Group, 1992) geht, mit dem das Ziel verfolgt wird, auftauchende Themen und den Erzählstil jeder einzelnen Geschichte zu erfassen, um das gesamte Spektrum an Reaktionen überblicken zu können. Allgemein gesagt haben sich 4 Bereiche herauskristallisiert, auf die sich Forscher grundsätzlich gestützt haben:
Inhalt der Geschichten, Organisation und Kohärenz der Präsentation, emotionaler Ausdruck und Interaktion mit dem Interviewer. Dabei geht es nicht um das Beobachten richtiger oder falscher Antworten, sondern um die Art und Weise, wie ein Kind mit den präsentierten Geschichten umgeht. Es lassen sich dabei inhaltsbasierte und prozessbasierte Systeme unterscheiden.

Dabei wird im ersten Fall wie beispielsweise im MNCS vor allem darauf geachtet, welche Themen in den Geschichten vorkommen, ohne darauf zu achten, wie oft und mit Ausnahme einzelner Kategorien auch unabhängig von Agent und Rezipient der Handlung. Daraus ergibt sich dann ein Summenscore (oder ein Mittelwert) für jedes Thema über alle verwendeten Geschichten. Auch in anderen Manualen wurde diese Summenbildung aufrechterhalten (Günther, di

Gallo & Stohrer, 2000). Neben dieser inhaltlichen Betrachtung ist es natürlich auch wichtig, den Prozess zu erfassen, was mit Skalen zur narrativen Kohärenz, zur Interaktion mit dem Interviewer und zum Umgang mit Emotionen in den Geschichten versucht wurde zu erfüllen. Vor allem Letzteres wurde von Warren (2003) weiter ausgebaut. Außerdem wurden neben dem MNSC und den Narrative Emotion Codes (NEC) weitere Systeme entwickelt, die noch mehr prozessorientiert auswerten. Für die zweite Gruppe ist vor allem der Versuch von Hill, Fonagy & Target (2000) zu nennen, der in erster Linie auf Aspekte der Vermeidung, Kohärenz, Emotionsregulation und Aggressivität abzielt, dabei aber nicht so stark auf vorkommende Inhalte fokussiert.

Ebenso wie Bretherton et al. (2003) würde ich auch dafür plädieren, die geeignete Auswertung anhand der spezifischen Fragestellung und Stichprobe auszuwählen, da es aufgrund der Komplexität und der Vielzahl an verfügbaren Informationen in den Geschichten nicht möglich sein wird, mit einer Auswertungsmethode alle Aspekte zu betrachten. Außerdem wäre es sinnvoll, nicht nur Screeningverfahren zu verwenden, sondern auch Verfahren, die es erlauben, Themen und die Art und Weise des Erzählens in Zusammenhang mit den jeweils verwendeten Figuren zu analysieren, was bis dato aber noch nicht ausreichend gelungen ist. Diesbezügliche Weiterentwicklungen sind in Vorbereitung. Generell ist den Verfahren gemeinsam, dass sie den schwierigen Spagat machen müssen zwischen qualitativ vielfältiger Information und Quantifizierbarkeit der Ergebnisse. Allein mit den Summenscores lässt sich keinesfalls die Vielfalt der Antworten und Geschichten abbilden, die mit der MSSB provoziert werden, da es immer wieder auffällt, dass ein und derselbe Score eine Vielzahl verschiedener Ausprägungen haben kann, was zu dem Problem führt, dass auch deren Bedeutung höchst unterschiedlich ist und nur kontextbezogen erfasst werden kann. Zumindest bieten aber alle Auswertungsverfahren eine gute, wenn auch ausbaufähige Möglichkeit, die repräsentationale Welt von Kindern zu verstehen.

9.1.3.4 Weiterentwicklungen der Auswertung

Ein wesentlicher Entwicklungsschritt im Alter von drei bis vier Jahren ist die Entwicklung narrativer Kompetenz, die es dem Vorschulkind ermöglicht, Vergangenes und Zukünftiges zu repräsentieren und vor allem mit anderen darüber zu reden (von Klitzing, Kelsay & Emde, 2003). Dies ist eine wichtige Voraussetzung, um Emotionen vor allem interaktiv regulieren zu können. Spielerisches Geschichtenerzählen wird auch im therapeutischen Setting häufig angewandt, aber mit der MSSB steht nun ein Instrument zur Verfügung, mit dem es gelingt, diese klinisch relevante Methode auch systematisch in der Forschung anwenden und auswerten zu können. Die Auswertung der Geschichten ist dabei wie weiter oben bereits beschrieben sehr stark vom jeweiligen Forschungsinteresse abhängig. So haben unterschiedliche Forschergruppen die Auswertung in Richtung internalisierte Probleme (Warren et al., 1997), externalisierter Probleme (Warren et al., 1996) oder triadische Aspekte in den Geschichten (von Klitzing et al., 2000) hin angepasst, wobei fast alle Versuche Elemente aus der MNCS entnommen haben. Der große Vorteil des MNCS ist, dass es in vielen Untersuchungen verwendet wurde und somit die Ergebnisse untereinander vergleichbar sind. Vor allem drei Weiterentwicklungen sollten aber in Anlehnung an von Klitzing et al. (2003) angestrebt werden:

- *Eine Datenreduktion durch Aggregieren sinnvoller Faktoren*
- *Vergleich von Geschichten aus unterschiedlichen Stichproben*
- *Detailliertes Wissen über die spezifischen Charakteristika der einzelnen Geschichten*

Das MNCS fokussiert grundsätzlich drei Bereiche: Inhaltsthemen *(Agrression, Empathie,...)*, elterliche Repräsentationen *(diziplinierend, kontrollierend,...)* und die Performanz der Geschichten *(zeigen von Emotionen, Kohärenz, Beziehung zum Interview,...)*. Oppenheim et al. (1997b) haben vor allem im Bereich der elterlichen Repräsentationen zwei Faktoren gefunden, die einerseits positive *(umsorgen, beschützen, einfühlen, helfen,...)* andererseits negative *(übertrieben bestrafen, missbrauchen oder bizarres Elternverhalten)* Handlungen mit einschlossen. Diese standen auch in Zusammenhang mit Verhaltensauffälligkeiten, erhoben mit der Child Behaviour Checklist (Achenbach & Edelbrock, 1983; Döpfner, Schmeck & Berner, 1994). Warren et al. (1996) haben in ihrer Stichprobe einen aggressiv-destruktiven Faktor aggregiert, der sich aus den Items *Aggression, atypische negative Antworten, und Verletzung* zusammensetzt. Auch dieser Faktor korrelierte mit Werten der CBCL. 1997 haben Oppenheim et al.(1997b) diesen Faktor um einen prosozialen Faktor ergänzt, der aus den Codes für *Empathie, Helfen, Wiedergutmachung, Zuneigung, Zusammenschluss, und interpersonelle Konfliktlösung* bestand. Hier fanden sich Zusammenhänge mit der emotionalen Kohärenz von Mutter-Kind Dialogen. Steele et.al. (zit. nach von Klitzing et al., 2003) wiederum beschreiben vier aggregierte Faktoren, nämlich Grenzsetzung *(bestehend aus Beschuldigung, Ausschluss anderer, verbaler Bestrafung und Disziplinierung durch die Mutter)*, prosoziale Inhalte *(bestehend aus Zuneigung, positiven Handlungen der Mutter)*, antisoziale Inhalte *(bestehend aus physische Aggression, übertriebener Bestrafuung)* und Ungezogenheit *(bestehend aus Beschuldigen von anderen und Unehrlichkeit)*. Diese Faktoren zeigten einen Zusammenhang mit Bindungsklassifikationen der Eltern, erfasst mit dem AAI, sowie dem Verhalten in der Fremde-Situation (FST). In einer klinischen Stichprobe mit misshandelten Kindern aggregierten Toth et. al. (1997) Faktoren zu positiver Selbstrepräsentation *(Empathie, Befolgung, Zuneigung)* und negativen Selbstrepräsentationen *(Aggression, non – compliance und Beschämung)*, wobei misshandelte Kinder im Vergleich zu einer Kontrollstichprobe gehäuft negative Selbstrepräsentation zeigten. Ein Problem bei den beschriebenen Untersuchungen ist die für faktorenanaytisches Vorgehen relativ kleine Stichprobe, was dazu führte, dass viele Codes nicht in die Aggregierung miteinbezogen werden konnten, weil sie nicht vorkamen (von Klitzing et al., 2003). Außerdem wurde bisher nur von Toth et al. (1997) und in weiterer Folge von von Klitzing et al. (2003) versucht, nicht nur Inhaltsthemen und elterliche Repräsentanzen, sondern auch Performanzskalen in die Aggregierung miteinzubeziehen. Besonders die Analyse der Daten aus der MacArthur Longitudinal Twin Study (MALTS Emde et al., 1992), auch beschrieben in von Klitzing et al. (2003), sind sehr aussagekräftig, da hier die Stichprobe 654 Kindern umfasste und somit eine fundierte Datenbasis bereitstand. Die aggregierten Faktoren drehten sich auch hier um *Aggression* und *Zuneigung*, was bei fast allen Untersuchungen bisher gefunden wurde. Es scheint also durchaus sinnvoll, die Daten zu reduzieren, was auch die Interpretierbarkeit der Ergebnisse weiter erhöhen könnte.

9.2 Befunde auf Basis der MSSB

In einer Studie von Bretherton et al. (1990) mit der oben erwähnten ASCT Methode hat sich gezeigt, dass bereits Kinder im Alter von 37 Monaten Lösungen für bindungsrelevante Geschichten finden, in welchen sie ihre Eltern als beschützend, empathisch und nicht bestrafend beschreiben. Dies ist vor allem in Bezug auf das sozial-kognitive Verständnis von 3-Jährigen hinsichtlich Eltern- und Kinderrollen interessant. Weiters hat sich gezeigt, dass die Werte für Bindungssicherheit aus dem ASCT-Verfahren in Einklang mit den Ergebnissen anderer Instrumente zur Erfassung von Bindungssicherheit, wie zum Beispiel der „Fremde Situations-Test" (FST)" von Ainsworth, stehen. Weiters berichtet Cassidy (1988) von Zusammenhängen zwischen kindlicher Bindungssicherheit und einer positiven Sichtweise des eigenen Selbst und einer Darstellung der Kinderfigur in den Geschichten als kompetent und liebenswert. Außerdem bietet die Mutterfigur in den Geschichtenergänzungen Schutz und Sicherheit. Im Gegensatz dazu stellt ein unsicher gebundenes Kind die Kinderfigur als hilflos, isoliert und als von anderen zurückgewiesen dar. Die Mutterfigur wird als wenig unterstützend und als nicht vertrauenswürdig dargestellt.

Oppenheim (1997b) untersuchte bei 35 Vorschulkindern den Zusammenhang zwischen dem inneren Arbeitsmodell von Bindung zur Mutter und der Selbstachtung der Kinder sowie deren Strategien, die Aufmerksamkeit auf sich zu lenken. Dabei wurde Qualität der Bindung anhand von drei Dimensionen beurteilt: die Qualität der beschriebenen Mutter-Kind-Interaktionen in den Geschichtenergänzungen, die Fähigkeit des Kindes, über emotionale Konflikte zu sprechen und die Fähigkeit, konstruktive Lösungen für Konfliktsituationen zu finden. Die ErzieherInnen schätzten weiters das Verhalten und die Strategien der Kinder mittels Fragebögen ein. Weiters wurden die Kinder in kurzen Trennungs- und Wiedervereinigungssituationen beobachtet. Es zeigte sich, dass Kinder, die aufgrund des ADI (Attachment Doll Play Interview) als sicher gebunden beurteilt wurden, mehr Selbstachtung zeigten, über positive, altersangemessene Strategien verfügten, die Aufmerksamkeit auf sich zu lenken und sich in den Trennungs- und Wiedervereinigungssituationen unabhängiger und neugieriger verhielten als unsicher gebundene Kinder.

Eine Untersuchung von Warren, Emde & Sroufe (2000) beschäftigte sich mit der Frage, ob sich spezifische internale Repräsentationen finden lassen, die Angststörungen vorhersagen. Auf der Basis einer nicht-klinischen Stichprobe von 35 Kindern im Alter von fünf Jahren wurden mit Hilfe der MSSB die internalen Repräsentationen der Kinder erhoben. Außerdem wurden die Ängstlichkeit der Eltern sowie das Temperament der Kinder erfasst. Zudem erhielten die Eltern und die ErzieherInnen einen Fragbogen bezüglich des Verhaltens der Kinder. Als die Kinder das Alter von sechs Jahren erreicht hatten, erhielten die Mütter einen weiteren Fragebogen, um die Ängstlichkeit der untersuchten Kinder zu erheben. Man fand dabei, dass es einen Zusammenhang zwischen negativen Repräsentationen der Kinder und der späteren Entwicklung von Angststörungen beziehungsweise der Entwicklung von internalisierenden Problemen gibt. Es zeigte sich, dass der Inhalt der Geschichtenergänzungen ein besserer Prädiktor für internalisierende Probleme und Ängstlichkeit im Alter von sechs Jahren darstellten als das Temperament der Kinder oder die Ängstlichkeit der Eltern selbst. Betroffene Kinder stellten die Kinderfigur in ihren Geschichtenergänzungen als hilflos und isoliert sowie die Erwachsenenfigur als wenig unterstützend dar und zeigten eher negatives und gewalttätiges Verhalten. Außerdem neigten sie zu negativen Erwartungen für den Ausgang des Konflikts.

Eine 1996 von Warren, Oppenheim & Emde (Warren et al., 1996) durchgeführte Untersuchung an einer nicht-klinischen Stichprobe konnte einen signifikanten Zusammenhang zwischen externalisierenden Verhaltensproblemen und dem Vorkommen von aggressiven und destruktiven Themen in den Geschichtenergänzungen von drei bis fünfjährigen Kindern aufdecken. Hier wurde wiederum die MSSB für die Erfassung der internalen Repräsentationen eingesetzt sowie die „Child Behavior Checklist (CBCL)" zur Erfassung des Sozialverhaltens.

Von Klitzing et al. (2000) konnte in einer Stichprobe von fünf- bis siebenjährigen Kindern einen Zusammenhang zwischen Inkohärenz und Aggression in den Geschichten und externalisierenden Verhaltensproblemen nur bei Mädchen finden. Hier wurde ebenso die CBCL zur Verhaltenseinschätzung eingesetzt.

Weiters beschrieben misshandelte Kinder im Vergleich zur Normalpopulation in ihren Geschichten häufiger unangemessene Aggressionen, Vernachlässigung und sexualisiertes Verhalten (Buchsbaum et al., 1992).

Eine ähnliche Untersuchung zeigte, dass misshandelte Kinder im Vergleich zu nicht misshandelten Kindern in ihren Geschichtenergänzungen mehr negative Eltern- und Kindrepräsentanzen darstellten. Weiters zeigten sich in dieser Studie misshandelte Kinder in Bezug auf die Beziehung zum Untersucher mehr kontrollierend und weniger interessiert. Sexuell missbrauchte Kinder zeigten im Gegensatz zu vernachlässigten Kindern mehr positive Selbstrepräsentationen. Körperlich misshandelte Kinder dagegen zeigten die meisten negativen Selbstrepräsentationen (Toth et al., 1997).

In einer Studie von Verschueren, Marcoen & Schoefs (1996) wurde bei 95 Kindergartenkindern der Zusammenhang zwischen dem inneren Arbeitsmodell des Selbst und deren Kompetenzen, Anpassung, sozialer Akzeptanz und Selbstachtung untersucht. Die Sichtweise des eigenen Selbst wurde mit Hilfe eines Puppenspiels erfasst. Es zeigte sich, dass Kinder mit einer positiven Selbstwahrnehmung gegenüber Kindern mit einer negativen Sichtweise des Selbst von anderen besser akzeptiert werden und weniger Verhaltensprobleme aufweisen beziehungsweise generell besser angepasst sind. Eine weitere im Rahmen dieser Studie durchgeführte Untersuchung beschäftigte sich mit der Annahme von Bowlby, dass das innere Arbeitsmodell des Selbst eng verknüpft ist mit dem inneren Arbeitsmodell der Bindung zur Mutter. Diese Annahme konnte bestätigt werden und wurde auch in einer späteren Längsschnittuntersuchung identifiziert. Es konnte dabei gezeigt werden, dass sich die Selbstwahrnehmung, die sozial-emotionale Kompetenz und die soziale Akzeptanz durch Gleichaltrige von achtjährigen Kindern aufgrund von Selbstrepräsentationen, die im Alter von fünf Jahren erhoben wurden, vorhersagen lassen (Verschueren, Buyck & Marcoen, 2001).

In einer weiteren Studie von Verschueren und Marcoen (1999) hat sich gezeigt, dass die Qualität der Vater-Kind-Beziehung in den Geschichtenergänzungen eine wichtige Rolle spielt in Bezug auf das ängstliche Verhalten des Kindes. Kinder, die eine konfliktreiche Beziehung zwischen der Vaterfigur und der Kinderfigur darstellten, zeigten häufiger ängstliches Verhalten im Kindergarten. Kinder, die eine positive Darstellung der Mutter in ihren Geschichtenergänzungen zeigten, galten als akzeptiert und beliebt bei Gleichaltrigen.

Insgesamt lässt sich festhalten, dass es deutliche Zusammenhänge zwischen der kindlichen Innenwelt und Verhaltensproblemen im Vorschulalter gibt. Was allerdings auffällt ist, dass die reflexiven Fähigkeiten von Kindern bisher nicht in die Analysen miteinbezogen wurden.

10 Untersuchunsplan

10.1 Zielsetzung und Fragestellung

Wesentliches Ziel der vorliegenden Arbeit ist es, eine Skala zur Erfassung von Reflexivität im Vorschulalter zu entwickeln. Es soll damit das Verständnis der Zusammenhänge zwischen kindlicher psychischer Realität (mentalen Repräsentanzen, psychischer Struktur und Reflexivität) und kindlichem Problemverhalten vertieft und erweitert werden. Im Speziellen geht es darum, mithilfe dieser Skala die Bedeutung von Reflexivität im Vorschulalter herauszuarbeiten und in Zusammenhang zu bringen mit anderen Faktoren, nämlich psychischer Realität, mit soziodemographischen Daten, mit Emotionserkennung und mit Problemverhalten. Weiters wird versucht, die Auswertung der Spielgeschichten zu systematisieren, indem einerseits die Items neu geordnet und andererseits übergeordnete Faktoren aus den Einzelitems abgeleitet werden.

10.1.1 Fragenkomplex 1: Repräsentanz und Verhalten
In welchem Zusammenhang stehen mentale Repräsentationen, psychische Struktur, Emotionserkennungsfähigkeiten und Problemverhalten im Vorschulalter?
1. *Inwieweit unterscheiden sich Eltern- und Erzieherratings bei der Verhaltenseinschätzung?*
2. *Gibt es Zusammenhänge zwischen psychischer Realität und kindlichem Problemverhalten?*
3. *Gibt es Zusammenhänge zwischen Emotionserkennungsfähigkeiten und kindlichem Problemverhalten?*
4. *Gibt es Zusammenhänge zwischen Emotionserkennungsfähigkeiten und psychischer Realität bei Vorschulkindern?*
5. *Inwieweit lässt sich Problemverhalten mit intrapsychischen Faktoren und Fähigkeiten erklären?*

Dieser Fragenkomplex dient in erster Linie der Überprüfung bisher gefundener Ergebnisse über die Zusammenhänge von Repräsentanz und Verhalten (Juen, Benecke, von Wyl, Schick & Cierpka, 2005; von Klitzing et al., 2000; Warren et al., 1997; Warren et al., 1996), sowie einer Umstrukturierung der bisherigen Auswertungen der MacArthur Story Stem Battery (Günther et al., 2000; Hill et al., 2000; Robinson & Mantz-Simmons, 2003) mit dem Fokus einer strukturierteren Herangehensweise an die erzählten Geschichten.

Hypothesen:
Eltern schätzen ihre Kinder positiver ein als ErzieherInnen

Dies gründet auf der Vermutung, dass Eltern einerseits ihre Kinder kompetenter sehen als sie sind, andererseits darauf, dass ErzieherInnen die Kinder eher im Kontext der Gleichaltrigengruppe beurteilen, in der Probleme wie Ängstlichkeit vielleicht weniger sichtbar werden.

Bei Kindern, die Problemverhalten zeigen, wird auch ein erhöhtes Maß an negativen und aggressiven Repräsentanzinhalten und ein verringertes Maß an positiven Inhalten sichtbar.
Diese Vermutung stützt sich primär auf die Ergebnisse von Warren   et al.(1996) und von von Klitzing et al. (2000), wonach Kinder mit Verhaltensproblemen vermehrt aggressive und negative Themen ins Spiel einbringen.

Bei Kindern, die Problemverhalten zeigen, kommen vermehrt Strukturbelastungen zum Vorschein. Diese umfassen im Besonderen Traumatisierung (Dissoziation), Dysregulation und inadäquate Integration von Spielfiguren
Dies gründet sich aus der Annahme, dass psychische Probleme bis zu einem gewissen Grad in instabilen psychischen Strukturen begründet liegen.

Bei Kindern, die Problemverhalten zeigen, zeigen sich auch eine eingeschränkte narrative Kohärenz, ein inadäquater Umgang mit Emotionen und eine verringerte Bereitschaft, sich auf eine ungewohnte Umgebung einzulassen.
Narrative Kohärenz wird dabei als sprachlicher Ausdruck der mentalen Organisationsstruktur gesehen. Außerdem wird angenommen, dass eine zentrale Komponente psychischer Probleme ein inadäquater Umgang mit Emotionalität ist.

10.1.2 Fragenkomplex 2: die Erfassung von Reflexivität (Reflectiveness)
Wie lässt sichReflectiveness bei Vorschulkindern erfassen?
- *Lassen sich intentional und emotional Reflectivness[15] in der MacArthur Story Stem Battery getrennt operationalisieren?*
- *In welchem Zusammenhang stehen intentional und emotional Reflectivness?*
- *Wie sehr sind reflexive Fähigkeiten bei Vorschulkindern bereits ausgeprägt?*
- *Gibt es geschlechtsspezifische Unterschiede in der Ausprägung reflexiver Fähigkeiten im Vorschulalter und ist diese Fähigkeit altersabhängig?*

---

[15] Ich bleibe hier bewusst bei der englischen Bezeichnung, da meiner Meinung nach die deutschen Bezeichnungen „intentionale und emotionale Reflexivität" weniger aussagekräftig sind.

Es geht hierbei in erster Linie um die Entwicklung einer Skala zur Erfassung reflexiver Fähigkeiten bei Vorschulkindern, mit deren Hilfe die Informationen, die aus den konstruierten Narrativen gewonnen werden, erweitert werden können. Diese Skala soll es ermöglichen, die Varianz in den Antworten auf sogenannte Demand-Fragen (siehe S.112) abzubilden. In unserer Einteilung psychischer Realität soll es dadurch möglich werden, auch den Bereich Reflexivität bei Vorschulkindern zugänglich zu machen. Des Weiteren wird versucht, mit dieser Skala zwei Bereiche von Reflexivität unterscheidbar zu machen, nämlich intentional und emotional Reflectiveness. Dem liegt die Annahme zugrunde, dass es sich beim Erkennen von Intentionen und dem Erkennen von Emotionen um zwei getrennte Fähigkeiten handelt.

Hypothesen:
5-jährige Kinder zeigen eine hohe Streuung in ihren reflexiven Fähigkeiten mit der Tendenz zu einer guten Ausprägung.
Hier wird in Anlehnung an das Mentalisierungskonzept von Fonagy & Target (1996) angenommen, dass 5-Jährige bereits reflexiv denken können, wenngleich im Unterschied zur Theory of Mind Forschung diese Fähigkeit (noch) nicht beim Großteil der Kinder voll ausgeprägt angenommen wird.

Die Ausprägung von Reflectiveness wird nicht vom Geschlecht beeinflusst, sehr wohl aber vom Alter der Kinder.
Nachdem das Alter von 5 Jahren als sensible Entwicklungsphase reflexiver Fähigkeiten gesehen wird, sollten ältere Kinder in der Stichprobe höhere Werte erzielen.

Emotional Reflectiveness ist bei Kindern mit 5 Jahren weniger ausgeprägt als intentional Reflectiveness.
Dies beruht auf der Annahme, dass es Kindern in diesem Alter bereits gut gelingt, Handlungsintentionen zu erkennen, es für sie schwieriger ist, Emotionalität in die Konstruktion von Narrativen zu integrieren.

10.1.3 Fragenkomplex 3: Reflectiveness und Problemverhalten

In welchem Zusammenhang stehen intentional und emotional Reflectivness, mentale Repräsentanzen, psychische Struktur, Emotionserkennungsfähigkeit und Problemverhalten bei Vorschulkindern?
- *Haben Vorschulkinder mit unterschiedlich ausgeprägter reflexiver Fähigkeit auch spezifische Repräsentationsmuster und Strukturmerkmale?*
- *Haben Vorschulkinder mit unterschiedlich ausgeprägter reflexiver Fähigkeit auch unterschiedliche Emotionserkennungsfähigkeiten?*
- *Haben Vorschulkinder, die Problemverhalten zeigen, auch unterschiedlich ausgeprägte reflexive Fähigkeiten?*

- *Inwieweit lässt sich Problemverhalten mit Defiziten in der Reflectiveness erklären?*

Der dritte Fragenkomplex integriert die durch die neu entwickelte Skala gewonnene Information über kindliche Reflexivität in den Gesamtkomplex psychische Realität und Verhalten.

Hypothesen:
Hohe reflexive Fähigkeiten wirken sich positiv auf die Fähigkeit zur Emotionserkennung aus.
Reflectiveness dient dazu, Emotionserkennungsfähigkeiten auch in Belastungssituationen aufrechtzuerhalten und in seine Handlungsplanung integrieren zu können. Wer reflexiv denken kann (in einem dynamischen sich verändernden System), sollte somit auch Emotionen anhand statischer Hinweisreize besser erkennen können.

Kinder mit Problemverhalten haben eingeschränkte reflexive Fähigkeiten im Besonderen im Bereich der Emotionalität.
Als Schlussfolgerung aus der Annahme, dass psychische Probleme mit instabiler Struktur und eingeschränkter Emotionalität zusammenhängen, sollte auch Reflexivität mit Problemverhalten zusammenhängen, da eine eingeschränkte Fähigkeit in diesem Bereich Strukturbedrohungen nicht abfedern kann.

Die Ausprägung von Reflectiveness erklärt ein hohes Maß der Varianz von Problemverhalten besonders von "interaktivem" Problemverhalten (Umgang mit Gleichaltrigen, Aggressivität, Hyperaktivität).
Die Gestaltung von Beziehungen wird dabei als wesentliches Element psychischer Gesundheit und Reflectiveness wird als zentrales Element der Fähigkeit zur Beziehungsgestaltung gesehen.

Insgesamt wird also versucht, repräsentationale Komponenten von kindlichem Problemverhalten herauszuarbeiten und eine Verbindung herzustellen von der Innenwelt des Kindes mit dem gezeigten Verhalten. Besonderes Augenmerk dabei liegt auf der Integration von Informationen über kindliche Reflexivität in der Betrachtung der kindlichen Innenwelt.

10.2 Datenerhebung

10.2.1 Beschreibung der Stichprobe

Die Stichprobe umfasst 70 Kinder aus 9 verschiedenen Kindergärten im Großraum Heidelberg. Sie ist Teil einer 125 Kinder umfassenden Stichprobe, die zur Evaluierung des Gewaltpräventionsprogramms FAUSTLOS Kindergarten rekrutiert wurde[16]. Diese stammten aus insgesamt 14 Kindergärten aus derselben Region. Mit den 55 Kindern, die in der vorliegenden Untersuchung nicht berücksichtigt wurden, konnten wir keine MSSB Interviews durchführen, da uns für die Kinder aus 6 Kindergärten kein schriftliches Einverständnis der Kindergartenleitung zur Erstellung von Videoaufnahmen gegeben wurde. Für die 70 verbleibenden Kinder lag jeweils ein schriftliches Einverständnis von Kindergartenleitung und Eltern vor. Die Daten stammen aus dem ersten Erhebungszeitpunkt vor Beginn des Programms. Von den eingeschlossenen 70 Kindern waren 31 Mädchen und 39 Buben. Die Altersverteilung der Kinder (sowohl insgesamt als auch getrennt nach Buben und Mädchen) ist in *Tabelle 1* dargestellt.

Alter in Monaten	N	MIN	MAX	AM	SD
Buben	39	60,90	80,40	68,59	4,88
Mädchen	31	58,10	74,50	67,11	4,69
Gesamt	70	58,10	80,40	67,92	4,82

N...Anzahl an Kindern, MIN...Minimum, MAX...Maximum, AM...arithmetisches Mittel, SD...Standardabweichung

Tabelle 1: Altersverteilung der Stichprobe, Alter in Monaten

10.2.2 Verfahren zur Erfassung des Sozialverhaltens

Ein weit verbreitetes Fremdbeurteilungs-Instrument zur Erfassung des kindlichen Sozialverhaltens ist die Child Behaviour Checklist (CBCL Achenbach & Edelbrock, 1983), (deutsche Version Döpfner et al., 1994). Diese wurde meist auch herangezogen, um die Zusammenhänge kindlicher Spielgeschichten mit kindlichem Sozialverhalten zu untersuchen (zB von Klitzing et al., 2000; Warren et al., 1997; Warren et al., 1996). Wir haben uns in der vorliegende Studie für zwei Verhaltensfragebögen entschieden, die der CBCL ähnlich, aber in ihrer Anwendung ökonomischer sind.

10.2.2.1 SDQ (Strenghts and Difficulties Questionnaire)

Der SDQ (Strenghts and Difficulties Questionnaire Goodman, 1997), (zur deutschen Version siehe Klasen, Woerner, Rothenberger & Goodman, 2003) ist ein Verhaltensscreeningfragebogen mit 25 Items, die sich auf 5 Skalen *(emotionale Probleme, Verhaltensprobleme, Hyperaktivität, Verhaltens-*

---

[16] „Evaluation der Effektivität von FAUSTLOS im Kindergarten" unter Leitung von Prof. M. Cierpka; gefördert durch die Landesstiftung Baden-Württemberg

probleme mit Gleichaltrigen und prosoziales Verhalten) verteilen; ein *Gesamtproblemwert* bildet sich aus den vier negativen Skalen. In einem Vergleich des SDQ mit der CBCL hinsichtlich ihrer Eignung zum Screening psychischer Auffälligkeiten im Kindesalter schnitten beide Verfahren gleich gut ab (Bettge, Ravens-Sieberer, Witzker & Höllinger, 2002). Die Akzeptanz bei den Probanden war in dieser Studie vermutlich durch die geringere Itemanzahl beim SDQ sogar höher. Auch in einer Vergleichsstudie zwischen den beiden Verfahren von Goodman et al. (1999), - englische Version, sowie von Klasen et al. (2000). - deutsche Version zeigt sich eine weitgehende Übereinstimmung der beiden Verfahren, in der deutschen Version sogar mit leichten Vorteilen des SDQ in Bezug auf Hyperaktivität. Darüber hinaus liegen für den SDQ auch schon Normierungsdaten für die deutsche Elternversion vor (Klasen et al., 2003; Woerner et al., 2002). Vor allem aufgrund der höheren Akzeptanz bei den Versuchspersonen und der ökonomischeren Anwendung haben wir uns in der vorliegenden Studie für den SDQ entschieden.

10.2.2.2   KAAL Kompetenz Angst Aggressions Liste

Da mit dem SDQ das aggressive Verhalten der Kinder und deren Ängstlichkeit/Depressivität nur indirekt (über Items aus den Skalen „Emotionale Probleme" und „Verhaltensauffälligkeiten") erfasst wird, diese beiden Konstrukte aber sehr bedeutsame Indikatoren für kindliches Problemverhalten sind, entwickelte Schick (2003b) zur Erfassung dieser beiden Bereiche in Anlehnung an die Child Behavior Checklist und die GASC (General Anxiety Scale for Children Sarason, Davidson, Lighthall, Waite & Ruebush, 1971) entsprechende Items. Insgesamt umfasste dieser Itempool 57 Items, die mit einer dreistufigen Antwortskala mit den Antwortmöglichkeiten *„gar nicht, nie"*, *„manchmal"* und *„fast immer"* (ebenso wie die Items des SDQ) versehen wurden. Im Anschluss an eine Faktorenanalyse (Schick, 2003b) wurde aufgrund inhaltlicher und methodischer Kriterien letztlich eine dreifaktorielle Lösung akzeptiert. *Faktor 1* wurde von Items gebildet, die sich auf aggressives Verhalten beziehen, *Faktor 2* wurde durch Items gekennzeichnet, die verschiedene Aspekte sozialer und emotionaler Kompetenz beschreiben. Die Items des *dritten Faktors* thematisierten vor allem Ängste und Bedrücktheit. Aufbauend auf dieser dreifaktoriellen Struktur wurden die Skalen *"Aggressivität", "Sozial-emotionale Kompetenz"* und *"Ängstlichkeit"* gebildet.

Skalen	Cronbach's Alpha	Anzahl der Items
Aggressivität	.88	14
Sozial-emotionale Kompetenz	.83	19
Ängstlichkeit	.72	11

Tabelle 2: Interne Konsistenzen der KAAL-Skalen (Eltern-Angaben)

In die Skalen wurden nur Items aufgenommen, die eine Ladung >.40 aufwiesen, inhaltlich zur Skalenbezeichnung passten und sowohl in der Faktorenlösung der

Eltern als auch der Erzieherinnen auf dem entsprechenden Faktor hoch luden. Die internen Konsistenzen der drei KAAL-Skalen sind *Tabelle 2* zu entnehmen.

An den in *Tabelle 3* zusammengefassten Skaleninterkorrelationen ist abzulesen, dass aggressives Verhalten signifikant positiv mit Ängstlichkeit zusammenhängt und negativ mit sozial-emotionaler Kompetenz.

Skalen	Aggressivität	Soz.-emot. Kompetenz
Aggressivität		
Sozial-emotionale Kompetenz	-.504***	
Ängstlichkeit	.368***	-.186*

*=p≤.05 **=p≤.01 ***=p≤.001

Tabelle 3: Interkorrelationen der KAAL-Skalen zu t_1 (Eltern-Angaben)

Insgesamt stehen durch die beiden Fragebögen 8 Verhaltensskalen sowie ein Gesamtproblemwert aus dem SDQ zur Verfügung. Das Besondere dieser beiden Fragebögen ist die Abbildung zweier positiver Skalen: *prosoziales Verhalten* (SDQ) und *sozial-emotionale Kompetenz* (KAAL), was sie für die Untersuchung einer nicht-klinischen Stichprobe besonders geeignet erscheinen lässt (Juen et al., 2005). In *Tabelle 4* sind die zur Verfügung stehenden Skalen der Verhaltenseinschätzung zusammengefasst.

SDQ	KAAL
Emotionale Probleme	Aggressivität
Verhaltensprobleme	Sozial-emotionale Kompetenz
Hyperaktivität	Ängstlichkeit
Verhaltensprobleme mit Gleichaltrigen	
Prosoziales Verhalten	
Gesamtproblemwert	

Tabelle 4: Skalen der Fragebögen (jeweils Eltern- und ErzieherInnen-Einschätzungen)

10.2.2.3 Auswertung der Fragebögen

Die Auswertung des SDQ erfolgt anhand der Faktorenmatrix wie sie von Woerner et al. (2002) anhand der deutschen Fragebogenversion in Übereinstimmung mit jener der englischen Version von Goodman (1997) berechnet wurde. Dabei werden die Werte der 5 Einzelitems in der jeweiligen Skala aufsummiert, wodurch sich für jede Versuchsperson Werte von 0 bis 10 auf den 5 genannten Skalen, sowie Werte von 0 bis 40 beim Gesamtproblemwert ergeben. Die 3 Skalen der KAAL bilden sich aus dem Mittelwert der jeweils relevanten Items und bewegen sich demnach zwischen 0 und 2. Die möglichen Werte sind in *Tabelle 5* abgebildet.

Skala	Werte Eltern	Werte ErzieherInnen
Emotionale Probleme	0 -10	0 -10
Verhaltensprobleme	0 -10	0 -10
Hyperaktivität	0 -10	0 -10
Gleichaltrigenprobleme	0 -10	0 -10
Prosoziales Verhalten	0 -10	0 -10
Gesamtproblemwert	0 - 40	0 - 40
Aggressivität	0 – 2	0 – 2
Sozial emotionale Kompetenz	0 – 2	0 – 2
Ängstlichkeit	0 – 2	0 – 2

Tabelle 5: mögliche Skalenwerte der Fragebögen

10.2.3 Verfahren zur Erfassung der Emotionserkennung

10.2.3.1   Faustlos-Interview

Beim *Faustlos*-Interview (Schick, 2003a) handelt es sich um ein Verfahren, das die Fähigkeit von Kindern erfassen soll, anhand von Stimulusmaterial in Form von Bildern Emotionen und Emotionsindikatoren zu erkennen und zu benennen. Das ursprünglich vom Comittee for Children in Seattle entwickelte Verfahren wollte damit Effekte des Gewaltpräventionsprogramms *„Second Step"* (dt. FAUSTLOS, Cierpka, 2001) aus Sicht der Kinder erfassen. Das Besondere dabei ist, dass von den 5 Bildern zwei soziale Situationen abbilden und nicht ausschließlich das Erkennen von Gesichtsausdrücken abfragen. Die verwendeten Bilder sind unten abgebildet. Zu jedem Bild werden dem Kind folgende Fragen gestellt: *Wie fühlt sich das Kind? Woran kannst du das erkennen?* Zusätzlich wird bei den 2 Bildern, die eine soziale Situation abbilden, gefragt: *Was könnte das Kind tun, damit ein gewünschtes Ergebnis eintritt? Was würde passieren, wenn er eine unempathische Handlung setzt? und was würdest du an seiner Stelle tun?* Die genaue Formulierung der Fragen ist an die abgebildete Szene angepasst. Die Kinder auf den Bildern mit sozialen Situationen haben dabei jeweils das gleiche Geschlecht wie die untersuchte Person.

10.2.3.2   Auswertung der Emotionserkennung

Das 5 Bilder umfassende *„FAUSTLOS Interview"* liefert anhand der Antworten auf die oben genannten Fragen Werte zu *zutreffend benannten Emotionen, Anzahl der genannten Emotionsindikatoren, Anzahl genannter Lösungsmöglichkeiten, Anzahl sozial kompetenter Reaktionsweisen, Anzahl genannter negativer Konsequenzen* sowie *Anzahl der genannten Beruhigungstechniken.* Zu den ersten beiden Dimensionen wird ein Mittelwert aus den 5 Antworten gebildet, auf den restlichen drei Dimensionen werden Mittelwerte aus den beiden Antworten abgebildet. Die Fähigkeit, Emotionen zu erkennen, kann somit aus dem Mittelwert auf die ersten beiden Fragen abgeleitet werden, während die anderen Dimensionen eher den Umgang mit diesem Wissen fokussieren, was man als regulatorische Fähigkeit auffassen könnte.

10.2.4 Verfahren zur Erfassung mentaler Repräsentationen

10.2.4.1 Mac Arthur Story Stem Battery (MSSB)

Zur Erfassung der mentalen Repräsentanzen und der psychischen Struktur wurden mit den Kindern Spielinterviews entsprechend der MSSB (Bretherton & Oppenheim, 2003; Bretherton, Oppenheim et al., 1990) durchgeführt. Für die vorliegende Untersuchung wurde die Anzahl der Geschichten auf 10 festgelegt (eine Aufwärmgeschichte und neun Konfliktgeschichten).

MSSB Interview
0) Der Geburtstag von Susanne / Georg (Aufwärmgeschichte): Die Familie feiert den Geburtstag von Susanne / Georg.
1) Die heiße Suppe: Obwohl es die Mutter verboten hatte, greift das Kind an den heißen Suppentopf, schüttet ihn dabei aus und verbrennt sich die Hand.
2) Das Verschwinden von Barney: Das Kind geht in den Garten, um mit dem Hund Barney zu spielen, aber Barney ist nicht da.
3) Die Abreise: Die Eltern fahren über Nacht auf einen Ausflug und die Kinder bleiben bei der Großmutter.
4) Die Rückkehr: Die Eltern kommen von ihrem Ausflug zurück. (Fortsetzung von Geschichte 3)
5) Der verlorene Schlüssel: Das Kind kommt ins Zimmer und hört, wie sich Mutter und Vater wegen eines verlorenen Schlüssels streiten.
6) Der Ausschluss: Mutter und Vater wollen alleine sein und schicken das Kind aufs Zimmer zum Spielen.
7) Mutter's Kopfschmerzen: Die Mutter hat Kopfschmerzen und bittet Susanne/Georg, den Fernseher auszuschalten. Da kommt der Freund vorbei und möchte unbedingt fernsehen.
8) Zu dritt: Das Kind und der Freund spielen mit dessen neuem Ball. Da kommt der kleine Bruder aus dem Haus und möchte mitspielen, aber der Freund möchte das nicht.
9) Die Sandburg: Ein kleines Kind im Park hat eine Sandburg gebaut. Der Freund sagt zum Kind: Komm, wir machen dem Knirps die Sandburg kaputt.
Instruktion nach Vorspielen der jeweiligen Szene: „Zeig und erzähl, was jetzt passiert!"

Geschichte 01 bis 08 aus der MSSB, Geschichte 09 von KJUP Basel

Tabelle 6: verwendete Geschichten aus der MSSB

Geschichte 1 bis 8 sowie die Aufwärmgeschichte wurde der eigentlichen MacArthur Story Stem Battery entnommen (Bretherton & Oppenheim, 2003). Geschichte 9 stammt aus der Erzählbatterie der KJUP (Kinder und Jugendpsychiatrie) in Basel. Eine Beschreibung der verwendeten Geschichten ist in *Tabelle 6* dargestellt.

Die Interviews wurden mit dem entsprechenden Einverständnis der Eltern und KindergärtnerInnen auf Video aufgezeichnet, um sie später detailliert anaysieren zu können.

10.2.4.2 Auswertung der Spielinterviews

Die Auswertung der Videobänder erfolgte von speziell geschulten MitarbeiterInnen[17] auf Basis des MacArthur Narrative Coding System (MNCS

---

[17] Sowohl die Schulung der MSSB-Interviewführung als auch der Auswertung erfolgte durch Dr. A. von Wyl.

Robinson & Mantz-Simmons, 2003; Robinson et al., 1992), den Narrative Emotion Codes (NEC Warren, 2003), sowie einzelnen Prozessskalen des Manuals von Hill et al. (2000). Die Einschätzung der narrativen Kohärenz erfolgte entsprechend dem Manual von Günther et al. (2000), woraus auch einzelne Inhaltsthemen zusätzlich übernommen wurden. Die Beobachterübereinstimmung bei diesem „aggregierten" Manual wurde anhand eines Referenzauswertungsbandes (20 Geschichten aus zehn verschiedenen Interviews) erhoben, wobei die CodiererInnen eine Gesamtübereinstimmung von zumindest 80% mit den Codierungen des Autors erreichen mussten, bevor sie das Untersuchungsmaterial codieren durften. Für die dichotomisierten Einzelitems wurden jeweils Kappa Werte, für die anderen Cronbach Alpha Werte berechnet, die weiter unten dargestellt werden. Wie in den Manualen vorgeschlagen, setzt sich das verwendete Manual ebenso aus den drei Bereichen *Inhaltsthemen, Eltern- und Kindrepräsentanzen* sowie *Prozesscodes* zusammen. Der Bereich *Inhaltsthemen* umfasst positive und negative Interaktionsthemen, Vermeidungsthemen, aggressive Themen, Themen, die befremdend wirken (so genannte Dissoziations- oder Abgrenzungsthemen), Themen, die als Moralthemen bezeichnet werden (vgl. Robinson & Mantz-Simmons, 2003), sowie Bewertungen der emotionalen Inkongruenz und des Endes der Geschichten. Des Weiteren wurden die Anzahl und die generelle Ausprägung der Interaktionen in den einzelnen Geschichten codiert. Auf der *Repräsentanzenebene* wird das Verhalten von Mutter und Vater gegenüber den Kindern in der Geschichte codiert sowie auch die Rolle und Involviertheit des Kindes. Auf *Prozessebene* wird codiert, wie das Kind auf die Geschichten reagiert, wie es die Beziehung zum Interviewer gestaltet, wie sehr es in den Geschichten affektiv beteiligt ist und ob es Affekte eher vermeidet oder übertreibt (vgl .Hill et al., 2000), ob und wie das Kind den präsentierten Konflikt löst und wie kohärent die Geschichten sind[18].

Bei der Auswertung fällt auf, dass die einzelnen Codes teilweise inhaltlich nicht sehr trennscharf und zudem unterschiedlich ausgeprägt sind. Viele Codes werden laut vorliegenden Manualen nach deren Vorhandensein / Nicht Vorhandensein mit 0 und 1 codiert (zB. Zerstörung, Verletzung, Helfen, Teilen), während andere dimensional sind (z.B. emotionales Engagement), wieder andere kategorial (z.B. Beziehung zum Interviewer). Wir haben daher zunächst die Daten so umcodiert, dass alle Items (außer der narrativen Kohärenz und den beiden Skalen zur Affektregulierung – *Übertreibung und Vermeidung von Affekten*) nach ihrem Vorhandensein und Nichtvorhandensein (0 oder 1) in den Geschichten beurteilbar sind, wodurch einige neue Items hinzukommen.[19]

---

18 In Anlehnung an das Manual von Günther et.al. 2000 setzt sich die narrative Kohärenz zusammen aus dem logischen Aufbau, der Kreativität und dem Umgang mit dem Konflikt.
19 Beispielsweise kann laut Manual von Warren (2003) die Skala Beziehung zum Interviewer die Ausprägungen 0 = keine Beziehung, 1 = gehemmte, ängstliche Beziehung oder 2 = lockere Beziehung annehmen. Nachdem es sich hier aber offensichtlich nicht um eine dimensionale Variable, sondern um eine kategoriale Beurteilung handelt, wurden daraus 3 Items mit jeweils einer Ausprägung 0 = nicht vorhanden und 1 = vorhanden gemacht.

Dadurch ergibt sich auch die Möglichkeit, vorkommende aggressive Themen in den Geschichten in verbale, körperliche und dysregulierte Aggression zu unterteilen, was sich als besonders relevant herausstellen wird.

Über alle 9 Geschichten kann dadurch jedes Item einen Summenwert zwischen 0 und 9 annehmen, was die Vergleichbarkeit untereinander und Interpretierbarkeit der Ergebnisse stark erhöht. Weiters zu bedenken ist, dass aus den MSSB-Codes aus den verschiedenen Manualen aufgrund der Nichtunterscheidung der jeweils im Spiel handelnden Personen bei der Codierung (es wird nicht erfasst, wer in den Geschichten beispielsweise aggressiv oder helfend handelt) eine differenzierte Aussage über die Selbst- und Objektrepräsentanzen schwierig ist. Eine Ausnahme stellen die Elternrepräsentanzen dar. Es handelt sich bei den vorhandenen und auch beim verwendeten Auswertungsmanual also primär um Screening - Instrumente, die bei entsprechend vorsichtiger Anwendung aber gut geeignet scheinen, Prognosen über Verhaltensauffälligkeiten zu erstellen. Um die Übersichtlichkeit innerhalb der Items und die inhaltliche Logik innerhalb einzelner Gruppen von Items zu erhöhen, haben wir die einzelnen Codes in drei Bereiche unterteilt, die den in den Manualen vorgegebenen (Inhaltsthemen, Elternrepräsentanzen und Prozessthemen) nicht ganz entsprechen. Das scheint insbesondere aufgrund der Inhomogenität der Inhaltsthemen sinnvoll und könnte auch eine Basis für ein etwas schlankeres Screening-Auswertungsmanual darstellen[20]. Um die Interraterübereinstimmung der Einzelitems zu überprüfen, wurden 40 Geschichten aus dem gesamten Datenmaterial gegencodiert. Dabei ergaben sich Kappa Werte zwischen kappa=0,60 und kappa=0,79 bei den Inhaltsthemen, zwischen kappa=0,64 und kappa= 0,82 bei den Strukturindikatoren sowie zwischen kappa=0,69 und kappa=0,79 bei den Prozessskalen. Beim nicht dichotomen Item narrative Kohärenz wurde ein zufriedenstellender Cronbach Alpha Wert von 0,94 erreicht. Die Skala Vermeidung von Affekten erreichte ein Cronbach Alpha von 0,81. Die von uns vorgeschlagene Ordnung gliedert die MSSB-Codes in die drei eben genannten Bereiche:

10.2.4.2.1   Inhaltsthemen:

Diese Codes beziehen sich auf den Inhalt der gespielten Szenen und bezeichnen inhaltlich qualifizierbare Handlungen. (Diese sind aufgrund von Einzelelementen aus der Spielgeschichte codierbar).

Einige dieser Codes scheinen inhaltlich nicht sehr trennscharf zu sein und können unserer Meinung nach nochmals zusammengefasst werden, was die Zahl

---

20 Zudem wurden für die vorliegende Untersuchung alle Items eliminiert, die bei weniger als 10% der Kinder vorkamen. Dabei fielen bei unserer Stichprobe folgende heraus (in Klammer ist jeweils der Prozentsatz der Kinder, bei denen dieses Item zumindest in einer Geschichte codiert wurde): Wettbewerb (4,29%), Rivalität (7,14%), spacing out (2,86%), Abgrenzungsprobleme (7,14%), sexualisierte Aktivität (2,86%), Fortpflanzung (2,86%), Beschämung (5,71%), Spotten (4,29%), Enttäuschung/Verlust (7,14%), Inkongruenz (5,71%), starker positiver Affektausdruck (5,71%), starker negativer Affektausdruck (2,86%), übertriebenes Engagement (2,86%), keine Beziehung zum Interviewer (7,76%).

der Items reduziert (dies betrifft insbesondere die negativen Themen).
Aggression geht bei den Ursprungsmanualen in die verschiedensten Codes ein,
andererseits wiederum werden verbale, physische und dysregulierte Aggression
innerhalb einer dimensionalen Variable kodiert. Aufgrund der Überlegung, dass
es sich hierbei um qualitativ unterschiedliche Aggressionsformen handelt,
wurden die ursprünglichen Codes in separate Aggressionsvariablen umcodiert.
Somit fallen in diese Gruppe folgende Codes:
*Verbale Auseinandersetzung (Verbaler Konflikt, verbale Aggression);
Zerstörung/Verletzung (Verletzung, Zerstören von Objekten); physische
Aggression; dysregulierte Aggression; empathische Handlungen (Helfen,
Zuneigung, gezeigtes Mitgefühl); Ausschlusscode (Ausschluss anderer,
Selbstausschluss); positive Elterncodes (positive Mutter, positiver Vater);
negative Elterncodes (negative Mutter, negativer Vater); Befolgung; Nicht-
Befolgung; Gefahr; Zusammenschluss; Trennung der Familie.*

10.2.4.2.2 Strukturindikatoren:

*Diese Codes beziehen sich zwar ebenfalls auf den Inhalt des Spiels, bezeichnen
aber übergeordnete Merkmale, die als indikativ für strukurelle
Probleme/Fähigkeiten gelten können. (Um diese zu codieren benötigt man den
Kontext der gesamten Geschichte).*
Das Auftreten dieser Codes wird insofern mit strukturellen Problemen in
Zusammenhang gebracht, als sie als Ausdruck übergeordneter Fähigkeiten oder
Defizite gesehen werden. So wird häufiges Wiederholen von Themen wie im
Manual von Robinson et al. (2003) als Indikator für Vermeidung gesehen, sowie
das Einbinden von Elternfiguren in die Spielgeschichten als Ausdruck der
Fähigkeit, Beziehungen zu gestalten. Die als Traumaindex zusammengefassten
Codes können zwar nicht in unmittelbaren Zusammenhang mit tatsächlich
gemachten traumatischen Erfahrungen gebracht werden, sollten aber indikativ
für eine hohe Belastung auf mentaler Ebene sein. Hier wurden die so genannten
Dissoziations-Codes (übermäßige Phantasie, atypische Antworten, traumatischer
Inhalt) zu diesem Traumaindex und die Moralthemen zu einem Code für
Moralverständnis zusammengefasst. Es ergibt sich folgende Konstellation von
Codes im Bereich der Strukturindikatoren:[21]
*Traumaindex; Moralverständnis; Wiederholung; Leugnung; sensumotorisches
Spiel; Eskalierung des Konflikts; positiver Schluss; negativer Schluss; Eltern
kommen nicht vor; ein Elternteil kommt vor; beide Eltern kommen vor; Kind
kommt nicht vor; schwaches Kind; starkes Kind; Kind in Kinderrolle; Kind in
Erwachsenenrolle; Größenphantasien; keine Lösung; kindgerechte Lösung;
Erwachsenenlösung; Vermeidung von Affekten; Übertreibung von Affekten.*

---

[21] Auch wenn ein traumatischer Inhalt in den Bereich *Repräsentanz* fallen könnte, haben wir uns für diese
Lösung entschieden, da solche sehr stark negativen Inhalte sehr wahrscheinlich als strukturindikativ gelten
können.

10.2.4.2.3 Prozesscodes:

Diese Codes beziehen sich auf die Art des Spielens, auf das Sich - Einlassen auf das Spiel und die Beziehung zum Interviewer. (Hier wird zur Beurteilung ebenfalls die gesamte Geschichte benötigt).
Hier wurden die Codes nicht mehr zusammengefasst. Es ergibt sich folgende Konstellation:
unmittelbare Reaktion; leicht gehemmte Reaktion; gehemmte Beziehung; lockere Beziehung; Kontrolle; geringes Engagement; angemessenes Engagement; narrative Kohärenz.

Die Geschichten wurden anhand des Videomaterials codiert und nicht wie auch teilweise vorgeschlagen anhand erstellter Transkripte. Dies erscheint deshalb sinnvoll, weil dadurch auch der Gesamteindruck, den das Kind beim Geschichtenerzählen hinterlässt, in die Auswertung vor allem der Prozesscodes mit einfließt, was besonders zur Beurteilung der affektiven Beteiligung ein notwendiges Kriterium darstellt.

10.2.5 Verfahren zur Erfassung der Reflectiveness

Ebenso wie bei den üblichen Theory-of-Mind-Tests haben wir versucht, über konkretes Nachfragen (Demand-Fragen) die Kinder dazu zu bewegen, ihr repräsentationales Erklärungsmodell zu benutzen, um die jeweilige Frage zu beantworten. Die Fragen haben wir an die letzten 3 Geschichten angehängt und zwar jeweils eine nach Handlungsintentionen und eine nach emotionalen Zuständen.

Intentionalität			
Geschichte	**Frage**	**Intention des / der**	**Bezogen auf**
Kopfschmerzen	Warum hat Georg/Susanne das gemacht?	Protagonisten	Mutter (Bindungsperson)
zu dritt	Warum darf X (die ausgeschlossene Person) nicht mitspielen	Protagonist	Affektiv hoch besetzte Person Bruder/Schwester oder Freund/Freundin
die Sandburg	Warum haben Georg/Susanne und der Freund/die Freundin das gemacht?	Protagonist (und Freund)	Affektiv gering besetzte Person (kleines Kind)

Tabelle 7: Übersicht der Fragen zur intentional Reflectiveness

Emotionalität			
Geschichte	**Frage**	**Intention des / der**	**Bezogen auf**
Kopfschmerzen	Wie fühlt sich Georg/Susanne?	Protagonisten	Moralisches Dilemma
zu dritt	Wie fühlt sich der kleine Bruder / Schwester oder der Freund/Freundin	Affektiv hoch besetzte Person	Ausschluss
die Sandburg	Wie fühlt sich das kleine Kind in der Sandkiste?	Affektiv gering besetzte Person	Objektverlust, Opfer

Tabelle 8: Übersicht der Fragen zur emotional Reflectiveness

Daraus ergibt sich nun das in *Tabelle 7 und 8* dargestellte Fragenprofil:
Es ergibt sich somit eine Struktur, wonach eine Intention und die damit
verbundene Handlung einen emotionalen Zustand auslöst, wodurch Kinder die
Emotionen der Figuren erkennen, in hohem Maße auch Intentionen erkennen
sollten, nicht aber umgekehrt.
Bedeutsam bei diesem Vorgehen ist einerseits der Kontext, in den die Fragen
gestellt werden, da er vom Kind durch das Erzählen einer Geschichte selbst
konstruiert wird, wodurch der emotionale Bezug zu diesem Kontext größer sein
sollte. Andererseits sind die Fragen in einen Beziehungskontext (den zum
Interviewer) eingebettet. Beides sind wesentliche Unterscheidungskriterien zu
klassischen Theory-of-Mind-Tests.

10.2.5.1 Auswertung der Reflectiveness Skala

Bei der Betrachung der Antworten auf die Zusatzfragen fällt auf, dass sich
Kinder darin doch deutlich unterscheiden. So antwortete ein Kind auf die Frage:
Wie geht es dem kleinen Jungen in der Sandkiste jetzt (nachdem die Kinder die
Sandburg zerstört hatten)? mit: *Der fühlt sich traurig*, ein anderes mit: *der ist
tot*, ein drittes mit *gut* und ein viertes mit *zuerst ist er traurig, aber dann haben
sie geholfen die Burg wieder aufzubauen und jetzt ist sie viel schöner*. Einige
Kinder sagen wiederum lediglich, *„weiß nicht"*, geben gar *keine Antwort* oder
sagen etwas völlig Unpassendes wie: *der hat viel Arbeit*. Aufbauend auf diesen
Beobachtungen wurden also zunächst anhand erstellter Transkripte alle
Antworten gesammelt, woraus insgesamt ein Pool von 210 Antworten auf
Emotionsfragen und 210 Antworten auf Fragen nach Handlungsintentionen
entstand. In diese Fülle wurde als Nächstes versucht, sinnvolle Antwortgruppen
zusammenzustellen. Es erwiesen sich jeweils 6 Gruppen als sinnvoll, die in
Tabelle 8 und 9 beschrieben sind. Wichtig dabei war, dass die Antworten auf die
Fragen in den Gesamtkontext der Geschichte eingebettet wurden, um so die
wesentliche Entscheidung treffen zu können, ob dem Kind überhaupt die
Möglichkeit gegeben wurde zu mentalisieren, wobei Kinder bzw. Geschichten,
wo diese Möglichkeit nicht ersichtlich war, aus der Analyse ausgeschlossen
wurden, um ihnen nicht fälschlicherweise diese Fähigkeit abzusprechen. Dies
war bei 17 Intentionsfragen (8% der Geschichten) und 15 Emotionsfragen (7%
der Geschichten) der Fall. Bevor nun die Zuordnung der Antworten zu einer der
6 Gruppen erfolgte, wurde noch für jede Antwort entschieden, ob Reflexivität
eher hoch oder eher niedrig eingeschätzt wird und zwar zunächst getrennt nach
den Einzelfragen, um mögliche Unterschiede zwischen intentional und
emotional Reflectivness herausarbeiten zu können. Dieses Vorgehen ist an die
Reflective Functionning Skala (Fonagy et al., 1998) zur Auswertung des Adult
Attachment Interviews, wie sie in Kapitel 8 beschrieben wurde, angelehnt, wo
auch zunächst entschieden wird, ob Spuren von Mentalisierung überhaupt
erkennbar sind oder nicht. Dies führte zunächst zu folgender Zweiteilung der
Antworten:

Low and questionnable Reflectivness (niedrige und fragliche Reflexivität)
Bei Kindern in dieser Kategorie ist die Fähigkeit, mentale Zustände zu erkennen, zu benennen und in die Spielgeschichte zu integrieren, nicht oder nur sehr eingeschränkt ersichtlich, obwohl die Möglichkeit zu reflektieren gegeben wurde. Das Spektrum reicht dabei von fehlend bis inadäquat. Hierunter fällt beispielsweise eine aktive Blockade der Aufforderung oder auch das Verweigern einer Antwort. Ebenso in die Kategorie fallen unpassende Antworten, die bezogen auf Emotionen nicht die eigentlich erwartete Ausprägung haben. Dies ist etwa der Fall, wenn sich das Kind darüber freut, wenn die anderen seine Sandburg kaputt machen.

Moderate to high Reflectiveness (hohe und sehr hohe Reflexivität)
Bei Kindern in dieser Kategorie ist die Fähigkeit, mentale Zustände zu erkennen, zu benennen und in die Spielgeschichte zu integrieren ersichtlich. Das Spektrum reicht dabei von adäquat bis elaboriert. Dies ist der Fall, wenn das Kind im Falle von Emotionen diese in der erwarteten Ausprägung benennen kann.

BLOCKIERT		
	0	*Fehlen der Möglichkeit emotionale Zustände zuzuschreiben* In diese Kategorie fällt die offensichtliche Unfähigkeit auf die entsprechenden Fragen zu antworten. Diese äußert sich einerseits in einem Ignorieren der Aufforderung oder einer Feststellung des Nicht-Wissens. *zB Und wie fühlt sich die Susanne / der Georg jetzt? Ich weiß nicht / Keine Antwort*
	1	*Aktive Blockade/ausweichen* Hier ist ersichtlich, dass das Kind die Aufforderung wahrgenommen hat, aber keine Möglichkeit hat, dieser nachzukommen und ihr bewusst ausweicht, indem es etwas völlig anderes sagt. *zB Und wie fühlt sich das kleine Kind jetzt? Dann ist er umgefallen / Vier mal*
L O W	2	*inadäquate Gefühlszuschreibung* hier ist ersichtlich, dass das Kind zwar fähig ist, die Frage zu beantworten, dies aber entgegen der erwarteten Ausprägung oder mit unangemessenen Worten tut. *zB Wie fühlt sich denn die kleine Schwester/ der kleine Bruder jetzt? Ganz gemein / tot*
H I G H	3	*Gefühlsbezogene Handlung* hier ist ersichtlich, dass das Kind zwar fähig ist, Gefühlszustände zuzuschreiben, dies aber nicht ausdrücken kann und nur gefühlsbezogene Verhaltensweisen zuschreibt ohne die Emotion selbst benennen zu können. *zB Und wie fühlt sich die Susanne/der Georg jetzt? Der Georg hat auch Kopfschmerzen / Er hat jetzt Füße weh*
	4	*adäquate kategoriale Gefühlszuschreibung* in diesem Fall antwortet das Kind in der erwarteten Ausprägung, aber nur in den Dimensionen gut – schlecht. Die Antworten sind demnach nicht sehr elaboriert, obwohl die Fähigkeit zu erkennen ist. *zB Und wie fühlt sich das kleine Kind jetzt? Schlecht / Nicht gut*
	5	*adäquate elaboriert, differenzierte Gefühlszuschreibung* in dieser Kategorie antwortet das Kind frei und ungehemmt auf die Frage mit differenzierten Gefühlszuschreibungen und in ihrer höchsten Ausprägung zusätzlich mit einer Erklärung. *zB Wie fühlt sich denn die kleine Schwester/ der kleine Bruder jetzt? Der freut sich, weil er mitspielen darf / Traurig, weil er den Freund abgeschossen hat und der hat eine Gehirnerschütterung*
ELABORIERT		

Tabelle 9: Beispiele zur emotional Reflectiveness

Die Antworten unterschieden sich lediglich in ihrer Differenziertheit. So kann das Kind auf die zuvor erwähnte Frage mit *schlecht* oder aber mit *traurig* antworten. In der höchsten Ausprägung ist die Antwort häufig von einer Erklärung oder einer Idee, wie sich der Zustand wieder ändern könnte, begleitet. Letzteres ist beispielsweise in der Antwort *er ist traurig und jetzt fühlen sich die beiden auch schlecht und trösten das Kind* gegeben.

Für jeden der zwei beschriebenen Bereiche gibt es nun drei Möglichkeiten, die getrennt nach Emotionsfragen und Fragen nach Handlungsintentionen in den beiden *Tabellen 9 und 10* dargestellt sind.

KEINE ZUSCHREIBUNG		
	0	*Fehlen der Möglichkeit Handlungsintentionen zuzuschreiben* In diese Kategorie fällt die offensichtliche Unfähigkeit, auf die entsprechenden Fragen zu antworten. Diese äußert sich einerseits in einem Ignorieren der Aufforderung oder einer Feststellung des Nicht-Wissens. Das Kind sagt dabei entweder gar nichts oder nur „ich weiß nicht". ***Warum hat die Susanne/der Georg den Fernseher angemacht?*** *Ich weiss nicht / Keine Antwort*
	1	*Aktive Blockade/ausweichen* Hier ist ersichtlich, dass das Kind die Aufforderung wahrgenommen hat, aber keine Möglichkeit hat, dieser nachzukommen und ihr bewusst ausweicht, indem es etwas völlig anderes sagt. Die Antwort steht dabei in keinerlei Zusammenhang mit der Frage. ***Warum darf die/der kleine Schwester/Bruder nicht mitspielen?*** *Der schießt jetzt ein Tor / Der Ball fliegt zum Nachbarn*
L O W	2	*inadäquate / unpassende Zuschreibung oder Veränderung der Handlung* hier ist ersichtlich, dass das Kind zwar fähig ist, Handlungsintentionen zuzuschreiben, dies aber nicht in einen logischen Zusammenhang bringen kann. ***Wieso hat Susanne/Georg die Sandburg kaputt gemacht?*** *Weil die haben die gar nicht kaputt gemacht / Weil der Sand so nass ist*
H I G H	3	*Immanente passende Zuschreibung* hier ist ersichtlich, dass das Kind zwar fähig ist, Handlungsintentionen zuzuschreiben, dies aber nur immanent tut, d.h. es nimmt die Ausprägung der Handlung oder bereits vorhandene Erklärungen als Erklärung. ***Warum darf die/der kleine Schwester/Bruder nicht mitspielen?*** *Weil er so klein ist*
	4	*adäquate nicht sehr elaborierte Zuschreibung* in diesem Fall antwortet das Kind in einer logischen, nicht immanenten Weise, aber nur sehr kurz und nicht elaboriert. Kriterium ist ein „mentales" Wort ***Warum hat die Susanne/der Georg den Fernseher angemacht?*** *Weil sie unbedingt fernschauen wollen / weil die Sendung so toll ist*
	5	*adäquate logische und elaborierte, Zuschreibung* in dieser Kategorie antwortet das Kind frei und ungehemmt auf die Frage und die Antwort bietet eine logische sinnvolle Erklärungen der Handlung. ***Warum hat die Susanne/der Georg den Fernseher (nicht) angemacht?*** *Weil die schauen ohne Ton, damit sie die Mama nicht stören / Damit die Mama in Ruhe schlafen kann*
ELABORIERTE ZUSCHREIBUNG		

Tabelle 10: Beispiele zur intentional Reflectiveness

Es ergeben sich somit für jede Einzelfrage Werte zwischen 0 und 5, drei zur Erfassung von emotional Reflectiveness und drei zur Erfassung von intentional Reflectiveness. In weiterer Folge werden die jeweils 3 Werte zu einem Gesamtscore zusammengefasst, indem Mittelwerte gebildet werden. Nachdem die gesamte Auswertung vom Autor selbst durchgeführt wurde, habe ich auf eine Darstellung der Interraterreliabilität verzichtet. Für weitere Analysen mit dieser Skala wird mit drei CodiererInnen an der Übereinstimmung gearbeitet. Bisher konnten aber erst bei der emotional Reflectiveness Skala zufrieden stellende Kappa Werte von 0,85 bis 0,91 erreicht werden. Eine Trennung in high und low Reflectiveness gelingt demgegenüber bereits auf beiden Skalen sehr gut (kappa=0.84 bis 0.93).

10.2.6 Untersuchungssetting

Um die geeignete Art und Anzahl an Geschichtsstämmen für die MSSB-Interviews auszuwählen und auch den InterviewerInnen nach einem intensiven Training durch Agnes von Wyl vom KJUP Basel Gelegenheit zum Üben und auch für Feedback zu geben, wurden 20 Interviews (jeweils 5 pro InterviewerIn) mit 12 Geschichtsstämmen durchgeführt. Aufgrund dieser Erfahrungen haben wir uns im Anschluss wie oben beschrieben auf ein Set von 10 Geschichtsstämmen geeinigt. Die MSSB-Interviews mit den darin integrierten Zusatzfragen wurden im Zeitraum Oktober / November 2003 im Großraum Heidelberg im jeweiligen Kindergarten des Kindes von 4 InterviewerInnen durchgeführt und auf Video aufgezeichnet.[22] Das FAUSTLOS Interview wurde an einem späteren Zeitpunkt (etwa 1 Woche später) ebenfalls im Kindergarten des Kindes geführt. In der Zwischenzeit hatten Eltern und ErzieherInnen Gelegenheit, die beiden Verhaltensfragebögen für jedes Kind auszufüllen. Darin integriert waren auch soziodemographische Daten. Nach Abschluss der Datenerhebung standen uns somit folgende Informationen zur Verfügung:

Methode	Was wird erfasst
MSSB Interviews	Mentale Repräsentationen
Zusatzfragen in den Geschichten	Reflectiveness
Fragebogen	Soziodemographische Daten
SDQ Eltern	Verhaltenseinschätzung der Eltern
SDQ Erzieherinnen	Verhaltenseinschätzung der ErzieherInnen
KAAL Eltern	Verhaltenseinschätzung der Eltern
KAAL Erzieherinnen	Verhaltenseinschätzung der ErzieherInnen
FAUSTLOS Interview	Fähigkeit der Emotionserkenung

Tabelle 11: Übersicht der verwendeten Verfahren

---

22 Es lag selbstverständlich das schriftliche Einverständnis der Eltern vor

11 Ergebnisse

Es werden nun die Ergebnisse nach folgendem Schema beschrieben. Zunächst werden die Daten entsprechend der vorhin gewählten Gliederung nach Einzelbereichen deskriptiv dargestellt. Der zweite Teil der Ergebnisdarstellung analysiert dann Zusammenhänge zunächst bivariat zwischen den Einzelskalen untereinander, bevor in weiterer Folge versucht wird, innerhalb der MSSB Ratings Faktoren zu aggregieren. Zum Abschluss folgt dann der zentrale Bereich der Auswertung, indem die Bedeutung von intentional und emotional Reflectiveness - erhoben mit der neu konstruierten Skala - analysiert wird.

11.1 Deskriptive Statistik

11.1.1 Daten aus den Fragebögen

11.1.1.1 Soziodemographische Daten

Zunächst wurden die erfassten soziodemographischen Daten hinsichtlich ihrer Verteilung in der untersuchten Stichprobe analysiert. Die Übersicht in *Tabelle 12* zeigt, dass die Fragebögen mehrheitlich von den Müttern ausgefüllt wurden, die Mütter etwa zur Hälfte, die Väter mehrheitlich berufstätig sind, die Mütter großteils einen mittleren, die Väter einen höheren Schulabschluss haben und das Alter der Eltern großteils im Bereich zwischen 26 und 45 Jahren liegt. Man kann somit von einer in den genannten Bereichen gering risikobelasteten Stichprobe aus einer sozialen Mittelschicht ausgehen.

Soziodemographische Variablen		Gesamtstichprobe (n=70)	
		n	*%*
Geschlecht der Kinder	Mädchen	31	44,3
	Jungen	39	55,7
Befragter Elternteil	Mütter	53	75,7
	Väter	12	17,1
	keine Angaben	5	7,0
Alter der Mütter	bis 25 Jahre	5	7,1
	26-35 Jahre	36	51,4
	36-45 Jahre	25	35,7
	46-55 Jahre	3	4,3
	keine Angaben	1	1,4
Alter der Väter	bis 25 Jahre	2	2,9
	26-35 Jahre	27	38,6
	36-45 Jahre	32	45,7
	46-55 Jahre	6	8,6
	über 55 Jahre	1	1,4
	keine Angaben	2	2,9
Schulabschluss (Mütter)	keinen Schulabschluss	4	5,7
	Haupt- oder Volksschule	19	27,1
	Real-, Fachschule	27	38,6
	Abitur/Fachabitur	8	11,4
	abgeschlossenes Studium	8	11,4
	sonstiger Abschluss	1	1.4
	keine Angaben	3	4.3

Schulabschluss (Väter)	keinen Schulabschluss	6	8,6
	Haupt- oder Volksschule	22	31,4
	Real-, Fachschule	14	20,0
	Abitur/Fachabitur	12	17,1
	abgeschlossenes Studium	13	18,6
	sonstiger Abschluss	1	1,4
	keine Angaben	2	2,8
Berufstätigkeit (Mütter)	Arbeiterin	6	8,6
	Angestellte	24	34,8
	Beamtin	2	2,9
	Selbständige	6	8,6
	derzeit nicht berufstätig	31	44,3
	keine Angaben	1	1,4
Berufstätigkeit (Väter)	Arbeiter	16	22,9
	Angestellter	34	48,6
	Selbständiger	11	15,7
	derzeit nicht berufstätig	6	8,6
	keine Angaben	3	4,3
Etat pro Monat (Euro)	unter 500 Euro	3	4,3
	500-999 Euro	8	11,4
	1000-1499 Euro	12	17,1
	1500-1999 Euro	7	10,0
	2000-2499 Euro	7	10,0
	2500-2999 Euro	15	21,4
	3000-3499 Euro	4	5,7
	3500-3999 Euro	3	4,3
	4000 Euro und mehr	4	5,7
	keine Angaben	7	10,0

Tabelle 12: Soziodemographische Daten der Eltern und Kinder

11.1.1.2   Problemverhalten

11.1.1.2.1   SDQ

Die Analyse des kindlichen Problemverhaltens erfolgt anhand der in *Tabelle 13* angeführten Skalen.

Skala		AM m	SD m	AM w	SD w	MAX
Emotionale Probleme	Elt	2,37	0,15	1,68	1,64	8
	Erz	1,74	2,15	2,52	2,03	10
Verhaltensprobleme	Elt	2,58	1,84	2,13	1,77	7
	Erz	2,49	2,35	1,42	2,03	9
Hyperaktivität	Elt	3,79	2,56	2,58	1,93	10
	Erz	4,18	2,74	2,55	2,57	10
Gleichaltrigenprobleme	Elt	2,05	1,77	1,23	1,36	6
	Erz	1,46	1,71	1,29	1,88	7
Prosoziales Verhalten	Elt	6,92	1,95	8,29	1,51	10
	Erz	6,26	2,47	7,71	1,86	10
Gesamtproblemwert	Elt	10,79	5,75	7,61	4,99	26
	Erz	9,87	6,59	7,77	5,68	32

N=70, MAX...Maximum, AM...arithmetisches Mittel, SD...Standardabweichung, Elt...Eltern, Erz...ErzieherInnen, m...männlich, w...weiblich

Tabelle 13: Verteilung in den SDQ Ratings von Eltern und ErzieherInnen

Dabei deckt sich beim Elternrating des SDQ die Verteilung in etwa mit der in der von Woerner et al.(2002) in der Normierungsstichprobe beschriebenen.

Nachdem für die deutsche Version des Elternratings im SDQ bereits Grenzwerte wie in *Tabelle 14* abgebildet definiert wurden, wird in *Tabelle 15* auch diese Verteilung insgesamt sowie getrennt nach Buben und Mädchen beschrieben.

Grenzwerte	Relativer Anteil	Emotionale Probleme	Verhaltens-probleme	Hyperaktivität	Verhaltens-probleme mit Gleichaltrigen	Prosoziales Verhalten	Gesamt-problemwert
unauffällig	80 %–85%	0-3	0-3	0-5	0-3	6-10	0-12
grenzwertig	5%-8%	4	4	6	4	5	13-15
auffällig	7%-10%	5-10	5-10	7-10	5-10	0-4	16-40

(aus Woerner et al., 2002)

Tabelle 14: Grenzwerte im SDQ Eltern Rating

Problemgruppen		Emotionale Probleme	Verhaltens-probleme	Hyperaktivität	Verhaltens-probleme mit Gleichaltrigen	Prosoziales Verhalten	Gesamt-problemwert
		gesamt	gesamt	gesamt	gesamt	gesamt	gesamt
unauffällig	N	55	47	58	58	51	50
grenzwertig	N	3	11	5	5	6	10
auffällig	N	11	11	6	6	5	9
unauffällig	%	79,7	68,1	84,1	84,1	73,9	72,5
grenzwertig	%	4,3	15,9	7,2	7,2	8,7	14,5
auffällig	%	15,9	15,9	8,7	8,7	7,2	13,0

Tabelle 15: Verteilung in den Gruppen des SDQ Eltern Ratings

Normierungsdaten liegen erst für das Elternrating vor, deshalb wurde auf die Darstellung der Werte aus dem Erzieherrating verzichtet.

11.1.1.2.2 Kompetenz-Angst-Aggressions-Liste

Die KAAL liefert für die einzelnen Skalen wie vorhin beschrieben Mittelwerte, die zwischen 0 und 2 liegen können. Diese sind in *Tabelle 16* abgebildet.

Eltern-rating		Aggressivität			Soz.-emo.Kompetenz			Ängstlichkeit		
		w	m	g	w	m	g	w	m	g
	AM	0,27	0,54	0,42	1,45	1,27	1,35	0,57	0,66	0,62
	SD	0,29	0,33	0,34	0,27	0,31	0,30	0,30	0,32	0,31
	MAX.	0,93	1,14	1,14	1,89	1,89	1,89	1,09	1,64	1,64
	N	31	38	69	31	38	69	31	38	69
Erzieher-rating		Aggressivität			Soz.-emo.Kompetenz			Ängstlichkeit		
		w	m	g	w	m	g	w	m	g
	AM	0,29	0,59	0,46	1,40	1,10	1,24	0,56	0,48	0,51
	SD	0,34	0,50	0,46	0,39	0,46	0,45	0,35	0,35	0,35
	MAX.	1,07	1,86	1,86	2,00	1,89	2,00	1,45	1,36	1,45
	N	31	38	69	31	38	69	31	38	69

w...weiblich, m...männlich, g...gesamt, AM..arithmetisches Mittel, SD...Standardabweichung, MAX...Maximum, soz-emo. Komp... sozial emotionale Kompetenz

Tabelle 16: Verteilung in den Skalen der KAAL nach Eltern und ErzieherInnen

11.1.2 Emotionserkennung

Hier zeigt sich, dass die Fähigkeit, Emotionen zu erkennen und zu benennen, nur bei etwas mehr als der Hälfte der Kinder voll und ganz ausgeprägt ist, was insofern interessant ist, da dieser Wert höher erwartet wurde. Außerdem zeigt sich, dass im Durchschnitt Emotionen anhand eines Indikators beurteilt werden und nicht anhand mehrerer Indikatoren. Dies kann bedeuten, dass nur der Gesichtausdruck oder nur die Körperhaltung als Entscheidungsgrundlage dienen und nicht alles zusammen, was insofern von Relevanz ist, da in der Realität häufig nicht alle Informationsquellen zur Verfügung stehen und demnach trotzdem ‚richtige' Entscheidungen getroffen werden können.

Interviewinhalt				
	N	AM	SD	
Zutreffend benannte Emotionen	69	0,59	0,26	1=zutreffend benannt, 0=nicht zutreffend benannt
Emotionsindikatoren	69	1,11	0,44	
Lösungsmöglichkeiten	69	1,19	0,45	
Sozial kompetente Reaktionen	69	0,80	0,29	1=sozial kompetent, 0=sozial inkompetent
Negative Konsequenzen	69	1,29	0,52	
Beruhigungstechniken	67	0,82	0,80	

AM...arithmetisches Mittel, SD...Standardabweichung

Tabelle 17: Ergebnisse der Emotionserkennung

11.1.3 Mentale Repräsentanzen

11.1.3.1 Repräsentanzen (Inhalte)

Zunächst wurde die absolute Häufigkeit der einzelnen Items in den Geschichten beobachtet. Dabei zeigt sich, dass Zusammenschluss sehr häufig codiert wurde und dysregulierte Aggression eher selten.

Nachdem die maximal mögliche Ausprägung an Items durch Zusammenfasssen einzelner Skalen allerdings nicht immer dieselbe ist, werden zusätzlich auch die an der Gesamtzahl der vergebenen Items relativierten Häufigkeiten angegeben. Die in *Tabelle 19* angeführten Mittelwerte geben demnach den prozentuellen Anteil der beobachteten Einzelcodes an den beobachteten Gesamtcodes an. Dabei wurden durchschnittlich 17,62 Inhaltscodes (SD 6,97), bei einem Maximum von 37 und einem Minimum von 6 über alle 9 Geschichten vergeben.

	N	MAX	AM	SD
Verbale Auseinandersetzung	70	3	0,44	0,77
Zerstörung/Verletzung	69	8	1,63	1,30
leichte physische Aggression	70	3	0,53	0,70
dysregulierte Aggression	70	4	0,29	0,74
empathische Handlungen	69	11[23]	4,28	2,64
Ausschlusscode	70	5	1,60	1,01
Befolgung	69	4	1,23	0,92
Nicht-Befolgung	69	6	0,96	1,03
Gefahr	70	6	0,76	1,50
Zusammenschluss	69	9	5,60	2,31
Trennung der Familie	70	3	0,24	0,60

AM..arithmetisches Mittel, SD...Standardabweichung, MAX...Maximum

Tabelle 18: Ergebnisse der Inhaltsthemen

	N	MAX	AM	SD
Verbale Auseinandersetzung	70	15,79	2,25	3,84
Zerstörung/Verletzung	69	16,67	5,00	3,54
leichte physische Aggression	70	15,00	2,66	3,51
dysregulierte Aggression	70	12,90	1,23	2,95
empathische Handlungen	69	18,52	7,95	3,82
Ausschlusscode	70	33,33	9,64	6,01
Befolgung	69	33,33	7,56	6,60
Nicht-Befolgung	69	19,35	5,22	5,01
Gefahr	70	20,00	3,06	5,50
Zusammenschluss	69	63,64	33,16	13,23
Trennung der Familie	70	11,11	1,06	2,55

AM..arithmetisches Mittel, SD...Standardabweichung, MAX...Maximum

Tabelle 19: relative Auftretenshäufigkeit der Inhaltscodes

---

[23] Der Maximalwert liegt deshalb über 9, da in dieser Skala drei Inhaltsthemen zusammengefasst wurden

11.1.3.1.1 Elternrepräsentanzen

Bei den Elternrepräsentanzen erscheint es sinnvoll, positive und negative Codierungen in Relation zur beobachteten Gesamtzahl an Elterninteraktionen zu setzen, da eine hohe positive Ausprägung des Elternverhaltens bei gleichzeitigem Nicht-Vorhandensein negativer Ausprägungen eine andere Bedeutung haben sollte als die gleich hohe positive Ausprägung des Elternverhaltens bei gleichzeitigem Vorhandensein negativer Ausprägungen. Die Zahlen in *Tabelle 20* geben demnach den Prozentwert an. Dabei zeigt sich, dass mehr positive Codierungen der Mutter vergeben wurden als des Vaters.

	N	AM pos	SD pos	AM neg	SD neg.
Mutter	70	66,85	20,81	33,15	20,81
Vater	69	48,74	33,44	51,26	33,44
Eltern	70	60,45	19,66	39,55	19,66

AM..arithmetisches Mittel, SD...Standardabweichung

Tabelle 20: relative Auftretenshäufigkeit der Codes für Elternrepräsentanzen

11.1.3.2 Strukturindikatoren

Zur Beschreibung der Strukturindikatoren wurden ebenso wie bei den Prozessskalen die Mittelwerte und Standardabweichung sowie die maximale Ausprägung auf den jeweiligen Skalen berechnet.

	AM	SD	MAX	MAX mgl.
Traumaindex	0,99	2,31	12	27
Moralverständnis	1,10	1,63	7	27
Wiederholung	1,19	1,64	8	9
Leugnung	2,50	2,34	9	9
sensumotorisches Spiel	0,59	1,17	6	9
Eskalierung des Konflikts	0,53	0,97	4	9
Positives Ende	1,17	1,25	4	9
Negatives Ende	1,23	1,37	8	9
Eltern kommen nicht vor	2,10	1,66	7	9
Ein Elternteil kommt vor	2,51	1,13	5	9
Beide Eltern kommen vor	4,39	1,59	8	9
Kind kommt nicht vor	1,14	1,59	8	9
Schwaches Kind	4,27	2,41	9	9
Starkes Kind	3,59	1,99	8	9
Kind in Kinderrolle	7,20	1,77	9	9
Kind in Erwachsenenrolle	0,40	0,73	3	9
Größenphantasien	0,27	0,70	4	9
Keine Lösung	1,89	1,89	8	9
Kindgerechte Lösung	4,06	1,80	9	9
Erwachsenenlösung	0,29	0,57	2	9
Übertreibung von Affekten	3,93	0,20	4	4
Vermeidung von Affekten	2,53	0,60	3,89	4

AM..arithmetisches Mittel, SD...Standardabweichung

Tabelle 21: Häufigkeiten innerhalb der Strukturindikatoren

Hierbei ist zu berücksichtigen, dass in den beiden Skalen Vermeidung und Übertreibung von Affekten im Gegensatz zu den anderen Skalen hohe Werte eine geringe Ausprägung bedeuten. Zu beachten ist auch, dass die Werte nicht am möglichen Gesamtwert relativiert sind und somit Absolutwerte abbilden. Zum besseren Verständnis wurde in der Tabelle auch die maximal mögliche Ausprägung der jeweiligen Items angeführt.

11.1.3.3 Prozesscodes

Bei den Prozesscodes wurden ebenso wie bei den Strukturindikatoren Mittelwert, Standardabweichung, maximale Ausprägung und maximal mögliche Ausprägung der jeweiligen Skalen betrachtet. Diese sind in *Tabelle 22* angeführt. Dabei fällt vor allem auf, dass die Kinder in der Stichprobe kaum übertriebenes Engagement zeigen, was in Kombination mit dem bei den Strukturindikatoren gefundenen Verteilungen, wonach Kinder wesentlich mehr Affekte vermeiden als übertreiben, eine interessante Erkenntnis ist.

	AM	*SD*	*MAX*	*MAX mögl.*
unmittelbare Reaktion	6,69	2,75	9	9
leicht gehemmte Reaktion	1,34	2,03	9	9
Stark gehemmte Reaktion	0,89	1,67	8	9
gehemmte Beziehung	6,69	3,17	9	9
lockere Beziehung	2,03	3,27	9	9
Kontrolle	1,23	2,03	8	9
kein Engagement	0,69	1,61	8	9
geringes Engagement	4,73	3,22	9	9
angemessenes Engagement	3,56	3,42	9	9
übertriebenes Engagement	0,01	0,12	1	9
narrative Kohärenz	5,94	1,35	8	10

AM..arithmetisches Mittel, SD...Standardabweichung, MAX mögl...maximal mögliche Ausprägung

Tabelle 22: Häufigkeiten innerhalb der Prozesssaklen

11.1.4 Reflectiveness

Im Bereich Reflectivness werde ich zunächst die Verteilung der Stichprobe in den Einzelgeschichten und getrennt nach Einzelfragen darstellen.

Geschichte „Mama's Kopfschmerzen'

Bei der Frage nach Handlungsintentionen wurde in 9 der insgesamt 70 Geschichten (12,8%) kein Wert vergeben, da hier die Möglichkeit zu mentalisieren nicht in ausreichendem Maße gegeben wurde. Dies war in erster Linie dann der Fall, wenn die Frage gar nicht oder falsch platziert gestellt wurde. Von den restlichen 61 Antworten wurden 13 als low reflective eingestuft und 48 als high reflective. Die Verteilung auf die einzelnen Kategorien ist in *Tabelle 23* dargestellt.

Bei den Emotionsfragen konnte bei 6 der 70 Geschichten (8,6%) aus demselben Grund wie oben kein Wert vergeben werden. Von den codierten Antworten

wurden 33 als low reflective und 31 als high reflective eingestuft. Die genaue
Verteilung auf die Kategorien zeigt *Tabelle 24.*

Geschichte ‚zu dritt ist man eine Gruppe'
Hier konnte bei den Fragen nach Handlungintentionen bei 4 Geschichten (5,7%)
sowie bei den Emotionsfragen bei 5 Geschichten (7,1%) kein Wert vergeben
werden, weil die Möglichkeit zu mentalisieren fehlte. Von den verbleibenden
Antworten wurden 10 als low intentional reflective und 56 als high intentional
reflective eingestuft, während 21 als low emotional reflective und 44 als high
emotional reflective eingestuft wurden. Die genaue Verteilung ist wieder in
Tabelle 23 und *24* abgebildet.

Intentional Reflectiveness		Häufigkeit „Kopfschmerzen"	Häufigkeit „Spiel zu dritt"	Häufigkeit „die Sandburg"
Wert	,00	6	1	4
	1,00	1	3	4
	2,00	6	6	9
	3,00	20	34	17
	4,00	24	13	27
	5,00	4	9	4
	gesamt	61	66	65
	fehlend	9	4	5
	gesamt	70	70	70

Tabelle 23: Verteilung auf der intentional Reflectiveness Skala

emotional Reflectiveness		Häufigkeit „Kopfschmerzen"	Häufigkeit „Spiel zu dritt"	Häufigkeit „die Sandburg"
Wert	,00	9	2	1
	1,00	10	8	4
	2,00	14	11	15
	3,00	20	19	17
	4,00	7	22	21
	5,00	4	3	8
	Gesamt	64	65	66
	Fehlend	6	5	4
	Gesamt	70	70	70

Tabelle 24: Verteilung auf der emotional Reflectiveness Skala

Geschichte ‚die Sandburg'
Bei ‚der Sandburg' konnte bei den Fragen nach Handlungintentionen bei 5
Geschichten (7,1%), sowie bei den Emotionsfragen bei 4 Geschichten (5,7%)
kein Wert vergeben werden, weil die Möglichkeit zu mentalisieren nicht
ersichtlich war. Von den verbleibenden Antworten wurden 17 als low
intentional reflective, und 48 als high intentional reflective eingestuft, während
20 als low emotional reflective und 46 als high emotional reflective eingestuft
wurden. Die genaue Verteilung ist auch hier in *Tabelle 23* und *24* abgebildet.
Es lässt sich daraus ableiten, dass die vorgenommene Kategorienbildung
sinnvoll erscheint, da in allen Geschichten jeweils alle Kategorien belegt sind.

Die Varianz der Antworten scheint somit abgebildet werden zu können. Außerdem ist in allen Geschichten zu beobachten, dass eine hohe intentional Reflectiveness wesentlich häufiger gegeben ist als eine hohe emotional Reflectiveness. Außerdem scheint sich zu bestätigen, dass bei der erhobenen Fähigkeit nicht dasselbe erfasst wird wie mit einem klassischen „False-Belief Test", da ansonsten bei Kindern im Alter von 5 Jahren ein wesentlich höherer Prozentsatz in der Gruppe hoher Reflexiviät erwartet werden müsste (Perner, 1983). Dieser beträgt in unserer Stichprobe im Durschschnitt aller 3 Geschichten aber nur 72% bei intentional Reflectiveness und 57% bei emotional Reflectiveness. Außerdem scheint es sich bei der Geschichte ‚Mama's Kopfschmerzen um die ‚schwierigste' Geschichte zu handeln, da hier hohe Werte am seltensten vorkommen.

Betrachtet man die Geschichten gemeinsam, ergibt sich Folgendes: Im Bereich der intentional Reflectiveness erreichen 41 Kinder (58%) in allen Geschichten einen hohen Wert, 21 Kinder (30%) in zumindest einer Geschichte, sowie 5 Kinder (7%) in gar keiner Geschichte. Bei der emotional Reflectiveness dagegen bekommen nur 23 Kinder (33%) hohe Werte in allen 3 Geschichten, 33 Kinder (47%) in zumindest einer Geschichte, während 10 Kinder (14%) in keiner der Geschichten einen hohen Wert erreichen. Wenn man das Erreichen hoher Werte in allen 3 Geschichten als Indikator für die Stabilität reflexiver Fähigkeit interpretiert, kann man daraus ableiten, dass intentional Reflectiveness bei 5-jährigen Kindern bereits besser ausgeprägt ist, was die Bedeutung der Unterscheidung der beiden Bereiche unterstreicht. Dies wird auch bei der Betrachtung der Mittelwerte (jeweils gebildet aus den 3 Geschichten) ersichtlich, wie sie in *Tabelle 25* angeführt sind.

	Intentional Reflectiveness			Emotional Reflectiveness			Reflectiveness insgesamt		
	w	m	g	w	m	g	w	m	g
AM	3,13	3,14	3,15	2,93	2,72	2,80	3,06	2,93	2,99
SD	1,10	0,94	0,80	0,82	1,03	0,94	0,80	0,75	0,77

Tabelle 25: Verteilung auf der Reflectiveness insgesamt

Zusammengefasst scheint sich also einerseits die Varianz der Antworten auf die gestellten Zusatzfragen mit dem entwickelten Auswertungsinstrumentarium abbilden zu lassen, andererseits wird auch die Sinnhaftigkeit der Unterteilung in zwei Bereiche von Reflectiveness bestätigt.

11.2 Analytische Statistik

Bisher haben wir die Stichprobe nur auf deskriptiver Ebene betrachtet und dabei die Sinnhaftigkeit des neu entwickelten Ratings zur Beurteilung von Reflectiveness hervorgehoben. In weiterer Folge werden zunächst die Informationen getrennt nach den Ebenen *Verhalten* und *mentaler Welt* betrachtet, bevor wir anschließend Zusammenhänge zwischen mentalen Repräsentanzen, psychischer Struktur und dem kindlichem Problemverhalten analysieren. Im Anschluss daran werde ich als zentralen Teil der Ergebnisse die Daten aus der neu entwickelten Reflextivenessskala in diese Betrachtungen miteinbeziehen und so die Bedeutung von Reflectiveness in diesem Gesamtkomplex analysieren zu können.

11.2.1 Zusammenhänge der Verhaltenseinschätzungen untereinander

In *Tabelle 26* und *27* sind die Zusammenhänge der einzelnen Fragebogenskalen untereinander einmal im Elternrating und einmal im Erzieherrating zusammengefasst.

Elternrating	Verhaltensprobleme	Hyperaktivität	Verhaltensprobleme mit Gleichaltrigen	Prosoziales Verhalten	Gesamtproblemwert	Aggressivität	Sozial-emotionale Kompetenz	Ängstlichkeit
Emotionale Probleme	0,29 **	0,21 +	0,48 **	-0,34 **	0,65 **	0,24 *		0,67 **
Verhaltensprobleme		0,51 **	0,29 *	-0,54 **	0,71 **	0,67 **	-0,52 **	0,34 **
Hyperaktivität			0,30 **	-0,43 **	0,75 **	0,54 **	-0,47 **	0,25 *
Gleichaltrigenprobleme				-0,26 *	0,68 **	0,28 *	-0,31 **	0,36 **
Prosoziales Verhalten					-0,54 **	-0,64 **	0,63 **	-0,37 **
Gesamtproblemwert						0,60 **	-0,50 **	0,54 **
Aggressivität							-0,54 **	0,35 **
Sozial-emotionale Kompetenz								-0,21 +

$+...p< 0,10$, $*...p<0,05$, $**...p<0,01$ r...Spearman Rho Koeffizient

Tabelle 26: Zusammenhänge im Elterrating

Erzieherrating	Verhaltensprobleme	Hyperaktivität	Verhaltensprobleme mit Gleichaltrigen	Prosoziales Verhalten	Gesamtproblemwert	Aggressivität	Sozial-emotionale Kompetenz	Ängstlichkeit
Emotionale Probleme	0,22 +		0,45 **		0,56 **			0,70 **
Verhaltensprobleme		0,57 **		-0,70 **	0,63 **	0,81 **	-0,55 **	
Hyperaktivität				-0,48 **	0,78 **	0,58 **	-0,66 **	
Gleichaltrigenprobleme				-0,20 +	0,57 **			0,47 **
Prosoziales Verhalten					-0,52 **	-0,70 **	0,70 **	
Gesamtproblemwert						0,55 **	-0,58 **	0,41 **
Aggressivität							-0,56 **	
Sozial-emotionale Kompetenz								

+...p< 0,10, *...p<0,05, **...p<0,01 r...Spearman Rho Koeffizient

Tabelle 27: Zusammenhänge im Erzieherrating

Wenn man den Gesamtproblemwert, der mit allen Skalen zum Problemverhalten signifikant korreliert, nicht miteinbezieht, ergeben sich die stärksten positiven Zusammenhänge im Elternrating und auch im Erzieherrating des SDQ zwischen Verhaltensproblemen und Hyperaktivität sowie zwischen emotionalen Problemen und Gleichaltrigenproblemen, die stärksten negativen Zusammenhänge zwischen Verhaltensproblemen sowie Hyperaktivität und prosozialem Verhalten. Beim KAAL korrelieren in beiden Ratings Aggressivität und Ängstlichkeit positiv, sowie Aggressivität und sozial emotionale Kompetenz negativ. Keine signifikanten Zusammenhänge gibt es zwischen Ängstlichkeit und sozial emotionaler Kompetenz, was unterstreicht, dass sozial emotionale Kompetenz ein wesentliches Element der positiven Beziehungsgestaltung darstellt, was im Besonderen bei Aggressivität nicht ausreichend gelingt. Fragebogenübergreifend zeigt sich in beiden Ratings ein hoher positiver Zusammenhang zwischen emotionalen Problemen und Ängstlichkeit, sowie zwischen Hyperaktivität und Aggressivität. Interessant ist weiters, dass emotionale Probleme und Ängstlichkeit nur im Elternrating mit Verhaltensproblemen positiv und mit prosozialem Verhalten negativ korrelieren, nicht aber im Erzieherrating, was die bereits geäußerte Vermutung stärkt, dass ErzieherInnen durch den Bewertungskontext der Peergruppe eher ‚interaktive' Probleme wahrnehmen. Die Ergebnisse haben für die weiteren Analysen insofern Relevanz, als dass sie aufzeigen, dass die Einzelskalen nicht trennscharf zwischen einzelnen Störungsbildern differenzieren, wohl aber Problemverhalten insgesamt gut abbilden. Dies spiegelt auch ein generelles diagnostisches Problem im Bereich frühkindlicher Störungsbilder wider, wonach diese eine hohe Komorbidität aufweisen (Laucht, 2002).

11.2.1.1   Vergleich der Verhaltenseinschätzungen von Eltern und ErzieherInnen

In einem T-Test für abhängige Stichproben zeigt sich, dass Eltern ihre Kinder signifikant ängstlicher, aber auch prosozialer einstufen als die Erzieherinnen und tendenziell kompetenter im sozial-emotionalen Bereich. Nachdem bei einigen der Verhaltensskalen der Kolmogorov-Smirnov Test auf Normalverteilung eine signifikante Abweichung feststellte, wurde der Gruppenvergleich auch mit dem Wilcoxon Test durchgeführt (Bühl & Zöfel, 2005). Dabei blieben die Ergebnisse im Wesentlichen dieselben, wenngleich sich die Signifikanzen etwas verringerten. Die Ergebnisse werden primär auf den unterschiedlichen Bewertungskontext von Eltern und ErzieherInnen zurückgeführt, da wie oben erwähnt die ErzieherInnen die Kinder vermutlich mehr im Peergroup-Kontext beurteilen, während die Eltern das Kind in seinem familiären Umfeld bewerten. Außerdem wird angenommen, dass ErzieherInnen mehr Erfahrung und mehr Vergleichsmöglichkeit in der Beurteilung kindlichen Verhaltens haben und somit deren Rating das aussagekräftigere sein sollte.

	N	AM Eltern	SD Eltern	AM Erz	SD Erz.	P (t-Test)	P Wilcoxon
Emotionale Probleme	69	2,06	1,95	1,97	1,90	0,779	0,869
Verhaltensprobleme	69	2,38	1,81	1,91	2,11	0,113	0,121
Hyperaktivität	69	3,25	2,36	3,39	2,73	0,608	0,656
Gleichaltrigenprobleme	69	1,68	1,64	1,33	1,74	0,172	0,208
Prosoziales Verhalten	69	7,54	1,88	6,96	2,29	0,039*	0,041*
Gesamtproblemwert	69	9,36	5,61	8,61	5,63	0,291	0,419
Aggressivität	69	0,42	0,34	0,44	0,43	0,753	0,922
Soz-emot. Kompetenz	69	1,35	0,30	1,24	0,45	0,057+	0,070+
Ängstlichkeit	69	0,62	0,31	0,50	0,34	0,015*	0,024*

+...p< 0,10, *...p<0,05, **...p<0,01 r...Spearman Rho Koeffizient

Tabelle 28: Unterschiede zwischen Eltern- und ErzieherinnenRating zum Problemverhalten

Um die genannten Unterschiede zu relativieren, wurde weiters aus den beiden Ratings pro Skala zusätzlich ein Mittelwert aus beiden Einschätzungen gebildet, der im Folgenden auch mit angeführt wird.

11.2.1.2   Geschlechtsunterschiede im Problemverhalten

Um zu überprüfen, inwieweit sich Buben und Mädchen im Auftreten von Problemverhalten unterscheiden, wurden Geschlechtsunterschiede zunächst in einem T-Test für unabhängige Stichproben geprüft (siehe *Tabelle 29 und 30).*

Elternrating	AM m	SD m	AM w	SD w	P (t-Test)	P Wilcoxon
Emotionale Probleme	2,37	2,15	1,68	1,64	0,145	0,174
Verhaltensprobleme	2,58	1,84	2,13	1,77	0,307	0,306
Hyperaktivität	3,79	2,56	2,58	1,93	0,033*	0,051+
Gleichaltrigenprobleme	2,05	1,77	1,23	1,36	0,036*	0,048*
Prosoziales Verhalten	6,92	1,95	8,29	1,51	0,002**	0,003**
Gesamtproblemwert	10,79	5,75	7,61	4,99	0,018*	0,019*
Aggressivität	0,54	0,33	0,27	0,33	0,001**	0,001**
Soz-emot. Kompetenz	1,27	0,31	1,45	0,31	0,010*	0,010*
Ängstlichkeit	0,66	0,32	0,47	0,31	0,250	0,292

*N...Anzahl, AM...arithmetisches Mittel, SD...Standardabweichung, +...p< 0,10, *...p<0,05, **...p<0,01
r...Spearman Rho Koeffizient*

Tabelle 29: Geschlechtsunterschiede im Problemverhalten (Eltern)

Erzieherrating	AM m	SD m	AM w	SD w	P (t-Test)	P Wilcoxon
Emotionale Probleme	1,74	2,15	2,52	2,15	0,130	0,047*
Verhaltensprobleme	2,49	2,35	1,42	2,03	0,049*	0,028*
Hyperaktivität	4,18	2,74	2,55	2,57	0,013*	0,010*
Gleichaltrigenprobleme	1,46	1,71	1,29	1,88	0,692	0,407
Prosoziales Verhalten	6,26	2,47	7,71	1,87	0,008**	0,016*
Gesamtproblemwert	9,87	6,59	7,77	5,68	0,165	0,182
Aggressivität	0,59	0,50	0,29	0,34	0,004**	0,005**
Soz-emot. Kompetenz	1,10	0,46	1,40	0,39	0,005**	0,006**
Ängstlichkeit	0,48	0,35	0,56	0,35	0,371	0,255

*N...Anzahl, AM...arithmetisches Mittel, SD...Standardabweichung, +...p< 0,10, *...p<0,05, **...p<0,01
r...Spearman Rho Koeffizient*

Tabelle 30: Geschlechtsunterschiede im Problemverhalten (ErzieherInnen)

Durchschnittsrating	AM m	SD m	AM w	SD w	P (t-Test)	P Wilcoxon
Emotionale Probleme	1,95	0,23	2,10	0,27	0,671	0,706
Verhaltensprobleme	2,45	0,25	1,77	0,27	0,074+	0,060+
Hyperaktivität	3,93	0,38	2,56	0,35	0,012*	0,012*
Gleichaltrigenprobleme	1,71	0,22	1,26	0,22	0,160	0,159
Prosoziales Verhalten	6,63	0,30	8,00	0,24	0,001**	0,001**
Gesamtproblemwert	10,04	0,77	7,69	0,83	0,042*	0,037*
Aggressivität	0,55	0,52	0,28	0,05	0,000**	0,000**
Soz-emot. Kompetenz	1,19	0,50	1,43	0,05	0,001**	0,002**
Ängstlichkeit	0,56	0,42	0,57	0,05	0,931	0,870

*N...Anzahl, AM...arithmetisches Mittel, SD...Standardabweichung, +...p< 0,10, *. p<0,05, **...p<0,01
r...Spearman Rho Koeffizient*

Tabelle 31: Geschlechtsunterschiede im Problemverhalten (Durchschnittsrating)

Aufgrund der Ergebnisse des Kolmogorov Smirnov Tests zur Überprüfung der Normalverteilung wurde auch hier zusätzlich der verteilungsfreie Wilcoxon Test gerechnet. Dabei sind die Ergebnisse fast identisch, die Unterschiede im Gesamtproblemwert sind sogar noch stärker.

Die Ergebnisse beruhen auf dem Durchschnittsrating wie in *Tabelle 31* dargestellt. Demnach werden Buben signifikant hyperaktiver und aggressiver eingestuft und erhalten einen höheren Gesamtproblemwert als Mädchen, während Mädchen signifikant höhere Werte im Bereich prosoziales Verhalten und sozial emotionaler Kompetenz bekommen, ein Ergebnis, das übrigens auch bei getrennter Betrachtung von Eltern- und Erzieherratings zu beobachten ist (siehe *Tabelle 29 und 30).*

11.2.2 Zusammenhänge soziodemographischer Daten mit dem Sozialverhalten

Zur Überprüfung der Zusammenhänge zwischen den erfassten soziodemographischen Daten und den Skalen zum Problemverhalten wurde jeweils ein Spearman-Rho Koeffizient berechnet (Bortz, 1993).

Tabelle 32 zeigt signifikante und tendenzielle Zusammenhänge der soziodemographischen Daten mit dem Eltern-, dem Erzieher- und dem Durchschnittsrating. Die stärksten Zusammenhänge zeigen sich dabei zwischen dem Alter der Mutter und Hyperaktivität, Aggressivität und dem Gesamtproblemwert in negativer Ausprägung, sowie mit prosozialem Verhalten in positiver Richtung, dem Schulabschluss der Mutter und des Vaters, sowie dem monatlichen Etat und Hyperaktivität, sowie dem Gesamtproblemwert in negativer Ausprägung, sowie dem monatlichen Etat mit sozial emotionaler Kompetenz in positiver Richtung.

Verhalten und soziodemographische Daten

		Emotionale Probleme	Verhaltensprobleme	Hyperaktivität	Verhaltensprobleme mit Gleichaltrigen	Prosoziales Verhalten	Gesamtproblemwert	Aggressivität	Sozial-emotionale Kompetenz	Ängstlichkeit
Alter der Mutter	Eltern	-,22 +	-,22 +	-,32 **	-,28 *		-,39 **	-,20 +		
	Erzieher		-,23 +	-,24 *		,26 *		-,37 **		
	Schnitt		-,27 *	-,32 **	-,22 +	0,25 *	-,32 **	-,34 **		
Schulabschluss der Mutter	Eltern		-,27 *	-,27 *			-,26 *		0,26 *	
	Erzieher			-,29 *			-,24 *			
	Schnitt		-,24 *	-,31 *			-,27 *	-,21 +	0,27 *	
Alter des Vaters	Eltern			-,33 **						
	Erzieher									
	Schnitt									

Schulabschluss des Vaters	Eltern		-,29 *	-,36 **			-,34 **		0,21 +
	Erzieher			-,28 *					
	Schnitt			-.35 *			-,23 +		0,21 +
Berufstätigkeit des Vaters	Eltern		,27 *			-,29 *			
	Erzieher		,22 +	,30 *			,20 +		
	Schnitt		,30 *	,25 *		-,23 +		,23 +	
monatlicher Etat	Eltern	-,23 +	-,42 **	-,41 **	-,33 **	0,32 **	-,50 **	-,36 *	,25 +
	Erzieher			-,38 **			-,23 +		,29 *
	Schnitt		-,33 **	-,42 **	-,23 +		-,39 **	-,33 **	,33 **

+...p< 0,10, *...p<0,05, **...p<0,01 r...Spearman Rho Koeffizient

Tabelle 32: Zusammenhänge zwischen soziodemographischen Daten und Verhaltenseinschätzungen

11.2.3 Zusammenhänge mentaler Repräsentanzen untereinander

In weiterer Folge wurde auch überprüft, wie die Codierungen aus den MSSB Geschichten untereinander zusammenhängen. In einer Einzelitemanalyse zeigen sich bei den Inhaltsthemen signifikante Zusammenhänge zwischen verbaler Auseinandersetzung und negativem Verhalten der Mutterfigur (0,35**) und der Vaterfigur (0,39**), zwischen körperlicher Aggression und Ausschluss (0,33**), negativem Verhalten des Vaters (0,32**), nicht Befolgen (0,27*) sowie Zusammenschluss (0,31**), zwischen dysregulierter Aggression und Zerstörung (0,26*), negativem Verhalten der Mutter (0,24*) und des Vaters (0,34**) und nicht Befolgen (0,31**), sowie zwischen empathischen Themen und positivem Verhalten der Mutter (0,66**) und des Vaters (0,38**) und Zusammenschluss (0,24*).

Bei den Strukturindikatoren zeigt der Traumaindex Zusammenhänge mit einer Eskalierung des Konflikts (0,42**), mit einem negativen Ende der Geschichte (0,44**) und Größenphantasien des Kindes (0,52**). Ein hohes Moralverständnis korreliert weiters mit einem positiven Ende der Geschichte (0,26*) und einem starken Kind (0,24*) sowie einem geringen Grad an Leugnung (-0,33**).

Auf Prozessebene zeigt sich ein negativer Zusammenhang zwischen einer ungehemmten Reaktion auf die Geschichte und einem eingeschränkten Engagement beim Erzählen. (-0,38**). Eine ängstliche Beziehung zum Interviewer verringert die Wahrscheinlichkeit von Kontrolle (-0,32**) und erhöht die eines eingeschränkten Engagements beim Erzählen. Weiters korreliert eine freie lockere Beziehung mit einem angemessenen Engagement beim Erzählen (0,49**) und mit der narrativen Kohärenz (0,51**).

Um die Anzahl der Codierungen weiter zu verringern, wurde in Anlehnung an Warren et al. (2000) oder von Klitzing et al. (2003) eine Faktorenanalyse berechnet, wobei zunächst die einzelnen Dimensionen (Inhaltsthemen, Strukturindikatoren und Prozessskalen) einzeln eingegeben wurden.

Bei den Inhaltsthemen können in einer Hauptkomponentenanalyse mit Varimax Rotationen 4 Faktoren extrahiert werden, die sich inhaltlich folgendermaßen interpretieren lassen:
Faktor 1 setzt sich zusammen aus stark negativ besetzten Codes und wird mit *,Dysregulation'* bezeichnet. Der *zweite Faktor* beinhaltet positive Themen und wird mit *,Prosozialität'* bezeichnet. *Faktor 3* setzt sich aus Codes zusammen, die mit Abgrenzung zu tun haben, und wird in Anlehnung an von Klitzing et al. (2003) als *,limit setting'* bezeichnet. Der *vierte Faktor* beinhaltet ebenso wie Faktor 1 negative Themen, aber nicht in dysreguliertem Ausmaß und wird als *,Aggressivität'* bezeichnet. Die Faktorenmatrix ist in *Tabelle 33* dargestellt.

Inhaltsthemen				
Faktor	1	2	3	4
Negativer Vater	,837			
Dysreg. Aggression	,766			
Negative Mutter	,765			
Zerstörung	,760			
Positive Mutter		,898		
Positiver Vater		,720		
Empathie		,708		
Zusammenschluss		,683		
Befolgung		,460		
Nicht Befolgen			,868	
Trennung der Familie			,758	
Gefahr			,646	
Körp. Aggression				,722
Ausschluss				,687
Auseinandersetzung				-,488

Extraktionsmethode: Hauptkomponentenanalyse. Rotationsmethode: Varimax mit Kaiser-Normalisierung.

Tabelle 33: rotierte Faktorenmatrix Inhaltsthemen

Strukturindikatoren			
Faktor	1	2	3
Traumaindex	,851		
Negatives Ende	,769		
Eskalierung	,666		
Kind in Kinderrolle		,543	
Beide Eltern kommen vor		,896	
Leugnung			,787
Wiederholung			,726

Extraktionsmethode: Hauptkomponentenanalyse. Rotationsmethode: Varimax mit Kaiser-Normalisierung.

Tabelle 34: rotierte Faktorenmatrix Strukturindikatoren

Bei den Strukturindikatoren wurden diejenigen Skalen miteinbezogen, die sich nicht gegenseitig ausschließen (wie es etwa bei „keine Elternfigur kommt vor" und „beide Elternfiguren kommen vor" oder positivem und negativem Ende der Geschichte der Fall ist).

Dabei ergab sich wieder in einer Hauptkomponentenanalyse mit Varimaxrotation eine 3-faktorielle Lösung. Der *erste Faktor* wird dabei als *„strukturelle Belastung'* interpretiert, der *zweite Faktor* als *„Figurenintegration'* sowie der *dritte* als *„Vermeidung.* Die rotierte Faktorenmatrix zeigt *Tabelle 34* Bei den Prozessskalen wurden wieder alle Codes in die Faktorenanalyse miteinbezogen und in der Hauptkomponentenanalyse mit Varimaxrotation ergab sich daraus eine 4-faktorielle Lösung. Der *erste Faktor* wird dabei als *„Hemmung'* interpretiert, der *zweite* als *„gute Beziehungsgestaltung',* der *dritte* als *„emotionales Engagement'* und der *vierte* als *„Dominanz'.* Die rotierte Faktorenmatrix ist in *Tabelle 35* abgebildet.

Prozessskalen

Faktor	1	2	3	4
Ungehemmte Reaktion	-,968			
Leicht gehemmt Reaktion	,751			
Stark gehemmte Reaktion	,679			
Kein Engagement	,627			
Freie Beziehung		,841		
Ängstliche Beziehung		-,825		
Narrative Kohärenz		,721		
Geringes Engagement			-,964	
Angemessenes Engagement			,864	
Übertriebenes Engagement				,725
Kontrolle				,641

Extraktionsmethode: Hauptkomponentenanalyse. Rotationsmethode: Varimax mit Kaiser-Normalisierung.

Tabelle 35: rotierte Faktorenmatrix Prozesscodes

Korrelationen

	Strukturelle Belastung	Figuren-integration	Vermeidung	Hemmung	Beziehung	Emotionalität	Dominaz
Dysregulation	,49**						,25*
Prosozialität		0,30*		-,20+	,48**		
limit_setting	0,38**						,21+
Strukturelle Belastung							,33**
Figurenintegration				-,39**			
Vermeidung				,24*			,21+

+...p< 0,10, *...p<0,05, **...p<0,01 r...Pearson Koeffizient

Tabelle 36: Interkorrelation der Faktoren

Ich möchte nun die Interkorrelationen der einzelnen Faktoren darstellen, in denen sich in erster Linie ein hoher Zusammenhang von *Dysregulation* und *struktureller Belastung* zeigt. Außerdem hängt hohe *Prosozialität* mit einer hohen *Beziehungfähigkeit* zusammen. Weiters korreliert die *Figurenintegration* negativ mit einer *Hemmung beim Erzählen*. Alle anderen signifikanten Zusammenhänge sind *Tabelle 36* zu entnehmen.

Unterzieht man die abgeleiteten Faktoren erneut einer Faktorenanalyse, lassen sich in einer Hauptkomponentenanalyase mit Varimaxrotation 5 Faktoren extrahieren.

Faktor 1 interpretiere ich als *aktive Abwehr, Faktor 2* bezeichne ich als *positive Beziehungsgestaltung, Faktor 3* als *Integrationsfähigkeit, Faktor 4* als *Repräsentanzbelastung* und *Faktor 5* als *emotionale Fähigkeiten.* Die rotierte Faktorenmatrix ist in *Tabelle 37* abgebildet.

MSSB Items					
Faktor	1	2	3	4	5
Dominanz	,763				
Strukturelle Belastung	,730				
limit_setting	,614				
Beziehung		,874			
Prosozialität		,814			
Hemmung			-,845		
Figurenintegration			,787		
Dysregulation				,760	
Vermeidung				-,668	
Emotionalität					,715
Aggressivität					-,659

Extraktionsmethode: Hauptkomponentenanalyse. Rotationsmethode: Varimax mit Kaiser-Normalisierung.

Tabelle 37: rotierte Faktorenmatrix insgesamt

11.2.4 Zusammenhänge mentaler Repräsentanzen mit dem Verhalten

Ein wesentliches Ziel des Aufdeckens von Zusammenhängen zwischen repräsentationalen Faktoren und kindlichem Verhalten ist es, ausgehend von der Repräsentanzenebene Rückschlüsse auf und Prognosen für Verhaltensauffälligkeiten erstellen zu können, nicht zuletzt mit einer diagnostischen Absicht, Präventions- und Interventionsschritte frühzeitig setzen zu können. Ohne Ambitionen, dieses Ziel mit der vorliegenden Arbeit vollständig erreichen zu wollen, werden wir nun die Zusammenhänge zwischen den beiden Ebenen betrachten und analysieren, berechnet wieder in Form von Spearman Rho Koeffizienten. Wir folgen dazu der beschriebenen Einteilung in Inhaltsthemen, Strukturindikatoren und Prozessskalen und setzen diese in Beziehung mit dem Eltern- dem Erzieher- und dem Durschnittsrating. In den nachfolgenden Tabellen werden wieder nur signifikante und tendenzielle Ergebnisse angeführt.

11.2.4.1.1 Repräsentanzinhalte und Problemverhalten

Es wurden also zur Überprüfung der Zusammenhänge Spearman-Rho Koeffizienten berechnet, da bei einigen Skalen sowohl auf Verhaltensebene als auch auf Repräsentanzenebene die Annahme einer Normalverteilung nicht sinnvoll erscheint und auch nach einer entsprechenden Überprüfung nicht beibehalten werden konnte.

Repräsentanzinhalte		Emotionale Probleme	Verhaltensprobleme	Hyperaktivität	Verhaltensprobleme mit Gleichaltrigen	Prosoziales Verhalten	Gesamtproblemwert	Aggressivität	Sozial-emotionale Kompetenz	Ängstlichkeit
Zerstörung	Eltern	-0,26 *								
	Erzieher									
	Schnitt	-0,25 *								
Dysreg. Aggression	Eltern			0,22 +						
	Erzieher	0,27 +	0,22 +	0,31 **				0,27 *	-0,21 +	
	Schnitt			0,30 *	0,24 *			0,28 *		
Empathie	Eltern			-0,25 *	-0,32 **			-0,27 *	0,31 **	
	Erzieher									
	Schnitt			-0,23 +					0,28 *	
Ausschluss	Eltern	-0,25 *								
	Erzieher									-0,23 +
	Schnitt	-0,21 +								-0,27 *
Befolgung	Eltern	-0,28 *	-0,31 **	-0,25 *	-0,37 **		-0,43 **	-0,34 **	0,22 +	-0,28 *
	Erzieher			-0,29 *				-0,25 *		
	Schnitt		-0,22 +	-0,28 *	-0,24 *		-0,36 **	-0,31 **		

+...p< 0,10, *...p<0,05, **...p<0,01 r...Spearman Rho Koeffizient

Tabelle 38: Zusammenhänge zwischen Repräsentanzen und Verhaltenseinschätzungen

Besonders hervorzuheben bei den Ergebnissen ist, dass erst ein dysreguliertes Ausmaß an gezeigter Aggression, nicht aber verbale und körperliche Aggression signifikant positiv mit Hyperaktivität und dem Gesamtproblemwert korreliert. Außerdem zeigen empathische Themen wie Teilen, Helfen und gezeigtes Mitgefühl negative Zusammenhänge mit Verhaltens- und Gleichaltrigenproblemen und dem Gesamtproblemwert sowie positive mit sozial emotionaler Kompetenz.

Die Codierungen für Befolgung korrelieren weiters negativ mit allen Verhaltensskalen außer prosozialem Verhalten und sozial emotionaler Kompetenz im Elternrating.
Die signifikanten und tendenziellen Zusammenhänge sind in *Tabelle 38* zusammengefasst. Die in der Tabelle nicht angeführten Skalen zeigten keine signifikanten Zusammenhänge.

Repräsentanzinhalt (Faktoren)		Emotionale Probleme	Verhaltens-probleme	Hyperaktivität	Verhaltensprobleme mit Gleichaltrigen	Prosoziales Verhalten	Gesamtproblemwert	Aggressivität	Sozial-emotionale Kompetenz	Ängstlichkeit
Dysregulation	Eltern									
	Erzieher		0,31 **					0,30 *		
	Schnitt		0,25 *					0,28 *		
Limit Setting	Eltern	0,33 **								
	Erzieher									
	Schnitt	0,32 **								0,24 *
Aggressivität	Eltern									
	Erzieher								-0,24 *	
	Schnitt									

+...p< 0,10, *...p<0,05, **...p<0,01 r...Spearman Rho Koeffizient

Tabelle 39: Zusammenhänge zwischen Repräsentanzen und Verhaltenseinschätzungen Teil 2

In weiterer Folge wurden die Beziehungen zwischen den vorhin gebildeten Faktoren und den Verhaltensskalen analysiert, wobei sich hier vor allem *Dysregulation* und *limit setting* als relevant erweisen. Es zeigt sich weiters, dass *Prosozialität* in den Geschichten insgesamt keine Verhaltensprognose zulässt. Es sind wieder nur diejenigen Faktoren angeführt, die signifikante Ergebnisse brachten.

11.2.4.1.2 Strukturindikatoren und Problemverhalten

Strukturindikatoren		Emotionale Probleme	Verhaltensprobleme	Hyperaktivität	Verhaltensprobleme mit Gleichaltrigen	Prosoziales Verhalten	Gesamtproblemwert	Aggressivität	Sozial-emotionale Kompetenz	Ängstlichkeit
Traumaindex	Eltern			.30*			.21+		-.26*	
	Erzieher		.20+	.23+		-.27*		.22+	-.21+	
	Schnitt			.30*		-.27*		.27*	.25*	-.29*
Wiederholung	Eltern		.24			.20+	-.23+	.26*		
	Erzieher									.24*
	Schnitt									
Sensumotorisches Spiel	Eltern	.20+						.22+		
	Erzieher	-.21+	.27*			-.22+		.29*		
	Schnitt							.30*		
Eskalierung des Konflikts	Eltern									
	Erzieher			.21+	.29*		.29*			.27*
	Schnitt				.23+		.21+			.26*
Kind in Kinderrolle	Eltern									-.21+
	Erzieher	-.22+			-.29*	-.22+		-.27*		-.28*
	Schnitt	-.24*			-.24*			-.27*		-.29*
Kind in Erwachsenenrolle	Eltern	.25*			0,23+			0,21+		
	Erzieher			0,27*	0,34**	0,26*		0,32**	0,24*	0,32**
	Schnitt				0,31**			0,29*		0,26*

+...p< 0,10, *...p<0,05, **...p<0,01 r...Spearman Rho Koeffizient

Tabelle 40: Zusammenhänge zwischen Strukturindikatoren und Verhaltenseinschätzungen

Auch hier sind in der *Tabelle 40* nur die signifikanten und tendenziellen Spearman Rho Koeffizienten angeführt. Hier zeigen in erster Linie der gebildete Traumaindex sowie die Rolle des Kindes Zusammenhänge mit den Verhaltensskalen. Dabei korreliert ein hoher Traumaindex positiv mit

135

Hyperaktivität und Aggressivität sowie negativ mit prosozialem Verhalten und sozial-emotionaler Kompetenz. Die kindgerechte Darstellung der Protagonistenfigur zeigt weiters negative Zusammenhänge mit emotionalen Problemen, Hyperaktivität, dem Gesamtproblemwert und Ängstlichkeit, während die Darstellung des Kindes als Erwachsener positiv mit den eben genannten Skalen korreliert.

Auch auf der Ebene der Strukturindikatoren wurden wieder die Zusammenhänge der gebildeten Faktoren mit den Verhaltensskalen berechnet, wobei eine hohe strukturelle Belastung starke Zusammenhänge mit der Verhaltensebene zeigt.

Strukturindikatoren (Faktoren)		Emotionale Probleme	Verhaltensprobleme	Hyperaktivität	Verhaltensprobleme mit Gleichaltrigen	Prosoziales Verhalten	Gesamtproblemwert	Aggressivität	Sozial-emotionale Kompetenz	Ängstlichkeit
Strukturelle Belastung	Eltern			0,25 *						
	Erzieher	0,36 **	0,36 **	0,25 *		-0,29 *	0,37 **	0,33 **		0,26 *
	Schnitt	0,26 *	0,34 **					0,33 **	0,30 *	
Vermeidung	Eltern							-0,24 *		
	Erzieher									
	Schnitt									

+...p< 0,10, *...p<0,05, **...p<0,01 r...Spearman Rho Koeffizient

Tabelle 41: Zusammenhänge zwischen Strukturindikatoren und Verhaltenseinschätzungen Teil 2

11.2.4.1.3 Prozesscodes und Problemverhalten

Bei den Prozessskalen ist vor allem das Engagement des Kindes relevant. Hier zeigen sich positive Zusammenhänge von eingeschränktem Engagement in den Geschichten mit Hyperaktivität und dem Gesamtproblemwert sowie negative mit prosozialem Verhalten und sozial emotionaler Kompetenz, interessanterweise aber nur im Erzieherrating. Eine ängstliche Beziehung zum Interviewer hängt weiters negativ mit prosozialem Verhalten zusammen. Es zeigen sich keine signifikanten oder tendenziellen Zusammenhänge zwischen narrativer Kohärenz und den Verhaltensskalen. In *Tabelle 42* sind wieder signifikante und tendenzielle Spearman-Rho Koeffizienten angeführt. Es werden wieder nur die relevanten Skalen in der Tabelle angeführt.

Prozesscodes

		Emotionale Probleme	Verhaltensprobleme	Hyperaktivität	Verhaltensprobleme mit Gleichaltrigen	Prosoziales Verhalten	Gesamtproblemwert	Aggressivität	Sozial-emotionale Kompetenz	Ängstlichkeit
gehemmte Reaktion	Eltern								-0,24 *	
	Erzieher									
	Schnitt									
Ängstlich Beziehung	Eltern		0,22 +			-0,24 **			-0,31 *	
	Erzieher									
	Schnitt									
Freie Beziehung	Eltern					0,21 +			0,29 *	
	Erzieher									
	Schnitt									
Kein / geringes Engagement	Eltern									
	Erzieher			0,36 **		-0,28 *	0,28 *	0,20 +	-0,36 **	
	Schnitt									
Angemessenes Engangement	Eltern									
	Erzieher			-0,28 *						
	Schnitt									

+...p< 0,10, *...p<0,05, **...p<0,01 r...Spearman Rho Koeffizient

Tabelle 42: Zusammenhänge zwischen Prozessskalen und Verhaltenseinschätzungen

Es wurden wieder zusätzlich die Zusammenhänge der gebildeten Faktoren auf Prozessebene mit den Verhaltensskalen berechnet, wobei eine schlechte emotionale Fähigkeit mit Hyperaktivität, dem Gesamtproblemwert und Aggressivität einhergeht, sowie eine hohe emotionale Fähigkeit mit sozial emotionaler Kompetenz. Weiters gibt es Zusammenhänge zwischen dem Faktor Dominanz und Hyperaktivität.

Prozesskalen (Faktoren)

		Emotionale Probleme	Verhaltensprobleme	Hyperaktivität	Verhaltensprobleme mit Gleichaltrigen	Prosoziales Verhalten	Gesamtproblemwert	Aggressivität	Sozial-emotionale Kompetenz	Ängstlichkeit
Emotionales Engagment	Eltern									
	Erzieher			-0,32 **			-0,27 *	-0,25 +	0,38 **	
	Schnitt								0,36 **	
Dominanz	Eltern									
	Erzieher			0,24 *						
	Schnitt			0,25 *						

+...p< 0,10, *...p<0,05, **...p<0,01 r...Spearman Rho Koeffizient

Tabelle 43: Zusammenhänge zwischen Prozessskalen und Verhaltenseinschätzungen Teil 2

Zusammenhänge insgesamt

Zieht man die gebildeten Faktoren aus allen MSSB Items insgesamt heran, zeigt sich, dass aktive Abwehr mit Hyperaktivität, dem Gesamtproblemwert und Ängstlichkeit einhergeht, eine hohe Repräsentanzbelastung mit Aggressivität sowie hohe emotionale Fertigkeiten vor emotionalen Problemen schützen und mehr sozial emotionale Kompetenz mit sich bringen.

Insgesamt (Faktoren)

		Emotionale Probleme	Verhaltensprobleme	Hyperaktivität	Verhaltensprobleme mit Gleichaltrigen	Prosoziales Verhalten	Gesamtproblemwert	Aggressivität	Sozial-emotionale Kompetenz	Ängstlichkeit
Aktive Abwehr	Eltern									
	Erzieher			0,36 **			0,33 **			0,24 *
	Schnitt			0,32 **			0,30 *			0,26 *
Integrations-fähigkeit	Eltern									-.27 *
	Erzieher									
	Schnitt									

Repräsentanzbe-lastung	Eltern							0,29 *		
	Erzieher							0,26 *		
	Schnitt							0,32 **		
Emotionale Fähigkeiten	Eltern									
	Erzieher	-0.24 *							0.28 *	
	Schnitt								0.36 *	

+...p< 0,10, *...p<0,05, **...p<0,01 r...Spearman Rho Koeffizient

Tabelle 44: Zusammenhänge zwischen MSSB Codes und Verhaltenseinschätzungen insgesamt

11.2.5 Zusammenhänge von Emotionserkennungsfähigkeiten und Sozialverhalten

Hier ist aus den Spearman-Rho Koeffizienten abzulesen, dass vor allem die Fähigkeit, negative Konsequenzen zu antizipieren, negativ mit Hyperaktivität, Gleichaltrigenproblemen, dem Gesamtproblemwert und Aggressivität korreliert. Außerdem zeigt die Fähigkeit, Emotionen zu erkennen und zu benennen, positive Zusammenhänge mit sozial emotionaler Kompetenz. Lösungsmöglichkeiten zu finden ist weiters negativ korreliert mit Hyperaktivität, Gleichaltrigenproblemen und dem Gesamtproblemwert sowie positiv mit sozial emotionaler Kompetenz.

Emotionsinterview und Verhalten		Emotionale Probleme	Verhaltensprobleme	Hyperaktivität	Verhaltensprobleme mit Gleichaltrigen	Prosoziales Verhalten	Gesamtproblemwert	Aggressivität	Sozial-emotionale Kompetenz	Ängstlichkeit
Zutreffend benannte Emotionen	Eltern		-0,27 *						0,24 +	
	Erzieher			-0,22 +	-0,21 *		-0,21 +		0,22 +	
	Schnitt				-0,21 +		-0,27 *	-0,22 +	0,28 *	
Genannte Emotions-indikatoren	Eltern						-0,26 *		0,24 +	
	Erzieher	-0,21 +					-0,23 +			
	Schnitt	-0,22 +			-0,21 +		-0,28 *		0,27 *	-0,24 +
Genannte Lösungs-möglichkeiten	Eltern									
	Erzieher	-0,24 *		-0,26 *	-0,32 **		-0,30 *		0,24 *	
	Schnitt				-0,24 +		-0,27 *		0,26 *	

139

Sozial Kompetente Reaktion	Eltern								
	Erzieher			-0,27 *	-0,21 +		-0,28 *	-0,25 *	0,30 *
	Schnitt	-0,20 +	-0,22 +	-0,24 *			-0,30 *		0,29 *
Genannte Negative Konsequenzen	Eltern								
	Erzieher	-0,22 +		-0,27 *	-0,33 **		-0,34 **	-0,29 *	
	Schnitt	-0,21 +			-0,32 **		-0,26 *		

+...p< 0,10, *...p<0,05, **...p<0,01 r...Spearman Rho Koeffizient

Tabelle 45: Zusammenhänge zwischen Emotionserkennung und Verhaltenseinschätzungen insgesamt

11.2.6 Zusammenhänge von Emotionserkennung und mentalen Repräsentationen

In diesem Bereich zeigt sich, dass in erster Linie eine hohe strukturelle Belastung die Fähigkeit, Lösungsmöglichkeiten anzubieten, sozial kompetente Reaktionen zu kreieren und negative Konsequenzen zu sehen, einschränkt. Weiters lässt eine angemessene Integration von Figuren auf ein besseres Erkennen von Emotionsindikatoren schließen.

Emotionsinterview und Repräsentanzen	Zutreffend benannte Emotionen	Genannte Emotionsindikatoren	Genannte Lösungsmöglichkeiten	Sozial kompetente Reaktion	Genannte negative Konsequenzen	Genannte Beruhigungstechniken
Limit setting			-0,34**			
strukturelle Belastung			-0,29*	-0,28*	-0,28*	
Integration		0,27*				
Hemmung						-0,28*
Emotionales Engagement					0,25*	

+...p< 0,10, *...p<0,05, **...p<0,01 r...Spearman Rho Koeffizient

Tabelle 46: Zusammenhänge zwischen Emotionserkennung und mentalen Repräsentationen

11.2.7 Die Bedeutung von Reflectiveness

Wir haben gesehen, dass Inhalt, Strukturindikatoren und Prozessskalen in den Geschichten deutliche Zusammenhänge mit der Verhaltensebene aufweisen. Es geht nun darum, die Bedeutung von Reflexivität, die wir mit der neu entwickelten Skala erfassen, bisher aber nicht betrachtet haben, herauszuarbeiten. Ich möchte zunächst die Unterschiede zwischen intentional und emotional Reflectiveness herausarbeiten und auch die mögliche

Abhängigkeit dieser Fähigkeiten von anderen Faktoren auf Repräsentanzenebene überprüfen, bevor Zusammenhänge zwischen Reflectiveness und Sozialverhalten hergestellt werden.

11.2.7.1 Zusammenhänge von intentional und emotional Reflectiveness
Neben der Abbildung der Variabilität der Antworten auf die Zusatzfragen war es ein weiteres Ziel der Konstruktion der *Reflectiveness Skala,* Reflexivität in Bezug auf Intentionen und auf Emotionen unterscheidbar zu machen. Dazu wurden zunächst die Zusammenhänge der Werte auf den Skalen der intentional und der emotional Reflectiveness in den Einzelgeschichten und auch insgesamt mit dem Spearman-Rho Koeffizienten untersucht. Es zeigten sich signifikante Zusammenhänge zwischen den beiden Gesamtwerten. Um die gegenseitig erklärte Varianz dieser Zusammenhänge aufzudecken, wurde zusätzlich eine ordinale Regression berechnet (Bühl & Zöfel, 2005), um zu untersuchen, wie gut sich der Wert für intentional-Reflectiveness aus den Einzelwerten der emotional Reflectiveness vorhersagen lässt und umgekehrt. Dabei zeigt sich in beide Richtungen eine signifikante Verbesserung der Vorhersage. Interessant ist dabei aber in erster Linie, dass die Werte der emotional Reflectiveness 72% der Varianz des Wertes für intentional Reflectivness erklären, wohingegen umgekehrt die Varianzaufklärung ‚nur' 57% beträgt. Wichtig in diesem Zusammenhang ist auch das Ergebnis, dass der intentional Reflectiveness Wert in der Stichprobe in einem T-Test für eine Stichprobe signifikant vom Mittelwert der emotional Reflectivenes abweicht (**). Dabei ist anzumerken, dass die Werte der intentional Reflectiveness Skala zwar nicht normalverteilt sind, dies aber aufgrund der Tatsache, dass dieser Test recht robust gegen eine Verletzung dieses Kriteriums ist (Bortz, 1993), außer acht gelassen wurde. Es scheint demnach für 5-Jährige einfacher zu sein, einen hohen Wert auf der *„intentional Reflectiveness Skala"* zu erreichen, als auf der *„emotional Reflectiveness Skala".* Dies unterstreicht die aus der Theorie ableitbare Annahme, dass es sich in diesem Alter um eine sensible Entwicklungsphase für reflexive Fähigkeiten handelt und dass intentional Reflectivness offenbar der emotional Reflectiveness vorausgeht.

Vergleich von intentional und emotional Reflectiveness in den Einzelgeschichten
Bei der Überprüfung der Korrelationen zwischen den Werten in den Einzelgeschichten sowie dem Gesamtwert mittels Spearman Rho Koeffizienten zeigt sich, dass die intentional Reflectiveness am besten aus der Einzelfrage in der Geschichte *„die Sandburg"* ableiten lässt (0,79**). Dieser Wert erklärt 68% der Varianz des Gesamtwertes zu intentional Reflectiveness, überprüft durch eine logistische Regression. Bei der emotional Reflectiveness ermöglicht ebenfalls die Antwort aus der Geschichte *„die Sandburg"* die beste Vorhersage (0,70**), wobei hiervon 58% der Varianz des Gesamtwertes erklärt werden können.

Die beiden Werte für intentional und emotional Reflectiveness korrelieren zwar untereinander mit r= 0.30*, allerdings lässt sich die Varianz des Gesamtwertes der emotional Reflectiveness aus den Antworten auf die Fragen nach Handlungsintentionen nicht erklären und umgekehrt. Diese weitgehende Unabhängigkeit lässt sich auch bei der Betrachtung der jeweiligen Gesamtwerte beobachten. Es lässt sich als weiteres Indiz dafür werten, dass es sinnvoll ist, zwischen den beiden Arten von Reflectiveness zu unterschieden.

In weiterer Folge wurden alle 6 vorhandenen Antwortskalen in eine Faktorenanalyse mit Varimax Rotation eingegeben. Dabei kommt eine zweifaktorielle Lösung zustande, die einen Faktor aus den 3 Antworten nach Handlungsintentionen bildet und einen zweiten, der sich aus den 3 Antworten aus den Emotionsfragen zusammensetzt. Die beiden Skalen lassen sich offenbar gut voneinander trennen.

Demand Fragen		
Faktoren	1	2
Intentionsfrage „ die Sandburg"	,833	
Intentionsfrage „ Mama's Kopfschmerzen"	,765	
Intentionsfrage „Spiel zu dritt"	,747	
Emotionsfrage „ Mama's Kopfschmerzen"		,774
Emotionsfrage „ die Sandburg"		,715
Emotionsfrage „Spiel zu dritt"		,581

Extraktionsmethode: Hauptkomponentenanalyse. Rotationsmethode: Varimax mit Kaiser-Normalisierung.

Tabelle 47: rotierte Faktorenmatrix der Antworten auf die Enzelfragen

Verteilung der Antworten in den Einzelgeschichten
Hierbei fällt auf, dass sich die Mittelwerte in einem T-Test für eine Stichprobe zur intentional Reflectiveness in den einzelnen Geschichten nicht signifikant unterschieden, wohl aber die Werte zur emotional Reflectiveness (**)[24]. Eine Übersicht über Mittelwerte, Standardabweichung, Minimum und Maximum gibt *Tabelle 48.*

	Minimum	Maximum	AM	SD
Intentionsfrage „ Mama's Kopfschmerzen"	,00	5,00	3,098	1,313
Intentionsfrage „Spiel zu dritt"	,00	5,00	3,242	1,053
Intentionsfrage „ die Sandburg"	,00	5,00	3,092	1,271
Emotionsfrage „ Mama's Kopfschmerzen"	,00	5,00	2,281	1,408
Emotionsfrage „Spiel zu dritt"	,00	5,00	2,923	1,216
Emotionsfrage „ die Sandburg"	,00	5,00	3,167	1,184

AM...arithmetisches Mittel, SD...Standardabweichung

Tabelle 48: Werte der Enzelfragen

Hierbei sind die Mittelwerte der Antworten aus der Geschichte „Mama's Kopfschmerzen" signifikant niedriger als in der Geschichte „zu dritt" (*) und

---

[24] Den Testwert bildete der Mittelwert der Gesamtausprägung auf der jeweiligen Skala

Geschichte „die Sandburg" (**). Wenn man sich die Geschichte „Mama's Kopfschmerzen" vor Augen führt, könnte es sein, dass diese am schwierigsten aufzulösen ist, weil sie wohl den höchsten Komplexitätsgrad besitzt. Der Mittelwert der Antworten auf die Emotionsfrage in dieser Geschichte beträgt lediglich 2,28.

11.2.7.2   Abhängigkeit von Alter und Geschlecht

Als nächstes wird versucht, die Werte aus den Reflectivnessskalen in Zusammenhang zu bringen mit anderen Merkmalen. Beginnen möchte ich mit dem Alter und dem Geschlecht. In einer parametrischen Korrelation *(Pearson-Koeffizient)* der beiden Einzelwerte für intentional und emotional Reflectiveness (gebildet aus den vorhin aggregierten Faktoren) mit dem Alter zeigt sich ein signifikanter Zusammenhang (0,29*) nur bei der „emotional Reflectiveness". Wenn man sich die relativ geringe Bandbreite des Alters in der untersuchten Stichprobe (AM=67,9, SD=4,8) in Erinnerung ruft, ist dies bemerkenswert. Vergleicht man Buben und Mädchen in einem T-Test für unabhängige Stichproben in ihrer Ausprägung auf den beiden Reflectivenessskalen miteinander, ergeben sich dagegen keine Unterschiede.
Analysiert man den Einfluss des Alters auf die Antworten in den Einzelgeschichten, zeigt sich ein positiver Zusammenhang mit den Antworten wieder nur auf die Emotionsfrage und nur in Geschichte „zu dritt" (0,29*).

11.2.7.3   Zusammenhänge von Reflectiveness und soziodemographischen Daten

Im Bereich der soziodemographischen Daten zeigt sich nur die Berufstätigkeit der Mutter als relevant. Dabei zeigen Kinder, deren Mütter nicht berufstätig sind, signifikant niedrigere Werte auf der Skala emotional Reflectiveness (**). Außerdem ist dieser Unterschied nur bei Buben zu beobachten. Dies mag auf den ersten Blick überraschen, ist aber eventuell damit zu erklären, dass geringere Anwesenheit der Mutter durch die Berufstätigkeit unter Umständen ein erhöhtes Experimentieren mit Reflexivität bei Kindern in diesem Alter erfordert. Außerdem könnte dies als Indiz für die Bedeutung anderer Bezugspersonen gewertet werden. Daraus lassen sich positive Effekte mütterlicher Berufstätigkeit im Alter von fünf Jahren ableiten, wobei wir keine Angaben darüber haben, welches zeitliche Ausmaß die mütterliche Berufstätigkeit annimmt. Die Berufstätigkeit des Vaters zeigt in unserer Stichprobe dagegen genauso keine Auswirkungen wie das Alter von Mutter und Vater sowie die Schulbildung und der monatliche Etat.

11.2.7.4   Zusammenhänge von Reflectiveness und Verhaltensproblemen

Bei der Analyse der Zusammenhänge der Reflectivnessskalen mit den Skalen zum Problemverhalten zeigt sich in den Spearman Rho Koeffizienten deutlich, dass dem Wert für „emotional Reflectiveness" wesentlich mehr Bedeutung zukommt als der „intentional Reflectivness" (siehe Tabelle 49)

Letztere zeigt nur signifikante negative Zusammenhänge mit Verhaltensproblemen und Ängstlichkeit, während der „emotional Reflectiveness Wert" mit allen Skalen außer jener zu prosozialem Verhalten zumindest tendenziell korreliert.

		intentional Reflectiveness	emotional Reflectiveness
Emotionale Probleme	Eltern		-,222+
	Erzieher		
	Durchschnitt		
Verhaltensprobleme	Eltern	-,247*	
	Erzieher		-,344**
	Durchschnitt	-,207+	-,273*
Hyperaktivität	Eltern		-,310*
	Erzieher		-,428**
	Durchschnitt	-,214+	-,417**
Verhaltensprobleme mit Gleichaltrigen	Eltern		-,291*
	Erzieher		
	Durchschnitt		
Gesamtproblemwert	Eltern	-,235+	-,320**
	Erzieher		-,336**
	Durchschnitt	-,232+	-,389**
Aggressivität	Eltern		
	Erzieher		-,365**
	Durchschnitt		-,288*
Sozial-emotionale Kompetenz	Eltern		
	Erzieher		,308*
	Durchschnitt		,302*
Ängstlichkeit	Eltern	-,224+	-,252*
	Erzieher	-,212+	
	Durchschnitt	-,306*	-,251*

+...p< 0,10, *...p<0,05, **...p<0,01 r...Spearman Rho Koeffizient

Tabelle 49: Reflectiveness und Sozialverhalten

Hohe „emotional Reflectivness" scheint dabei am stärksten das Auftreten von Hyperaktivität zu verringern.

	Intention Kopfschmerzen	Intention Spiel zu dritt	Intention die Sandburg	Emotion Kopfschmerzen	Emotion Spiel zu dritt	Emotion die Sandburg
Emotionale Probleme	-,259*					
Verhaltensprobleme						-,248*
Hyperaktivität					-,345**	-,362**
Gesamtproblemwert		-,246*			-,306*	-,377**
Soz.-emot. Kompetenz					,252*	,355**
Ängstlichkeit	-,358**				-,287*	

+...p< 0,10, *...p<0,05, **...p<0,01 r...Spearman Rho Koeffizient

Tabelle 50: Reflectiveness in den Einzelgeschichten und Sozialverhalten

Wenn man die Reflectiveness Werte aus den Einzelgeschichten heranzieht, zeigen sich vor allem die Antworten auf die Emotionsfragen in Geschichte *„Spiel zu dritt"* und *die Sandburg"* als relevant für die Verhaltensskalen. Die Geschichte *„ Mama's Kopfschmerzen"* scheint für 5-Jährige in Bezug auf die Emotionsfrage schwieriger aufzulösen zu sein und ein geringer diesbezüglicher Wert lässt keine Verhaltensprognose zu.

Vergleicht man Kinder mit einer hohen (Werte 3,4,5) und einer niedrigen Reflexivität (Werte 0,1,2) in einem Mann Whitney U-Test miteinander in Bezug auf Ausprägungen auf der Verhaltensskala, zeigen sich bei der *„intentional Reflectiveness"* keine Unterschiede, wohl aber bei der *„emotional Reflectiveness"* auf den Skalen Hyperaktivität (*), Verhaltensprobleme mit Gleichaltrigen (*) und dem Gesamtproblemwert (*), jeweils mit niedrigeren Werten bei der Gruppe mit hoher Reflexivität. Betrachtet man die Unterschiede auf der Ebene der Einzelgeschichten ergeben sich signifikante Unterschiede im Bereich der *„intentional reflectivenss"* in der Geschichte *„Mama's Kopfschmerzen"* mit Ängstlichkeit (**) und in der Geschichte *„Spiel zu dritt"* mit Verhaltensproblemen (**), mit Hyperaktivität (*), mit dem Gesamtproblemwert (**) mit Aggressivität (**) und mit Ängstlichkeit (*), jeweils mit höheren Problemen bei niedriger Reflectiveness. Keine Unterschiede ergeben sich aus den Antworten in der Geschichte *„die Sandburg"*. Im Bereich der *„emotional Reflectiveness"* unterscheiden sich die beiden Gruppen in der Geschichte *„Mama's Kopfschmerzen"* bezüglich dem Gesamtproblemwert (*) sowie in der Geschichte *„Spiel zu dritt"* bezüglich Hyperaktivität (*) und Ängstlichkeit (*). In der Geschichte *„die Sandburg"* zeigen sich Zusammenhänge bezüglich Verhaltensproblemen (*), Hyperaktivität (**), dem Gesamtproblemwert (**), Aggressivität (*), sowie sozial emotionaler Kompetenz (**). Auch hier bedeutet außer bei der sozial emotionalen Kompetenz ein höherer Problemwert niedrigere emotional Reflectiveness Werte.

11.2.7.5 Zusammenhänge von Reflectiveness und mentalen Repräsentationen

Zunächst habe ich die Reflectiveness Werte mit den Einzelskalen des MSSB in Zusammenhang gebracht. Dabei zeigt sich, dass hohe *„emotional Reflectiveness"* mit einem geringen Traumaindex und geringer dysregulierter Aggression einhergeht sowie die Wahrscheinlichkeit, die Geschichte negativ zu beenden oder den Konflikt eskalieren zu lassen, verringert. Hohe *„intentional Reflectiveness"* erhöht dagegen die Wahrscheinlichkeit, die Kindfigur in den Geschichten kompetent darzustellen und den Konflikt kindgerecht zu lösen. Eine hohe Gesamtreflexivität geht weiters mit einer höheren narrativen Kohärenz einher ($r=0,29^*$). Die Effekte bleiben auch erhalten, wenn man in einer partiellen Korrelation den Einfluss des Alters kontrolliert.

	Intentional Reflectiveness	Emotional Reflectiveness
Traumaindex		-0,26*
Dysregulierte Aggression		-0,33**
Befolgung		0,31*
Gefahr		-0,26*
Wiederholung	-0,26*	
Eskalierung des Konflikts		-0,29*
Negatives Ende		-0,24*
Starkes Kind	0,27*	
Größenphantasien		-0,29*
Keine Lösung	-0,25*	
Narrative Kohärenz		

+...p< 0,10, *...p<0,05, **...p<0,01 r...Spearman Rho Koeffizient

Tabelle 51: Reflectiveness und mentale Repräsentanzen

Betrachtet man auch hier wieder die Zusammenhänge getrennt nach Einzelgeschichten, ergibt sich mit den Inhaltsthemen nur in den Geschichten „Spiel zu dritt" und „die Sandburg" ein Zusammenhang mit den „emotional Reflectiveness Werten" und nur bei der Geschichte „die Sandburg" mit den „intentional Reflectiveness Werten".

	Intention Kopf-schmerzen	Intention Spiel zu dritt	Intention die Sandburg	Emotion Kopf-schmerzen	Emotion Spiel zu dritt	Emotion die Sandburg
körperliche Aggression					-,295*	
dysregulierte Aggression					-,277*	-,321**
Ausschluss			,252*			
positiver Vater			,245*			
Befolgung					,292*	,321**
Gefahr					-,337**	
Zusammenschluss			,248*			

+...p< 0,10, *...p<0,05, **...p<0,01 r...Spearman Rho Koeffizient

Tabelle 52: Reflectiveness und mentale Repräsentanzen

	Intention Kopf-schmerzen	Intention Spiel zu dritt	Intention die Sandburg	Emotion Kopf-schmerzen	Emotion Spiel zu dritt	Emotion die Sandburg
Traumaindex					-,264*	
Leugnung					-,254*	
Ekalierung					-,302*	
positives Ende						,249*
starkes Kind		,333**				
Größenphantasien					-,273*	
kindgerechte Lösung	,300*					
Erwachsenenlösung		,322**				

+...p< 0,10, *...p<0,05, **...p<0,01 r...Spearman Rho Koeffizient

Tabelle 53: Reflectiveness und Strukturindikatoren

Auf Strukturebene dagegen ist die Geschichte *„die Sandburg"* bei der intentional Reflectiveness ohne Bedeutung und wieder die Geschichte *„Mama's Kopfschmerzen"* bei der emotional Reflectiveness.

Auf Prozessebene ist im Bereich intentional Reflectiveness die Geschichte *„Mama's Kopfschmerzen"* nicht besonders relevant und im Bereich emotional Reflectiveness die Geschichten *„Mama's Kopfschmerzen"* und *„Spiel zu dritt"*.

	Intention Kopf- schmerzen	*Intention Spiel zu dritt*	*Intention die Sandburg*	*Emotion Kopf- schmerzen*	*Emotion Spiel zu dritt*	*Emotion die Sandburg*
ängstliche Beziehung		-,289*				
Freie Beziehung		,382**	,258*			
Geringes Engagement						-,281*
Narrative Kohärenz		,268*				

+...p< 0,10, *...p<0,05, **...p<0,01 r...Spearman Rho Koeffizient

Tabelle 54: Reflectiveness und Prozessskalen

In weiterer Folge wurden die zuvor aggregierten Faktoren zum Vergleich herangezogen. Dabei ist besonders hervorzuheben, dass *„emotional Relectiveness"* negativ mit den Faktoren *„strukturelle Belastung"* und *„aktive Abwehr"* korreliert.

	Intentional Reflectiveness	*Emotional Reflectiveness*
limit_setting		-,228+
strukturelle Belastung		-,304*
Figurenintegration		,227+
Beziehungsgestaltung	,234+	
aktive Abwehr		-0,348**

+...p< 0,10, *...p<0,05, **...p<0,01 r...Spearman Rho Koeffizient

Tabelle 55: Reflectiveness MSSB Skalen insgesamt

11.2.7.6   Zusammenhänge von Reflectiveness und Emotionserkennung

Hier wurden keine Zusammenhänge gefunden zwischen den Reflectivness Skalen und der Fähigkeit, Emotionen zu erkennen, was darauf hindeutet, dass die Zusatzfragen nicht einfach Emotionserkennungsfähigkeiten abfragen. Kinder mit hohen emotional Reflectiveness-Werten bieten aber signifikant mehr sozial kompetente Reaktionen in den Emotionsinterviews an (r=0,334**).

11.2.7.7   Varianzaufklärung

Um die erklärte Varianz der Einzelskalen sowie des Gesamtkomplexes aufzudecken, wurde eine binär logistische Reggression gerechnet, wobei zur Varianzaufklärung der Nagelkerkes R-Quadrat Wert (Bühl & Zöfel, 2005) herangezogen wurde. Dieser ist jeweils in *Tabelle 56* dargestellt. Dabei wurde die Gruppe der auffälligen mit der Gruppe der unauffälligen Kinder auf der jeweiligen Skala des SDQ verglichen.

Varianzaufklärung		Dysregulation	Prosozialität	Limit setting	Aggressivität	Strukturelle Belastung	Integration	Vermeidung	Hemmung	Beziehung	Emotionalität	Dominanz
motionale Probleme	r	1,8	0,08	1,6	0,01	1,8	6,5	3,5	1,6	1%	0,8	0,2
Verhaltens-probleme	r	1,9	10,6	0,5	1,0	0,7	2,5	0,1	0,2	0,2	7,0	0,01
Hyperaktivität	r	2,9	0,6	1,6	7,8	11,7	1,3	0,7	7,0	0,2	1,1	1,9
Gleichaltrigen-probleme	r	1,3	6,3	0,1	0,1	0,5	0,6	1,7	0,4	4,2	1,3	0,01
Prosoziales Verhalten	r	1,1	1,4	0,01	0,01	0,3	10,1	6,1	3,3	5,9	2,1	1,3
Gesamt-problemwert	r	0,1	1,0	5,6	0,1	3,6	0,3	0,01	0,5	2,4	0,1	1,1

Varianzaufklärung Fortsetzung		Gesamt ohne Reflectiveness	intentional	emotional	Reflectiveness	Insgesamt
Emotionale Probleme	r	**31,8**	2,3	7,6	9,9	**53,8**
Verhaltens-probleme	r	**21,2**	14,9	0,8	15,6	**36,8**
Hyperaktivität	r	**41,8**	3	2,2	5,1	**53,8**
Gleichaltrigen-probleme	r	**15,7**	2,7	16,4	18,9	**43,9**
Prosoziales Verhalten	r	**34,8**	1,1	0,01	1,1	**41,9**
Gesamt-problemwert	r	**14,7**	3,9	20	23,8	**44,7**

r...Nagelkerkes R Quadrat

Tabelle 56: Varianzaufklärung der Verhaltensskalen

Es wurden nacheinander die jeweiligen Faktorenwerte in die Regression einbezogen und in weiterer Folge alle Skalen gemeinsam einmal mit und einmal ohne Reflectiveness Werte. Es zeigt sich ganz deutlich die signifikante Modellverbesserung durch Eingabe der Reflectivness Werte vor allem auf den Skalen Verhaltensprobleme, Hyperaktivität und Gleichaltrigenprobleme. In einer partiellen Korrelation zeigt sich weiters, dass die Zusammenhänge zwischen Verhalten und dem Vorhandensein negativer Repräsentanzen wesentlich stärker werden, wenn man den Einfluss von Reflectivness auf diese Zusammenhänge kontrolliert. Es kann daraus abgleitet werden, dass das

Vorhandensein negativer Repräsentanzen erst dann problematisch ist, wenn gleichzeitig reflexive Fähigkeiten eingeschränkt sind.

11.2.8 Analyse von Risikogruppen

Zum Abschluss wurde ein Risikogruppenvergleich durchgeführt. Dazu wurden zunächst die vom Fragebogen erhobenen klinisch auffälligen Kinder entsprechend der Normierungsdaten aus Woerner et al. (2002) ermittelt (Gesamtproblemwert >15). Zu diesen 15 Kindern (9 männlich, 6 weiblich) wurde dann eine ebensogroße Kontrollgruppe nach Geschlecht und Alter gematcht.

Klinisch auffällig	Kontrollgruppe
M=9	M=9
W= 6	W= 6

Tabelle 57: Risikogruppen

Insgesamt weist die Kontrollgruppe signifikant höhere Werte im Bereich der emotional Reflectiveness (*) und im Umgang mit Emotionen in den Geschichten (*), sowie geringere Dominanzwerte (*) auf als die Gruppe der auffälligen Kinder.

In der Kontrollgruppe hängt weiters Dysregulation negativ mit Hemmung zusammen (-0,523*): Prosozialität geht mit einer guten Beziehungsgestaltung einher (0,526*), die gute Integration von Figuren zeigt weiters einen starken negativen Zusammenhang mit Hemmung (-0,790**) und einen positiven mit Emotionalität (0,732**).

In der klinischen Gruppe dagegen geht Dysregulation mit einem eingeschränkten intentional Reflectiveness Wert (- 0,730**) und mit einer erhöhten strukturellen Belastung einher. Prosozialität zeigt wieder Zusammenhänge mit einer positiven Beziehungsgestaltung (0,551*), Vermeidung geht weiters negativ mit Aggressivität einher (- 0,601*).

In einer binär logistischen Regression zeigt sich, dass strukturelle Belastung und eingeschränkter Umgang mit Emotionen bereits 44% der Varianz erklären können und eine Prognose der Gruppenzugehörigkeit mit 80% iger Wahrscheinlichkeit erstellt werden kann. Wenn man zusätzlich eine eingeschränkte emotional Reflectiveness miteinbezieht, steigt die Varianzaufklärung auf 61,7% und die Wahrscheinlichkeit einer richtigen Prognose auf 87%.

Bildet man wieder in der Gesamtstichprobe anhand dieser drei offenbar besonders relevanten Dimensionen in einer hierarchischen Clusteranalyse zwei Cluster, einen mit hoher emotional Reflectiveness, geringer struktureller Belastung und angemessenem Umgang mit Emotionen, sowie einen zweiten mit entgegengesetzten Ausprägungen, fallen Kinder aus dem zweiten Cluster, überprüft mit einem Chi Quadrat Test, gehäuft in die Gruppe der Kinder mit emotionalen Problemen (*) und in die Gruppe mit einem erhöhten Gesamtproblemwert (*).

11.3 Zusammenfassung der Ergebnisse

Abschließend möchte ich, bevor ich die Ergebnisse diskutiere und interpretiere, nochmals die wesentlichen Erkenntnisse aus den erhobenen Daten überblicksmäßig zusammenfassen. Diesbezüglich habe ich die Bereiche entsprechend der Ergebnisdarstellung gegliedert.

Verhaltensebene
Aus den Fragebogendaten lässt sich ableiten, dass es im Vorschulalter schwierig ist, einzelne Störungsbilder eindeutig voneinander abzugrenzen. Dies ergibt sich aus den gefundenen Korrelationen der Einzelskalen untereinander (S. 123). Außerdem zeigen Buben in den Einschätzungen deutlich mehr Problemverhalten als Mädchen, während Mädchen mehr Prosozialität und sozial emotionale Kompetenzen aufweisen (S.124). Weiters zeigen sich Kinder junger Mütter (< 25 Jahre) sowie Kinder von Müttern mit niedriger Schulbildung und einem geringen monatlichen Etat in der Familie deutlich anfälliger in erster Linie für Hyperaktivität (S.125).

Mentale Repräsentanzen
Hier lassen sich die Kinder bezüglich der Dimensionen Dysregulation, Prosozialität, limit setting, Aggressivität, strukturelle Belastung, angemessene Integration von Figuren, Vermeidung, Hemmung beim Erzählen, gute Beziehungsgestaltung, emotionales Engagement in den Geschichten sowie Dominanz unterscheiden (S. 127). Außerdem erscheint es sinnvoll, aggressive Themen in den Geschichten weiter aufzuschlüsseln in qualitativ unterschiedliche Aggressionsformen, nämlich verbal, körperlich und dysreguliert.

Mentale Repräsentanzen und Verhalten
Hierbei zeigen sich vor allem dysregulierte aggressive Themen sowie der gebildete Traumaindex (traumatische Inhalte und atypische Antworten) als relevant für Problemverhalten. Außerdem lassen empathische (positive) Themen in den Geschichten auf geringeres Problemverhalten schließen (S. 129). Eine hohe strukturelle Belastung ist ebenso wie eine eingeschränkte Fähigkeit im Umgang mit Emotionen in den Geschichten sowie einer aktiven Abwehr und eine generelle Repräsentanzbelastung bedeutsam für Problemverhalten (S. 131). Außerdem wirkt sich die Fähigkeit, Emotionen zu erkennen und zu benennen, positiv auf die Verhaltensebene aus.

Reflexivität
Zunächst hat sich die neu entwickelte Skala zur Erfassung von Reflectiveness offenbar als geeignet erwiesen, die Variabilität der Antworten auf die gestellten

Demand-Fragen abzubilden. Weiters scheint es damit möglich zu sein, zwischen zwei unterschiedlichen Arten von Reflectiveness, nämlich intentional und emotional Reflectivenness, zu unterschieden (S. 135). Die emotional Reflectiveness zeigt sich weiters abhängig vom Alter, während auf den beiden Skalen keine Geschlechtsunterschiede festgestellt werden konnten. Die jeweiligen Ausprägungen auf den beiden Skalen lassen weiters vermuten, dass einerseits intentional Reflectiveness bei 5-Jährigen bereits gut ausgeprägt ist, während sich 5-Jährige im Bereich der emotional Reflectiveness in einer sensiblen Entwicklungsphase befinden (S. 137). Außerdem scheinen zumindest die Emotionsfragen in den Geschichten mit einem höheren Komplexitätsgrad der jeweiligen Geschichte schwieriger beantwortbar zu werden.

Reflexivität und Verhalten
Eine eingeschränkte emotional Reflectiveness weist sehr starke Zusammenhänge mit Problemverhalten im Vorschulalter auf. Auch eine eingeschränkte intentional Reflectiveness geht mit erhöhtem Problemverhalten einher, aber nicht in dem hohen Ausmaß. Vor allem eine eingeschränkte Fähigkeit, die Emotionsfragen in den ‚einfacheren' beiden Geschichten elaboriert zu beantworten, lässt Prognosen für Problemverhalten zu (S.138).

Reflexivität im Gesamtkomlex Repräsentanz und Verhalten
Zunächst zeigt sich, dass eine hohe emotional Reflectiveness das Auftreten dysregulierter und traumatischer Elemente in den Spielgeschichten verringert. Eine geringe emotional Reflectiveness geht weiters mit einer erhöhten strukturellen Belastung und einer aktiven Abwehr einher (S. 140). Die Prognose von Problemverhalten verbessert sich weiters deutlich, wenn man reflexive Fähigkeiten in den Gesamtkomplex miteinbezieht. Besonders problematisch scheint eine hohe strukturelle Belastung, eine eingeschränkte Fähigkeit, mit Emotionen in den Geschichten umzugehen, gepaart mit einer eingeschränkten emotional Reflectiveness zu sein, was sich in erhöhten Problemwerten, erfasst in den Fragebögen, äußert. Die Problemkonstellation auf Repräsentanzenebene besteht also aus hoher struktureller Belastung, eingeschränkter Fähigkeit des Umgangs mit Emotionen, aktiver Abwehr sowie eingeschränkter emotionaler Reflexivität.

Abschließende Gesamtbewertung
Es konnte erneut bestätigt werden, dass die Inhalte und die Art des Erzählens von Geschichten aus der MacArthur Story Stem Battery, die als Abkömmlinge von mentalen Repräsentanzen aufgefasst werden können, eine hohe Relavanz in Bezug auf gezeigtes Problemverhalten bei Kindern im Vorschulalter darstellen. Dabei zeigen sich vor allem ein hoher Grad an negativer Färbung dieser Abkömmlinge und die mangelnde Fähigkeit, sich auf das Spiel einzulassen als prädiktiv für Verhaltensprobleme. Das Neue an dieser Arbeit ist die Erfassung

von *„Reflectiveness"* mit der neu entwickelten Skala, die die Variabilität der Antworten auf gestellte Demand-Fragen erfassen sollte. Werte aus dieser Skala erhöhen die Vorhersagekraft deutlich, was darauf schließen lässt, dass die Fähigkeit, in erster Line emotionale Zustände in komplexen Situationen zu erkennen und sie in den Aufbau der Geschichte zu integrieren, eine zentrale Fähigkeit des interaktiven Verhaltens darstellt und sich diese Fähigkeit bei 5 Jährigen beginnt zu verfeinern. Aufbauend auf diesen gefundenen Ergebnissen werden diese nun in einem abschließenden Kapitel diskutiert und in den theoretischen Kontext eingebettet.

12 Diskussion und Interpretation

Ziel der Arbeit war es, Zusammenhänge zwischen mentalen Repräsentanzen, psychischen Strukturelementen, Reflexivität, Fähigkeiten der Emotionserkennung und Problemverhalten bei Vorschulkindern zu ergründen und die Bedeutung reflexiver Fähigkeiten in diesem Komplex herauszuarbeiten. Zur Erfassung von Reflectiveness im Vorschulalter wurde eine neue Skala entwickelt, die es ermöglicht, die Variabilitäten in dieser Fähigkeit bei den Kindern abzubilden. Es geht nun darum, die Informationen aus den Ergebnissen entsprechend zu interpretieren und in Beziehung zu setzen mit den formulierten Fragestellungen. Dieser Abschnitt wird sich zunächst an der Struktur der Ergebnispräsentation im vorangegangenen Kapitel orientieren und dann versuchen, ein Gesamtresümee aus den Ergebnissen zu ziehen und weitere Fragen, die sich daraus ergeben, aufzuwerfen, um in weiteren Forschungsprojekten daran anknüpfen zu können. Außerdem sollen die verwendeten Methoden kritisch betrachtet werden.

12.1 Die Erfassung von Reflectiveness

Zunächst möchte ich die neu entworfene Skala zur Erfassung von Reflectiveness betrachten und bewerten. Die Art, wie versucht wurde, an Reflexivität heranzukommen, nämlich über den Weg der Analyse von Antworten auf gezielt in die Geschichten eingebaute Zusatzfragen, (Demand-Fragen) hat insofern zu einem gelungenen Ergebnis geführt, als eine große Variabilität an Antworten provoziert wurde. Man kann darauf aufbauend behaupten, dass sich Kinder in ihrer Fähigkeit, diese Fragen zu beantworten, unterscheiden. Es hat sich auch bewährt, mit zwei verschiedenen Arten von Fragen Antworten im Bereich der intentional und der emotional Reflectiveness getrennt zu erfassen. In Anlehnuung an Kapitel 7 dieser Arbeit lässt sich festhalten, dass es sich mit der Methode, diese Demand-Fragen zu stellen, nicht um einen Theory-of-Mind-Test im klassischen Sinne handelt, da sonst durchgängig hohe Werte in beiden Bereichen erwartet werden müssten. Es kann also die Annahme, dass sich die Kinder beim Geschichtenerzählen in einem emotionalen Spannungszustand befinden, der einerseits durch das Setting, andererseits durch die selbstständige Konstruktion des Kontexts der Fragen hervorgerufen wird, aufrecht erhalten werden. Dieser Spannungszustand macht das Beantworten der Zusatzfragen schwieriger als das Lösen einer klassischen False-Belief Aufgabe wie beispielsweise *Maxi und die Schokolade* (Perner, 1991). Dabei scheint es für die Kinder leichter zu sein, Handlungsintentionen in den Geschichten zu erkennen und zu benennen als emotionale Zustände, was unter Umständen darauf zurückzuführen ist, dass es sich bei Emotionen um komplexere mentale Zustände handelt. Demnach reicht für das Zuschreiben von Handlungsintentionen unter Umständen bereits ein teleologisches Erlärungsmodell aus, während für den reflexiven Umgang mit Emotionen ein repräsentationales Erklärungsmodell notwendig ist. Die Einteilung der Antworten auf die gestellten Fragen in sechs verschiedene Kategorien scheint weiters die Variabilität der Antworten gut abzubilden. In Bezug auf die Fragestellung ist festzustellen, dass sich offenbar intentional und emotional Reflectiveness in den Geschichten durch das Stellen spezifischer Fragen getrennt operationalisieren lassen. Dies wird auch durch eine Faktorenanalyse aller sechs Antworten auf die gestellten Fragen bestätigt, in der sich die beiden ‚Arten' von Reflectiveness klar trennen lassen. Dabei zeigt sich, dass hohe emotional Reflectiveness Werte eher Rückschlüsse auf hohe intentional Werte erlauben als umgekehrt. Außerdem ist insgesamt intentional Reflectiveness in der Stichprobe höher ausgeprägt als ihr emotionales Pendant, was vermuten lässt, dass im Alter von fünf Jahren Handlungsintentionen schon besser erkannt und integriert werden können als Emotionen. Die Analyse der Einzelgeschichten zeigt weiters, dass reflexive Fähigkeiten mit der Komplexität des Kontextes, in dem sie angewendet werden sollte, sinken. Man kann sich also einen Entwicklungsverlauf vorstellen, wonach zunächst einfache Theory of Mind Leistungen erbracht werden können, dann diese Fähigkeiten in Bezug auf Handlungsintentionen unter emotionaler Anspannung in Situationen mit überschaubarer Komplexität angewendet werden können, bevor in solchen Situationen auch emotionale Zustände unter emotionaler Anspannung integrierbar werden. Erst etwas später gelingt dies dann auch in komplexeren Kontexten. Geschlechtsspezifische Unterschiede lassen sich dabei keine feststellen.

12.2 Problemverhalten im Vorschulalter

Aus den Fragebogendaten lässt sich ableiten, dass es im Vorschulalter schwierig ist, einzelne Störungsbilder eindeutig voneinander abzugrenzen. Komorbiditäten ergeben sich dabei in erster Linie zwischen Aggressivität und Hyperaktivität und Verhaltensproblemen sowie zwischen Ängstlichkeit und emotionalen Problemen. Dies legt nahe, nicht einzelne Störungsbilder getrennt zu analysieren, sondern nur in internale und externale Probleme zu trennen. Ersteres könnte Ängstlichkeit und emotionale Probleme umfassen, während Zweiteres Aggressivität, Hyperaktivität und Verhaltensprobleme im Sinne von interaktiven Problemen umfassen könnte. Weiters fällt auf, dass sich die Einschätzungen von Eltern und ErzieherInnen unterscheiden, was darauf zurückgeführt werden könnte, dass sich einerseits der Bewertungskontext unterscheidet, andererseits ErzieherInnen wohl mehr Erfahrung in der Einschätzung kindlichen Problemverhaltens aufweisen, weil sie mehr Vergleichsmöglichkeiten haben. Die gefundenen Geschlechtsunterschiede decken sich mit der Literatur. Buben scheinen auch in unserer Stichprobe aggressiver und hyperaktiver zu sein als Mädchen. Auch die Wirksamkeit der Risikofaktoren *„junge Mutter", „geringe Schulbildung der Eltern"* und *„geringes zur Verfügung stehendes Einkommen"* konnte in unserer

Untersuchung gezeigt werden. Dabei ist aber anzumerken, dass meiner Einschätzung nach diese Faktoren vermutlich eher auf die Internalisierung von Erfahrungen wirkt und über diesen Weg das Verhalten beeinflusst.

12.3 Repräsentanz und Verhalten

Kindliches Verhalten wird als Output innerpsychischer, dynamischer und komplexer Strukturen gesehen. Ein Verständnis dieser Dynamiken und Prozesse ist somit entscheidend, um Problemverhalten zu behandeln, oder dessen Entstehung zu verhindern. Die gefundenen Ergebnisse belegen einmal mehr - ebenso wie in anderen Studien (zB Bretherton, Ridgeway et al., 1990; Buchsbaum & Emde, 1990; Buchsbaum et al., 1992; Juen et al., 2005; Oppenheim, 1997; Oppenheim et al., 1997a; von Klitzing et al., 2000; Warren et al., 2000; Warren et al., 1997; Warren et al., 1996) einen deutlichen Zusammenhang zwischen Verhalten und innerpsychischen Strukturen und Prozessen, deren Abkömmlinge beispielsweise über das kindliche Spiel zum Ausdruck kommen. Die von uns getroffene Einteilung in Repräsentanzinhalte, Strukturindikatoren und Prozessskalen, also gewissermaßen in Bausteine, Ordnungsschemata sowie deren Anwendung, scheint dabei insofern von Bedeutung zu sein, als dass Strukturindikatoren stärker mit Problemverhalten in Beziehung stehen als Repräsentanzinhalte und vor allem Prozessskalen. Dies kann dahingehend interpretiert werden, dass Kinder mit problematischem Verhalten in erster Linie Probleme haben, internalisierte Erfahrungen zu strukturieren und zu einem komplexen Ganzen zu integrieren, das ein gewisses Maß an Stabilität aufweist. Ohne eine stabile Struktur besteht die Gefahr der permanenten Destabilisierung durch neue Erfahrungen, ein Aspekt, den wir in Zusammenhang mit der Bedeutung reflexiver Fähigkeiten weiter unten noch ausführlich diskutieren werden. Die Ergebnisse bestätigen weiters die schon öfters gefundene Bedeutung negativer Repräsentanzinhalte für die Entwicklung problematischen Verhaltens, zeigen aber auch auf, dass positive Repräsentanzinhalte im Sinne eines Schutzfaktors wirksam werden können. Ich möchte an dieser Stelle wieder darauf hinweisen, dass es nicht um das Aufdecken linearer Zusammenhänge und die Suche nach einzelnen Ursachen gehen sollte, sondern um das Verständnis der Zusammenhänge zweier komplexer Systeme, nämlich psychischer Realität und Sozialverhalten. Es zeigt sich auch, dass negative Repräsentanzinhalte nicht zwangsläufig auf Verhaltensauffälligkeiten schließen lassen, sondern erst deren gesteigertes Ausmaß. In diesem Sinne ist auch die Einteilung in unterschiedliche qualitätive Ausprägungen von Aggressivität bedeutsam, da es offenbar einer dysregulierten Qualität bedarf, um relevant fürs Verhalten zu werden. Ebenso lassen positive Inhalte nicht unmittelbare Rückschlüsse auf psychische Gesundheit zu. Geklärt werden sollte aufbauend auf den Ergebnissen noch die Rolle der narrativen Kohärenz, die in unserer Stichprobe in keinem Zusammenhang mit der Verhaltensebene steht, was doch etwas überrascht. Dies könnte damit zu tun haben, dass nicht die Grice'schen Kriterien zur Analyse der Kohärenz herangezogen wurden, sondern das Erfassungssystem von Günther et al. (2000). Dabei setzt sich Kohärenz zusammen aus logischem Aufbau, Umgang mit dem Konflikt und der Kreativität. Wenn man narrative Kohärenz als Ausdruck des Organisationsniveaus der psychischen Struktur ansieht, sind diese Ergebnisse nicht zu erklären. Für die Praxis ist aus den Ergebnissen abzuleiten, dass man sich um den Aufbau einer stabilen Struktur bemühen sollte, die vorhandenen Bausteine lassen sich nämlich nur schwer ändern, da gemachte Erfahrungen nicht rückgängig gemacht werden können. Anders ausgedrückt lässt sich bei einem in der Kindheit misshandelten Kind die Misshandlung selbst und die damit verbundenen Repräsentanzinhalte nicht rückgängig machen, sehr wohl ist es aber möglich, diese Repräsentanzen in das psychische System zu integrieren, um ihm Stabilität zu geben, was manchen Kindern ohne und manchen erst mit therapeutischer Hilfe gelingt.

12.4 Die Bedeutung von Reflexivität

Als besondere Erkenntnis aus den Ergebnissen ist die zentrale Bedeutung von Reflectivness, im Besonderen aber von emotional Reflectivness für die Erklärung von kindlichem Problemverhalten zu nennen. Hohe reflexive Fähigkeiten stehen dabei in engem Zusammenhang mit psychischer Gesundheit. Auch die Tatsache, dass negative Repräsentanzinhalte zusammen mit eingeschränkten reflexiven Fähigkeiten wesentlich bedeutsamer für Verhaltensauffälligkeiten werden als für sich allein genommen unterstreicht, dass Reflectiveness eine wesentliche Rolle bei der Fähigkeit spielt, Erfahrungen und damit verbundene Repräsentanzen in seine psychische Struktur zu integrieren. Reflectiveness kann in Anlehnung an das Mentalierungskonzept (Übersicht in Fonagy et al., 2004) als Schutzhülle der psychischen Struktur gesehen werden, da durch neue, vor allem negative Erfahrungen, nicht die gesamte psychische Struktur bedroht wird, sondern es gelingt, diese Erfahrungen in sein System zu integrieren, vor allem, wenn sie widersprüchlich sind. Somit wird Reflectivness auch bedeutsam für die Verarbeitung von traumatischen Erfahrungen in der Kindheit. Neben dieser intrapsychischen Regulationsfunktion im Sinne einer Integrationshilfe mentaler Repräsentanzen hat Reflexivität aber auch eine handlungssteuernde oder besser interaktionssteuernde Komponente, was aus der Tatsache abgeleitet werden kann, dass sie in unserer Untersuchung die geringste Varianzaufklärung in Bezug auf internale emotionale Probleme zeigt, während es gelingt, interaktive Probleme gut vorherzusagen. Dies könnte damit zusammenhängen, dass sie es dem Kind ermöglicht, mentale Zustände anderer in die Bewertung von deren Handlungen miteinzubeziehen und die eigenen Handlungen daran auszurichten. Der Bewertungskontext ist also dann nicht mehr die sichtbare Handlung alleine, sondern die Interpretationen der zugrunde liegenden mentalen Zustände, was dazu führt, dass vergleichbare sichtbare Handlungen unterschiedliche

Bedeutungen bekommen, je nachdem, welche mentalen Zustände zugeschrieben werden. Dazu ein Beispiel:
Ein Kind mit fünf Jahren wird von seiner Mutter angeschrien, weil sie ihre Schlüssel nicht finden kann. Mit dem Bewertungskontext der sichtbaren Handlung der Mutter beginnt sich das Kind zu verteidigen und zu rechtfertigen, weil es den Schlüssel gar nicht gehabt hat und weil es sich ungerecht behandelt fühlt. Ein reflexives Vorgehen dagegen ermöglicht es dem Kind, die mentalen Ursachen der mütterlichen Handlung zu verstehen (vielleicht hat sie gerade mit dem Vater gestritten), was sich insofern handlungssteuernd auswirken kann, als das Kind aufgrund des Antizipierens von Handlungskonsequenzen nicht seinem Zorn über die ungerechtfertigte Beschuldigung Ausdruck verleiht (was die Mutter noch zorniger machen könnte), sondern beispielsweise hilft, den Schlüssel zu suchen, um den mütterlichen Zorn zu reduzieren. Auf emotionaler Ebene gelingt es einem reflexiven Kind in dieser Situation auch nicht nur die mütterlichen Emotionen zu deuten, sondern auch die eigenen negativen Emotionen, die durch die Mutter ausgelöst werden, zu integrieren, ohne dabei das Bild der Mutter verändern zu müssen, da es ihm gelingt, die negativen Emotionen zwar in sich wahrzunehmen, aber nicht auf das eigene Selbst zu beziehen.
Natürlich sind einzelne solche Ereignisse relativ unproblematisch, deren Kumulierung allerdings birgt die Gefahr der Destabilisierung des Selbst und der eigenen psychischen Struktur vor allem dann, wenn diese Erfahrungen widersprüchlich sind. Das Bild einer liebevollen fürsorglichen Mutter kann dabei durch regelmäßige solche oder ähnlich gelagerte Sequenzen bedroht werden, wenn der reflexive Zugang nicht gelingt. Genau dieser Prozess ist auch aktiv, wenn ein ansonsten liebevoll repräsentierter Elternteil das Kind misshandelt. Gerade in den ersten 4 bis 5 Lebensjahren, in denen Kinder ihre reflexiven Fähigkeiten nicht nutzen können, weil diese noch unzureichend ausgebildet sind, ist die Gefahr besonders groß. Hier ist die psychische Struktur ohnehin noch nicht sehr stabil und gleichzeitig fehlt die Schutzhülle der Reflexivität in diesem System. Demnach ist hier eine sichere Bindungsbeziehung, die dem Kind, wie wir beschrieben haben, einen externen Raum für seine psychische Realität und damit einen reflexiven Bewertungskontext zur Verfügung stellt von besonderer Bedeutung. Regelmäßig ablaufende maladaptische interaktive Mikrosequenzen sind in diesem Sinne besonders bedrohlich, weil es dann dem Kind nicht gelingt, einen reflexiven Bewertungskontext zu integrieren, weil dieser nicht vorhanden ist. In diesem Sinne ist auch die von Main & Hesse (1990) beschriebene Entstehung desorganisierter Bindungsmuster zu verstehen, wonach die Bindungsperson Schutz und Bedrohung zugleich bietet. Aus den Ergebnissen ist auch ersichtlich, dass Reflectiveness im Strukturbildungsprozess eine große Bedeutung zukommt. Eine hohe strukturelle Belastung in den Geschichten ist dann besonders problematisch, wenn gleichzeitig reflexive Fähigkeiten eingeschränkt sind.

12.5 Diskussion des methodischen Vorgehens

Einige Anmerkungen zum methodischen Vorgehen wurden, vor allem bezogen auf die Verhaltenseinschätzung, die Auswertung des MSSB sowie das Stellen der Zusatzfragen, bereits gemacht. Ich möchte hier die Probleme der Untersuchung von Zusammenhängen zwischen mentalen Repräsentationen, Problemverhalten und Reflectivness noch weiter diskutieren.

Prinzipiell benötigt man umfassende Informationen über das repräsentationale System, um spezifische Konstellationen psychischer Struktur, die psychischen Problemen zugrunde liegen, herausarbeiten zu können. Die benötigte Fülle an Informationen ist dabei in einem einzelnen Forschungsprojekt wohl kaum zu bekommen. Bei Kindern im Vorschulalter ist dies nochmals ungleich schwieriger, weil sich das System noch im Aufbau befindet und dadurch einer großen Dynamik unterworfen ist. Außerdem fehlen meist Informationen über die frühe Kindheit, die auf den Aufbau einen großen Einfluss haben. Man ist also darauf angewiesen, eine Vielzahl von gefundenen Ergebnissen aus den einzelnen Altersbereichen zusammenzutragen und jeweils daraus abgeleitete Teilaspekte genauer zu betrachten. Die vorliegende Untersuchung ist somit als Versuch zu werten, die Bedeutung reflexiver Fähigkeiten (als Teilaspekt psychischer Struktur) herauszuarbeiten. Die Erfassung von Reflectivness wie wir sie vorgenommen haben, scheint dabei erfolgreich zu sein, kann aber keinesfalls den Anspruch stellen, dieses Konstrukt umfassend und in allen Details zu bewerten. Weiters hat die MacArthur Story Stem Battery mit dem Problem zu kämpfen, dass man nicht eruieren kann, wie tief gefundene Repräsentanzen bereits in der psychischen Struktur des Kindes verankert sind. Die Betrachtung von Themen in den Geschichten erlaubt dabei keine Aussage darüber, ob es sich dabei um manifestierte Repräsentanzen handelt oder um solche, die gerade erst aufgrund von gemachten Erfahrungen wie beispielsweise eine am Vortag gesehene Fernsehsendung konstruiert wurden. Die Information darüber, wie tief man in die Psyche des Kindes in den Interviews eingedrungen ist, lässt sich noch nicht ausreichend erfassen, wäre aber wichtig, um die Bedeutung mentaler Repräsentanzen zu verstehen und richtig zu bewerten. Insofern stellt die Erfassung von Strukturindikatoren und auch von Reflectivness eine Bereicherung dar, als diese beiden Bereiche mit höherer Wahrscheinlichkeit in die psychische Struktur integrierte Elemente sind.

12.6 Schlussfolgerungen, Forschungsperspektiven und methodische Weiterentwicklungen

Insgesamt kann man die Ergebnisse so bewerten, dass es Sinn macht, an der Annahme der Bedeutung psychischer (repräsentationaler) Strukturen für psychische Probleme festzuhalten. Im Gegensatz zum Erwachsenenalter ist es allerdings weniger sinnvoll, nach spezifischen Strukturen einzelner Störungsbilder zu suchen, da einerseits diese vor allem in den ersten 6

Lebensjahren nicht eindeutig abgrenzbar sind und andererseits das psychische System zu dynamisch ist. Für die Praxis bedeutet das, dass Interventionen ebenso wie bei Erwachsenen dem Kind eine (externe) Strukturierungshilfe zur Verfügung stellen sollten in Anlehnung an frühkindliche Mutter-Kind Interaktionsprozesse. Es kann angenommen werden, dass eine unangepasste instabile psychische Struktur zu einem guten Teil in maladaptiven frühkindlichen Interaktionsprozessen begründet liegt. Es geht somit in der Intervention darum, diesen Internalisierungsprozess neu in Gang zu bringen. Präventive Ansätze sollten in Ergänzung darauf abzielen, den Aufbau einer psychischen Realität zu unterstützen. Es geht also nicht darum, dass Kinder lernen, sich angepasst zu verhalten, sondern darum, Ressourcen zu entwickeln, die angepasstem Verhalten zugrunde liegen. Erst dadurch kann die notwendige Stabilität erreicht werden. Reflexivität ist dabei ein entscheidender vermittelnder Faktor, um nicht nur ein repräsentationales System zur Verfügung zu haben, sondern dies auch nutzen zu können. Für die Forschung wäre es wünschenswert, die Entwicklung von reflexiven Fähigkeiten empirisch zu erfassen, um die Entwicklungsverläufe in den ersten 5 Lebensjahren zu verstehen und gezielt Unterstützung im Aufbau dieser zentralen Fähigkeit anbieten zu können. Die frühe Mutter-Kind Interaktion in den ersten 3 Lebensjahren ist dabei wesentlich besser untersucht als die Entwicklung im Alter ab 3 Jahren. Hier stützt sich das Wissen eher auf theoretische Konzepte als auf empirische Befunde.

Des Weiteren stellt die Erfassung reflexiver Fähigkeiten eine Herausforderung dar, da diese Fähigkeiten vor allem in emotional stark besetzten Situationen von Bedeutung zu sein scheint. Solche Settings sind aber nicht zuletzt aus ethischen Gesichtspunkten schwierig herzustellen. Kinder mentalisieren ebenso wie Erwachsene nur, wenn sie mentalisieren müssen, um ihr Selbst zu schützen. Diese Notwendigkeit zu aktivieren ist dabei das besondere Problem. Außerdem wäre es wünschenswert, Vergleichswerte zu bekommen zwischen kindlichen Theory of Mind - Fähigkeiten und kindlicher Reflexivität, um den vermuteten Entwicklungsverlauf empirisch fundiert nachzeichnen zu können.

Für die Auswertung der MacArthur Story Stem Battery insgesamt wäre es wünschenswert die Informationen aus den Spielgeschichten um eine Erfassung der jeweils mit der Repräsentanz verknüpften aktivierten Person zu verknüpfen. Darüber hinaus wäre die Information über die mit den Repräsentanzen verknüpften Emotionen sinnvoll, die wir versucht haben über das mimische Verhalten im Spiel zu erfassen. Diesbezügliche Auswertungen sind in Arbeit. Weiters ist diese Information natürlich in Bezug auf Reflexivität interessant, um das Konzept um nonverbale Elemente zu erweitern. Abschließend möchte ich darauf verweisen dass es sich bei der vorliegenden Arbeit um einen ersten Versuch handelt die Bedeutung reflexiver Fähigkeiten für die psychische Strukturbildung bei Kindern und für kindliches Problemverhalten zu analysieren.

13 Tabellenverzeichnis

14 Literaturverzeichnis

Achenbach, T. M. & Edelbrock, C. S. (1983). *Manual for the Child Behavior Checklist 4-18*. Unveröffentlichtes Manuskript, Burlington, University of Vermont Department of Psychiatry.

Ainsworth, M. D. S. (1985). Patterns of Infant-Mother Attachments: Antecendents and effects on development. *Bulletin of the New York Academy of Medicine, 61*(9), 771-791.

Albani, C., Benninghofen, D., Blaser, G., Cierpka, M., Dahlbender, R. W., Geyer, M.et al. (1999). On the connection between affective evaluation of recollected relationship experiences and the severity of psychic impairment. *Psychotherapy Research*(9), 452-467.

Albani, C., Blaser, G., Körner, A., König, S., Marschke, F., Geißler, I.et al. (2002). Zum Zusammenhang zwischen der Valenz von Beziehungserfahrungen und der Schwere der psychischen Beeinträchtigung. *Psychother Psych Medizin*(34), 38-64.

Arbeitskreis-OPD. (2004). *Operationalisierte Psychodynamische Diagnostik*. Bern, Göttingen, Toronto, Seattle: Hans Huber.

Arbeitskreis-OPD-KJ. (2004). *Operationalisierte Psychodynamische Diagnostik im Kindes- und Jugendalter*. Bern, Göttingen, Toronto, Seattle: Hans Huber.

Aslington, J. (2001). The Future of Theory of Mind Research: understanding motivational factors, the role of language and real world consequences. *Child Development, 72*(3), 685-687.

Astington, J. & Jenkins, J. M. (1995). Theory of mind development and social understanding. *Cognition and Emotion, 9*, 151-165.

Baccialuppi, M. (1994). The relevance of Attachemnt research to psychoanalysis and analytic social psychology. *The Journal of the American Academy of Psychoanalysis, 22*, 465-479.

Bakermans-Kranenburg, M. J. & van Ilzendoorn, M. H. (1993). A psychometric study of the Adult Attachment Interview: reliability and discriminant validity. *Developmental Psychology, 29*, 870-879.

Bänninger-Huber, E. & Widmer, C. (1996). *A new model of the elicitation, phenomenology, and function of emotions in psychotherapy*. Paper presented at the Proceedings of the IXth Conference of the International Society for Research on Emotions, Toronto.

Baron Cohen, S. (1995). *Mindblindness: An Essay on Autism and Theory of Mind.* Cambridge: Bradford MIT.

Baron Cohen, S. & Swettenham, J. (1996). The relationship between SAM and ToMM: Two hypotesis. In P. Carruthers, Smith, P.K. (Hrsg.), *Theories of Theories of Mind.* Cambridge: University Press.

Bartholomew, K. & Horowitz, L. M. (1991). Attachment styles among young adults: A test of a four category model. *Journal of Personal and Social Psychology, 61*, 226-244.

Becker-Stoll, F. (2002). Bindung und Psychopathologie im Jugendalter. In B. Strauss, Buchheim, A., Kächele, H. (Hrsg.), *Klinische Bindungsforschung.* Stuttgart: Schattauer.

Beebe, B. & Lachmann, F. (1994). Representation and internalisation in infancy: Three principles of salience. *Psychoanalytic Psychology, 111*, 127-165.

Beebe, B., Lachmann, F. M. & Jaffe, J. (1997). Mother-Infant Interaction structures and presymbolic self- and object-representations. *Psychoanalytic Dialogues, 7*, 113-182.

Benecke, C. (2004). *Affekt, Repräsentanz, Interaktion und Symptombelastung bei Panikstörungen.* Habilitationsschrift, Innsbruck.

Berk, L. E. (2005). *Entwicklungspsychologie.* München: Pearson.

Bettge, S., Ravens-Sieberer, U., Witzker, A. & Höllinger, H. (2002). Ein Methodenvergleich der Child Behaviour Checklist und des Strenghts Difficulties Questionnaire. *Gesundheitswesen, 64 (Sonderheft),* 119-124.

Bion, W. (1990). *Lernen durch Erfahrung.* Frankfurt am Main: Suhrkamp.

Bortz, J. (1993). *Statistik.* Berlin et al.: Springer.

Bowlby, J. (1958). The nature of the child's tie to his mother. *International Journal of Psychoanalysis, 39*, 1-23.

Bowlby, J. (1969). *Attachment and Loss, Vol.1: Attachment.* New York: Basic Books.

Bowlby, J. (1973). *Attachment and Loss, Vol.2: Separation, Anxiety and Anger.* London: Hogarth Press.

Bowlby, J. (1995). Bindung: Historische Wurzeln, theoretische Konzepte und klinische Relvanz. In G. Spangler, Zimmermann, P. (Hrsg.), *Die Bindungstheorie*. Stuttgart: Klett - Cotta.

Brenner, C. (1996). *Grundzüge der Psychoanalyse*. Frankfurt am Main: Fischer.

Breslau, N., Braun, G., Deldotto, J. E. & Kumar, S. (1996). Psychiatric sequelae of low birth weight at 6 years of age. *Journal of Abnormal Child Psychology, 24*(385-400).

Bretherton, I. (1995). Die Geschichte der Bindungstheorie. In A. Spangler, Zimmermann, P. (Hrsg.), *Die Bindungstheorie*. Stuttgart: Klett-Cotta.

Bretherton, I. & Beeghly, M. (1982). Talking about internal states: The aquisition of an Explicit Theory of Mind. *Developmental Psychology, 18*(6), 906-921.

Bretherton, I. & Oppenheim, D. (2003). The McArthur Story Stem Battery: Development, Administration, Reliability, Validity and reflections about meaning. In R. N. Emde, Wolf, D., Oppenheim, D. (Hrsg.), *Revealing the inner world of young children*. Oxford, New York: Oxford University Press INC.

Bretherton, I., Oppenheim, D. & Emde, R. N. (1990). *McArthur Story Stem Battery*. Unveröffentlichtes Manuskript.

Bretherton, I., Ridgeway, D. & Cassidy, J. (1990). Assessing internal working models of the attachment relationship: An attachment story completion task. In M. T. Greenberg, Ciccetti, D., Cummings, E.M. (Hrsg.), *Attachment in the Preschool years*. Chicago: University Press.

Bretherton, I., Suess, G. J., Golby, B. & Oppenheim, D. (2001). Attachment Story Completion Task (ASCT) - Methode zur Erfassung der Bindungsqualität im Kindergartenalter durch Geschichtenergänzungen im Puppenspiel. In G. J. Suess, Scheurer-English, H., Pfeifer, K-W. (Hrsg.), *Bindungstheorie und Familiendynamik*. Giessen: Psychosozial Verlag.

Buchheim, A. (2002). Bindung und Psychopathologie im Erwachsenenalter. In B. Strauss, Buchheim, A., Kächele, H. (Hrsg.) (Hrsg.), *Klinische Bindungsforschung*. Stuttgart: Schattauer.

Buchheim, A., Brisch, K. H. & Kächele, H. (1998). Einführung in die Bindungstheorie und ihre Bedeutung für die Psychotherapie. *Psychotherapie, Psychosomatik, medizinische Psychologie, 48*, 128-138.

Buchheim, A., George, C. & West, M. (2003). Das Adult Attachment Projective (AAP) - Gütekriterien und neue Forschungsergebnisse. *Psychother Psych Medizin, 53*, 419-427.

Buchheim, A. & Strauss, B. (2002). Interviewmethoden der klinischen Bindungsforschung. In B. Strauss, Buchheim, A., Kächele, H. (Hrsg.) (Hrsg.), *Klinische Bindungsforschung*. Stuttgart: Schattauer.

Buchsbaum, H. & Emde, R. (1990). Play Narratives in 36-Month-Old Children. *The Psychoanalytic Study of the child, 45*(129-155).

Buchsbaum, H. K., Toth, S. L., Clyman, R. B., Cicchetti, D. & Emde, R. N. (1992). The use of a narrative story stem technique with maltreated children: Implications from theory and practice. *Development and Psychopathology, 4*, 603 - 325.

Bühl, A. & Zöfel, P. (2005). *SPSS 12*. München: Pearson Studium.

Bürgin, D. (1998a). Psychoanalytische Ansätze zum Verständnis der frühen Mutter-Kind Triade. In K. von Klitzing (Hrsg.), *Psychotherapie in der frühen Kindheit*. Göttingen: Vandenhoeck & Ruprecht.

Bürgin, D. (1998b). *Triangulierung - der Übergang zur Elternschaft*. Stuttgart, New York: Schattauer.

Campell, S. B. (1995). Behaviour problems in preschool children: A review of recent research. *Journal of Child Psychology and Psychiatry, 36*, 113-149.

Campos, J., Campos, R. & Barrett, K. (1989). Emergent Themes in the Study of Emotional Development and Emotion Regulation. *Developmental Psychology, 25*(3), 394-402.

Cassidy, J. (1988). Child Mother attachment and the self in six year olds. *Child Development, 59*, 121-134.

Cassidy, J. (1999). The nature of the child's ties. In J. Cassidy, Shaver, P. (ed.) (Hrsg.), *Handbook of Attachment*. New York: Guilford Press.

Cierpka, M. (2001). *FAUSTLOS - ein Curriculum zur Prävention aggressiven und gewaltbereiten Verhaltens bei Kindern der Klassen 1 bis 3*. Göttingen: Hogrefe.

Cierpka, M. (2002). *Kinder mit aggressivem Verhalten*. Göttingen: Hogrefe.

Crick, N. & Dodge, K. (1994). A Review and Reformulation of Social Information-Processing Mechanisms in Children's social Adjustment. *Psychological Bulletin, 115*, 74 - 101.

Crowell, J. A. & Treboux, D. (1995). review for adult measures: implications for theory and research. *Social Development, 4*, 294-327.

Crowell, J. A., Waters, E., Treboux, D. & O'Connor, E. (1996). Discriminant Validity of the Adult Attachment Interview. *Child Development, 67*, 2584-2599.

Cutting, A. L. & Dunn, J. (1999). Theory of Mind, emotion understanding, language and family background: individual differences and intercorrelations. *Child Development, 70*, 853-865.

Dahlbender, R. W. (2002). *Schwere psychischer Erkrankung und Meisterung internalisierter Beziehungskonflikte*. Ulm: Profund.

Damon, W. (1988). *The moral child*. New York: Free Press.

Daudert, E. (2002). Die Reflective Self Functioning Scale. In B. Strauss, Buchheim, A., Kächele, H. (Hrsg.) (Hrsg.), *Klinische Bindungsforschung*. Stuttgart: Schattauer.

de Wolff, M. S. & van IJzendoorn, M. H. (1997). Sensitivity and Attachment: A meta-analysis on parental antecendets of infant attachment. *Child Development, 68*, 571-591.

Dennett, D. C. (1979). *Brainstorms: Philosophical essays on mind and psychology*. Hassocks: Harvester.

Dennett, D. C. (1983). *The intentionale stance*. Cambridge: MIT.

Döpfner, M., Schmeck, K. & Berner, W. (1994). *Handbuch: Elternfragebogen über das Verhalten von Kindern und Jugendlichen*. Unveröffentlichtes Manuskript.

Dornes, M. (1993). *Der kompetente Säugling* (5). Frankfurt a.M.: Fischer TB.

Dornes, M. (1997). *Die frühe Kindheit* (5). Frankfurt a.M.: Fischer TB.

Dornes, M. (2000). *die emotionale Welt des Kindes*. Frankfurt am Main: Fischer.

Dornes, M. (2004). Über Mentalisierung, Affektregulierung und die Entwicklung des Selbst. *Forum der Psychoanalyse, 2*, 174-199.

Dozier, M., Stovall, K. C. & Albus, K. E. (1999). Attachment and Psychopathology in Adulthood. In J. Cassidy, Shaver, P. (ed.) (Hrsg.), *Handbook of Attachment*. New York: Guilford Press.

Ekman, P. (1992). Facial Expression of Emotions: New findings, new questions. *Psychological Science, 3*, 34-38.

Ekman, P. (1993). Facial Expression and Emotion. *American Psychologist, 48*, 384-392.

Ellgring, H. (2000). Ausdruckstheoretische Ansätze. In J. H. Otto, Euler, H.A., Mandl, H. (Hrsg.), *Emotionspsychologie*. Weinheim: Beltz.

Emde, R. N. (1988). Development terminable and interminable. Innate and motivational Factors from infancy. *International Journal of Psychoanalysis, 69*(1), 23-42.

Emde, R. N. (2003). Early Narratives: A Window to the Child's inner world. In R. N. Emde, Wolf, D., Oppenheim, D. (Hrsg.), *Revealing the inner world of young children*. Oxford, New York: Oxford University Press INC.

Emde, R. N., Plomin, R., Robinson, J., Corley, R., DeFries, J., Fulker, D. W.et al. (1992). Temperament, emotion, and cognition at fourteen months: The MacArthur Longitudinal Twin Study. *Child Development, 63*(1437-1455).

Esser, G. (Hrsg.). (2002). *Lehrbuch der Klinischen Psychologie und Psychotherapie des Kindes- und Jugendalters*. Stuttgart: Thieme.

Esser, G., Blanz, B., Geisel, B. & Laucht, M. (1989). *Mannheimer Elterninterview*. Weinheim: Beltz.

Esser, G., Laucht, M., Schmidt, M., Löffler, W., Reiser, A., Stöhr, R. M.et al. (1990). Behaviour Problems and developmental status of 3 month old infants in relation to organic and psychosocial risks. *European Archives of Psychiatry and neurological Sciences, 239*, 384-390.

Fayek, A. (2002). Psychic Reality and Mental Representation. *Psychoanalytic Psychology, 19*(3), 475-500.

Fivush, R. & Fromhoff, F. (1988). Style and structure in mother child conversation about the past. *Discourse Processes, 11*, 337-355.

Flavell, J., Green, F. L. & Flavell, E. R. (1986). Development of knowledge about the apparance reality distinction. *Monographs of the Society for Child Development, 51*(212).

Flavell, J. H. (2000). Development of children's knowledge about the mental world. *International Journal of Behavioral Development, 24*(1), 15-23.

Flavell, J. H., Mumme, D. L., Green, F. L. & Flavell, E. R. (1992). Young chidren's understanding of different types of beliefs. *Child Development, 63*, 960-977.

Fodor, J. A. (1992). A Theory of the child's Theory of Mind. *Cognition, 44*, 283-296.

Fonagy, P. (1994). Mental Representations from an Intergenerational Cognitive Science Perspecitve. *Infant Mental Health Journal, 15*(1), 57-68.

Fonagy, P. (1999). *Attachment and Psychoanalysis.* New York: Other Press.

Fonagy, P. (2001). Das Verständnis für geistige Prozesse, die Mutter-Kind Interaktion und die Entwicklung des Selbst. In F. Petermann, Niebank, K., Scheithauer, H. (Hrsg.) (Hrsg.), *Risiken in der frühkindlichen Entwicklung.* Göttingen: Hogrefe.

Fonagy, P. (2003a). *Bindungstheorie und Psychoanalyse.* Stuttgart: Klett Cotta.

Fonagy, P. (2003b). Das Spiel mit der Realität: die Entwicklung der psychischen Realität und ihre Störung bei Borderline-Persönlichkeiten. In P. Fonagy, Target, M. (Hrsg.) (Hrsg.), *Frühe Bindung und psychische Entwicklung.* Giessen: Psychosozial Verlag.

Fonagy, P. (2003c). Die Bedeutung der Entwicklung metakognitiver Kontrolle der mentalen Repräsentanzen für die Betreuung und das Wachstum des Kindes. In P. Fonagy, Target, M. (Hrsg.) (Hrsg.), *Frühe Bindung und psychische Entwicklung.* Giessen: Psychosozial Verlag.

Fonagy, P. (2003d). Frühe Bindung und die Bereitschaft zu Gewaltverbrechen. In P. Fonagy, Target, M. (Hrsg.) (Hrsg.), *Frühe Bindung und psychische Entwicklung.* Giessen: Psychosozial Verlag.

Fonagy, P., Gergely, G., Jurist, E. L. & Target, M. (2004). *Affektregulierung, Mentalisierung und die Entwicklung des Selbst.* Stuttgart: Klett-Cotta.

Fonagy, P., Leigh, T., Steele, H., Steele, M., Kennedy, R., Mattoon, G.et al. (1996). The relation of attachment status, psychiatric classification and response to psychotherapy. *Journal of Consult Clinical Psychology, 64*(22-31).

Fonagy, P., Moran, G. S. & Target, M. (1993). Aggression and the psychological self. *International Journal of Psycho-Analysis, 74*(3), 471-486.

Fonagy, P., Steele, M. & Steele, H. (1991). Maternal representations of attachment during pregnancy predict the organization of infant mother attachment at one year of age. *Child Development, 62*, 891-905.

Fonagy, P., Steele, M., Steele, H., Moran, G. & Higgit, A. (1991). The capacity for understanding mental states: The reflective self in parent and child and its significance for security of attachment. *Infant Mental Health Journal, 12*, 201 - 217.

Fonagy, P. & Target, M. (1996). Playing with Reality: I. Theory of Mind and the normal development of Psychic Reality. *International Journal of Psycho-Analysis, 77*, 217-233.

Fonagy, P. & Target, M. (1997). Attachment and reflective function: Their role in self-organization. *Development and Psychopathology, 9*, 679 - 700.

Fonagy, P. & Target, M. (2003). *Frühe Bindung und psychische Entwicklung*. Giessen: Psychozozial Verlag.

Fonagy, P., Target, M., Steele, H. & Steele, M. (1998). *Reflective functioning manual: For application to Adult Attachment Interviews*. Unveröffentlichtes Manuskript, London, University College.

Fox, N. A. (1994). Dynamic cerebral processes underlying emotion regulation. *Monographs of the Society of Research in Child Development., 59*.

Fremmer-Bombik, E. (1995). Innere Arbeitsmodelle von Bindung. In G. Spangler, Zimmermann, P. (Hrsg.), *Die Bindungstheorie*. Stuttgart: Klett - Cotta

Freud, A. (1960). Discussion of Dr. Bowlby's paper. *Psychoanaltic Study of the Child, 15*, 53-62.

Freud, A. (1971). *Heimatlose Kinder: zur Anwendung psychoanalytischen Wissens auf die Kindeserziehung*. Stuttgart: Fischer.

Freud, S. (1915). *Einführung in die Psychoanalyse* (2000). Hamburg: europäische VA.

Friedlmeier, W. (1999). Emotionsregulation in der Kindheit. In W. Friedlmeier, Holodinski, M. (Hrsg.) (Hrsg.), *Emotionale Entwicklung*. Heidelberg, Berlin: Spektrum, akad. Verlag.

Frijda, N. H. (1986). *The emotions.* Cambridge: Cambridge University Press.

Fthenakis, W. E. & Kasten, H. (1977). *Neuere Studien zur kognitiven und sozialen Entwicklung des Kindes.* Donauwörth: Auer.

Fthenakis, W. E. & Kasten, H. (1985). *Zur Psychologie der Vater Kind Beziehung.* München: U & S.

George, C., Kaplan, N. & Main, M. (2001). The Adult Attachment Interview. In G. In: Gloger-Tippelt (Hrsg.), *Bindung im Erwachsenenalter.* Bern: Huber.

George, C., West, M. & Pettem, O. (1999). The Adult Attachment Projective - disorganization of Adult Attachment at the level of representation. In J. Solomon & C. George (Hrsg.), *Attachment disorganization.* New York: Guilford.

Gergely, G., Fonagy, P. & Target, M. (2003). Bindung, Mentalisierung und die Ätiologie der Borderline-Persönlichkeitsstörung. In P. Fonagy, Target, M. (Hrsg.) (Hrsg.), *Frühe Bindung und psychische Entwicklung.* Giessen: Psychosozial Verlag.

Gergely, G. & Watson, J. S. (1996). The Social Biofeedback Theory of Parental Affect-mirroring. *International Journal of Psycho-Analysis, 77,* 1181-1212.

Gloger-Tippelt, E. (2001). *Bindung im Erwachsenenalter.* Bern, Göttingen, Toronto, Sealttle: Hans Huber.

Goodman, R. (1997). The Strengths and difficulties Questionnaire: a research note. *Journal of Child Psychology and Psychiatry, 38,* 581 - 586.

Goodman, R. & Scott, S. (1999). Comparing the Strengths and difficulties Questionnaire and the Child Behaviour Checklist: is small beautiful? *Journal of abnormal Child Psychology, 27,* 17-24.

Gopnik, A. (1993). How we know our minds: The illusion of first-person knowledge of intentionality. *Behavioral and Brain Sciences, 19*(1-14).

Gopnik, A. & Slaughter, V. (1991). Young Children's understanding of changes in their mental states. *Child Development, 62,* 98-110.

Green, E. (1999). *Biofeedback - eine neue Möglichkeit zu heilen.* Freiburg: Bauer.

Greenberg, M. (1999). Attachment and Psychopathology in Childhood. In J. Cassidy, Shaver, P. (ed.) (Hrsg.), *Handbook of Attachment*. New York: Guilford Press.

Grice, P. (1989). *Studies in the way of words*. Cambridge, Assachusettes, London: Harvard University Press.

Grosskurth, P. (1993). *Melanie Klein*. Stuttgart: Klett - Cotta.

Grossmann, K. E., August, P., Fremmer-Bombik, E., Friedl, A., Grossmann, K., Scheurer Englisch, H.et al. (1998). Die Bindungstheorie: Modell und entwicklungspsychologischer Forschung. In H. Keller (Hrsg.), *Handbuch der Kleinkindforschung*. Bern et al.: Huber.

Günther, M., di Gallo, A. & Stohrer, I. (2000). *Tübingen Basel Narrativ Kodierungsmanual*. Unveröffentlichtes Manuskript, Tübingen.

Hazan, C. & Shaver, P. R. (1987). Romantic Love conceptualized as an attachment process. *Journal of Personality and Social Psychology, 52*(3), 511-524.

Heinemann, E. & Hopf, H. (2004). *Psychische Störungen in Kindheit und Jugend*. Stuttgart: Kohlhammer.

Hesse, E. (1999). The Adult Attachment Interview: Historical and current perspectives. In J. Cassidy, Shaver, P. (Hrsg.), *Handbook of Attachment*. New York: Guilford.

Hill, J., Fonagy, P. & Target, M. (2000). *Revised Manual for McArthur Narrative Completion Task*. Unveröffentlichtes Manuskript, Anna Freud Center London.

Hoffmann, V. (2001). Psychometrische Kriterien des Adult Attachment Interviews - Forschungsstand. In G. Gloger- Tippelt (Hrsg.), *Bindung im Erwachsenenalter*. Bern: Huber.

Höger, D. (2002). Fragebögen zur Erfassung von Bindungsstilen. In B. Strauss, Buchheim, A., Kächele, H. (Hrsg.), *Klinische Bindungsforschung*. Stuttgart: Schattauer.

Holodynski, M. & Friedlmeier, W. (1999). Emotionale Entwicklung und die Perspektiven ihrer Erforschung. In W. Friedlmeier, Holodinski, M. (Hrsg.), *emotionale Entwicklung*. Heidelberg: Spektrum.

Howley, M. & Howe, C. (2004). Social interaction and cognitive growth: An examination through the role-taking skills of deaf and hearing children. *British Journal of developmental Psychology, 22*, 219-243.

Izard, C., Fantauzzo, C., Castle, J., Haynes, M., Rayias, M. & Putmam, P. (1995). The ontogeny and significance of infants' facial expression in the first 9 months of life. *Developmental Psychology, 31*, 997-1013.

Izard, C., Huebner, E., Risser, D., McGinnes, G. C. & Doughen, L. M. (1980). The young infant's ability to produce discrete emotion expression. *Developmental Psychology, 16*(132-140).

Jacobvitz, D., Hazan, N. & Thalhuber, K. (2001). Die Anfänge der Bindungsdesorganisation in der Kleinkindzeit. In G. J. Suess (Hrsg.), *Bindungstheorie und Familiendynamik*. Giessen: Psychosozial.

Jenkins, J. & Astington, J. W. (1996). Cognitive Factors and family Structures associated with Theory of Mind development in young children. *Developmental Psychology, 32*, 70-78.

Juen, B. (2001). *Konfliktregulierung in frühen Mutter-Kind-Interaktionen. Ein Beitrag zur Moralentwicklung*. Unveröffentlichtes Manuskript, Universität Innsbruck.

Juen, F., Benecke, C., von Wyl, A., Schick, A. & Cierpka, M. (2005). Repräsentanz, psychische Struktur und Verhaltensprobleme im Vorschulalter. *Praxis der Kinderpsychologie und -psychiatrie, 54*(3), 191-209.

Kernberg, O. (1982). Self, Ego and Drives. *Journal of the American Psychoanalytic Association, 30*, 795-829.

Kernberg, O. (1993). The current status of psychoanalysis. *Journal of American Psychoanalytic Association, 41*(45-62).

Klagsbrun, M. & Bowlby, J. (1976). Responses to Seperation from parents: A clinical test for young children. *British Journal of Projective Psychology, 21*, 7-21.

Klasen, H., Woerner, W., Rothenberger, A. & Goodman, R. (2003). Die deutsche Fassung des Stenghths and Difficulties Questionnaire (SDQ-Deu) - Übersicht und Bewertung erster Validierungs- und Normierungsbefunde. *Praxis der Kinderpsychologie und Kinderpsychiatrie, 52*, 491-502.

Klasen, H., Woerner, W., Wolke, D., Meyer, R., Overmeyer, S., Kaschnitz, W.et al. (2000). Comparing the German Version of the Strenghths and Difficulties Questionnaire (SDQ-Deu) and the Child Behaviour Checklist. *European Child and Adolescent Psychiatry, 9*, 271-276.

Klein, M. (1989). *Das Seelenleben des Kleinkindes und andere Beiträge zur Psychoanalyse.* Stuttgart: Klett-Cotta.

Köhler, L. (1995). Bindungsforschung und Bindungstheorie aus Sicht der Psychoanalyse. In A. Spangler, Zimmermann, P. (Hrsg.), *Die Bindungstheorie.* Stuttgart: Klett-Cotta.

Köhler, L. (2002). Erwartungen an eine klinische Bindungsforschung aus der Sicht der Psychoanalyse. In B. Strauss, Buchheim, A., Kächele, H. (Hrsg.) (Hrsg.), *Klinische Bindungsforschung.* Stuttgart: Schattauer.

Köhler, L. (2004). Frühe Störungen aus der Sicht zunehmender Metalisierung. *Forum der Psychoanalyse, 2*, 158-174.

Kohut, H. (1979). *Die Heilung des Selbst.* Frankfurt a.M.: Suhrkamp.

Kohut, H. (1993). *Auf der Suche nach dem Selbst.* München: Pfeifer.

Krause, R. (1983). Zur Onto- und Phylogenese des Affektsystems und ihre Beziehungen zu psychischen Störungen. *Psyche - ZPsychoanalyse, 37*, 1016-1043.

Krause, R. (1997). *Psychoanalytische Krankheitslehre. Band 1: Grundlagen.* Stuttgart, Berlin, Köln: Kohlhammer.

Krist, H., Natour, N., Jäger, S. & Knopf, M. (1998). Kognitive Entwicklung im Säuglingsalter: vom Neo Nativismus zu einer entwicklungsorientierten Konzeption. *Zeitschrift für Entwicklungspsychologie und Pädagogische Psychologie, 30*, 153-173.

Kuerthen, H. (2000). Repräsentanz. In W. Mertens, Waldvogel, B. (Hrsg.), *Handbuch psychoanalytischer Grundbegriffe* (S. 615-617). Stuttgart: Kohlhammer.

Laucht, M. (2002). Störungen des Kleinkind- und Vorschulalters. In G. Esser (Hrsg.), *Lehrbuch der Klinischen Psychologie und Psychotherapie des Kindes- und Jugendalters.* Stuttgart: Thieme.

Laucht, M., Esser, G., Schmidt, M. H., Ihle, W., Marcus, A., Stöhr, R. M.et al. (1996). Viereinhalb Jahre danach: Mannheimer Risikokinder im

Vorschulalter. Zeitschrift für Kinder und Jugendpsychiatrie. *Zeitschrift für Kinder- und Jugendpsychiatrie, 23*, 67-81.

Laucht, M., Schmidt, M. H. & Esser, G. (2004). Frühkindlihce Regulationsprobleme: Vorläufer von Verhaltensauffälligkeiten des späteren Kindesalters? In M. Papousek, M. Schieche & H. Wurmser (Hrsg.), *Regulationsstörungen der frühen Kindheit.* Stuttgart: Huber.

Lazar, R. (1993). "Container - contained" und die hilfreiche Beziehung. In H. Ehrmann (Hrsg.), *Die hilfreiche Beziehung in der Psychoanalyse.* Göttingen: Vandenhoeck und Ruprecht.

Lazarus, R. S. (1991). Progress on a cognitive-motivational-relational theory of emotion. *American Psychologist, 46*(8), 819-834.

Le Doux, J. (2001). *Das Netz der Gefühle.* München: DTV.

Lyons-Ruth, K., Alpern, L. & Rapacholi, B. (1993). Disorganized infant attachment classification and meternal psychological problems as predictors of hostile-aggressive behaviour in the preschool classroom. *Child Development, 64*, 572-585.

Lyons-Ruth, K. & Jacobvitz, D. (1999). Attachment Disorganization: Unresolved Loss, Relational Violence, and Lapses in Behavioral and Attentional Processes. In J. Cassidy, Shaver, P. (Hrsg.), *Handbook of Attachment.* New York: Guilford.

Mahler, M. (1980). *Die psychische Geburt des Menschen.* Frankfurt a.M.: Fischer.

Main, M. (1985). Security in Infancy, Childhood and Adulthood. In I. Bretherton, Waters, E. (Hrsg.), *Growing Points in attachment theory and research* (Bd. 50, S. 66-106): Monographs of the Society for Research in Chid development.

Main, M. (1991). Metacognitive knowledge, metacognitive monitoring, and singular (coherent) vs. multiple (incoherent) model of attachment. In C. M. Parkes, Stevenson-Hinde, Marris, P. (Hrsg.), *Attachment across the life cycle* (S. 127-159). New York: Routledge.

Main, M. (1995). Desorganisation im Bindungsverhalten. In G. Spangler, Zimmermann, P. (Hrsg.), *Die Bindungstheorie.* Stuttgart.

Main, M. & Hesse, E. (1990). Parent's unresolved traumatic experiences arc related to infant disorganized attachment status: is frightened and/or frightening parental behaviour the linking mechanism? In M. T.

Greenberg, Ciccetti, D., Cummings, E.M. (Hrsg.), *Attachment in the preschool Years*. Chicago: University Press.

Main, M., Kaplan, N. & Cassidy, J. (1985). Security in infancy, childhood and adulthood: A move to the level of representations. *Monographs of the Society for Child Development, 50*(1-2, serial No. 209), 66-104.

Malatesta, C. & Haviland, J. (1982). Learning display rules; the sozialisation of emotional expression in infancy. *Child Development, 53*(991-1003).

Meins, E., Fernyhough, C., Wainwright, R., Clark-Carter, D., Das Gupta, M., Fradley, E.et al. (2003). Pathways to Understanding Mind: Construct Validity and Predictive Validity of Maternal Mind-Mindedness. *Child Development, 74*(4), 1194-1211.

Meins, E., Fernyhough, C., Wainwright, R., Das Gupta, M., Fradley, E. & Tuckey, M. (2002). Maternal Mind-Mindedness and Attachment Security as Predictors of Theory of Mind Understanding. *Child Development, 73*(6), 1715-1726.

Meyer, W. U., Schützwohl, A. & Reisenzein, R. (1993). *Einführung in die Emotionspsychologie*. Bern: Huber.

Michels, R. (1984). Introduction to Panel: Perspectives on the nature of Psychic Reality. *Journal of American Psychoanalytic Association, 33*, 515-520.

Mitchell, S. A. (1993). Mental Models of mirror self recognition. *New Ideas in Psychology, 11*, 295-325.

Morton, J. & Frith, U. (1995). Causal modeling: A structural approach to developmental psychology. In D. Cicchetti, Cohen, D.J. (Hrsg.), *Developmental Psychopathology, Vol. 1: Theory and Methods* (S. 357-390). New York: John Wiley.

Mosheim, R., Zachhuber, U., Scharf, L., Hoffmann, A., Kemmler, G., Danzl, C.et al. (2000). Bindungsqualität und interpersonale Probleme von Patienten als mögliche Einflussfaktoren auf das Ergebnis stationärer Psychotherpapie. *Psychotherapeut, 45*, 223-236.

Oerter, R., von Hagen, C., Röper, G. & Noam, G. (1999). *Klinische Entwicklungspsychologie*. Weinheim: Beltz.

Oppenheim, D. (1997). The Attachment Doll Play Interview for Preschoolers. *International Journal of Behavioral Development, 20*(4).

Oppenheim, D., Emde, R., Hasson, M. & Warren, S. (1997a). Preschoolers face moral dilemmas: A longitudinal Study of Achmowledging and resolving internal conflict. *International Journal of Psycho-Analysis, 78*, 943-957.

Oppenheim, D., Emde, R. N., Hasson, M. & Warren, S. (1997b). Preschooler's face moral dilemmas: A longitudinal study of acknowledging and resolving internal conflict. *International Journal of Psychoanalysis, 78*, 943-957.

Otto, J. H., Euler, H. A. & Mandl, H. (2000). Begriffsbestimmungen. In H. E. Otto, H.A., Madl, H. (Hrsg.), *Emotionspsychologie*. Weinheim: Beltz.

Papousek, M. (1996). Die intuitive elterliche Kompetenz in der vorsprachlichen Kommunikation als Ansatz zur Diagnostik von präverbalen Kommunikations- und Beziehungsstörungen. *Kindheit und Entwicklung, 5*, 140-146.

Papousek, M. (1999). Regulationsstörungen der frühen Kindheit im Kontext der Eltern-Kind Beziehung. In R. Oerter, Röper, G., Noam, G. (Hrsg.), *Klinische Entwicklungspsychologie*. Weinheim: Beltz.

Papousek, M., Schieche, M. & Wurmser, H. (2004). *Regulationsstörungen der frühen Kindheit*. Bern, Toronto, Seattle: Hans Huber.

Pauli-Pott, U. & Bade, U. (2002). Bindung und Temperament. In B. Strauss, A. Buchheim & H. Kächele (Hrsg.), *Kinische Bindungsforschung*. Stuttgart: Schattauer.

Peham, D. (2004). *Zur interaktiven Regulierung von Schuldgefühlen in Paarbeziehungen: Eine mikroanalytische Untersuchung*. Unveröffentlichtes Manuskript, Dissertation, Universität Innsbruck.

Perner, J. (1991). *Understanding the representational Mind*. Cambridge, Massachusetts, London: MIT Press.

Perner, J., Ruffman, T. & Leekam, S. R. (1994). Theory of Mind is contagious: You catch it from your sibs. *Child Development, 65*, 1228-1238.

Peskin, J. & Ardino, V. (2003). Representing the Mental World in Children's Social Behavior: Playing Hide-and-Seek and Keeping a Secret. *Social Development, 12*(4), 496-512.

Petermann, F. (1997). *Fallbuch der Klinischen Kinderpsychologie*. Göttingen, Bern, Toronto, Seattle: Hogrefe.

Piaget, J. (1974). *Der Aufbau der Wirklichkeit beim Kinde*. Stuttgart: Klett.

Piaget, J. (1990). *Die Entwicklung des inneren Bildes beim Kind*. Frankfurt am Main: Suhrkamp.

Premack, D. & Woodruff, G. (1978). does chimpanzee have a theory of mind. *Behavioral and Brain Sciences, 4*, 515-526.

Resch, F. (1996). *Entwicklungspsychopathologie des Kindes- und Jugendalters*. Weinheim: Beltz.

Richman, N., Stevenson, J. E. & Graham, P. J. (1975). Prevalence of behaviour Problems in 3 year old children: an epidemological study in a London borough. *Journal of Child Psychology and Psychiatry, 16*, 277-287.

Robinson, J. & Mantz-Simmons, L. (2003). The Mac Arthur Narrative Coding System. In R. N. Emde, Wolf, D., Oppenheim, D. (Hrsg.), *Revealing the inner world of young children*. Oxford, New York: Oxford University Press INC.

Robinson, J., Mantz-Simmons, L., Mcfie, J. & Group, M. N. W. (1992). Narrative Coding Manual.

Rosenstein, D. S. & Horowitz, H. A. (1996). Adolescent Attachment and psychopathology. *Journal of Consult Clinical Psychology, 64*, 244-253.

Rosner, R. (1999). Entwicklungsdiagnostik und Entwicklungstests in der Klinischen entwicklungspsychologie. In R. Oerter, von Hagen, C., Röper, G., Noam, G. (Hrsg.), *Klinische Entwicklungspsychologie*. Weinheim: Beltz.

Rudolf, G. (2002). Gaining insight and structural capability as goals of psychodynamic psychotherapy. *Zeitschrift für Psychosomatische Medizin und Psychotherapie, 48*(2), 163-173.

Rutter, M. (1995). Clinical Implications of Attachment concepts: Retrospect and prospect. *Journal of Child Psychology and Psychiatry, 36*(549-571).

Sagi, A., van Ilzendoorn, M. H. & Scharf, M. (1994). Stability and discriminant validity of the Adult attachment Interview: a psychometric study in young israeli adults. *Developmental Psychology, 30*, 771-777.

Sander, L. W. (1962). Issues in Early Mother Child Interaction. *Journal of the American Acadamy of Child Psychiatry, 1*, 141-166.

Sandler, J. (1995). Über die Bindung an die inneren Objekte. *Forum der Psychoanalyse, 19*, 224-234.

Sandler, J. & Sander, A. M. (1984). Vergangenheits-Unbewußtes, Gegenwarts-Unbewußtes und die Deutung der Übertragung. *Psyche, 39*, 800-829.

Sarason, S., Davidson, K. S., Lighthall, F. F., Waite, R. R. & Ruebush, B. K. (1971). *Angst bei Schulkindern.* Stuttgart: Klett-Kotta.

Sarimski, K. & Papousek, M. (2000). Eltern-Kind Beziehung und die Entwicklung von Regulationsstörungen. In F. Petermann, Niebank, K., Scheithauer, H. (Hrsg.), *Risiken in der frühkindlichen Entwicklung.* Bern, Toronto: Hogrefe.

Scheithauer, H., Niebank, K. & Petermann, F. (2000). Biopsychosoziale Risiken in der frühkindlichen Entwicklung: Das Risiko- und Schutzfaktorenkonzept aus entwicklungspsychopathologischer Sicht. In F. Petermann, Niebank, K., Scheithauer, H. (Hrsg.), *Risiken in der frühkindlichen Entwicklung.* Göttingen et al.: Hogrefe.

Scheurer-Englisch, H. (2001). Wege zur Sicherheit. In G. J. Suess, Scheurer-English, H., Pfeifer, K-W. (Hrsg.), *Bindungstheorie und Familiendynamik.* Giessen: Psychosozial Verlag.

Schick, A. (2003a). *FAUSLOS Emotionserkennungsinterview.* Unveröffentlichtes Manuskript, Heidelberger Präventionszentrum.

Schick, A. (2003b). *Kompetenz Angst Aggressions Liste - KAAL.* Unveröffentlichtes Manuskript, Heidelberger Präventionszentrum.

Schmidt, S. & Strauss, B. (2002). Bindung und Coping. In B. Strauss, Buchheim, A., Kächele, H. (Hrsg.) (Hrsg.), *Klinische Bindungsforschung.* Stuttgart: Schattauer.

Schmücker, G. & Buchheim, A. (2002). Mutter-Kind Interaktion in den ersten Lebensjahren. In B. Strauss, Buchheim, A., Kächele, H. (Hrsg.) (Hrsg.), *Klinische Bindungsforschung.* Stuttgart: Schattauer.

Schur, M. (1960). Discussion of Dr. Bowlby's paper. *Psychoanaltic Study of the Child, 15,* 63-84.

Seidler, G. H. (1995). *Der Blick des Anderen.* Stuttgart: Verlag Internationale Psychoanalyse.

Seiffge-Kreke, I. (1997). Die psychoanalytische Perspektive: Entwicklung in der frühen Kindheit. In H. Keller (Hrsg.), *Handbuch der Kleinkindforschung.* Bern et al.: Huber.

Sharpio, D. (1991). *Neurotische Stile.* Göttingen: Vandenhoeck & Ruprecht.

Siegler, G. (2001). *Das Denken von Kindern*. München, Wien, Oldenburg: Edition Psychologie.

Solomon, J. & George, C. (1999). The Measurement of Attachment Security in Ifancy and Childhood. In J. Cassidy, Shaver, P.R. (ed.) (Hrsg.), *Handbook of Attachment*. New York: Guilford Press.

Spangler, A. (1999). Frühkindliche Bindungserfahrung und Emotionsregulation. In W. Friedlmeier, Holodinski, M. (Hrsg.), *Emotionale Entwicklung*. Heidelberg, Berlin: Spektrum, akad. Verlag.

Spangler, G. & Grossmann, K. (1993). Biobehavioral organization in securely and insecurely attached infants. *Child Development, 64*, 1439-1450.

Spitz, R. (1960). Discussion of Dr. Bowlby's paper. *Psychoanaltic Study of the Child, 15*, 85-94.

Sroufe, A. (1986). Appraisal: Bowlby's contribution to psychoanalytic theory and developmental psychology, Attachment: separation: loss. *Journal of Child Psychology and Psychiatry, 27*(6), 841-849.

Sroufe, A., Carlson, E., Levy, A. & Egland, B. (1999). Implications of attachment theory for developmental psychopathology. *Development and Psychopathology, 11*, 1-13.

Sroufe, L. & Waters, E. (1977). Attachment as an organizational construct. *Child Development, 48*, 1184-1199.

Steele, H. & Steele, M. (2001). Klinische Anwendungen des Adult Attachnment Interviews (AAI). In E. Gloger-Tippelt (Hrsg.), *Bindung im Erwachsenenalter*. Bern: Huber.

Stein, H., Jacobs, N. J., Ferguson, K. S., Allen, J. G. & Fonagy, P. (1998). What do adult attachment scales measure? *Bulletin of Menninger Clinic, 62*, 33-82.

Steinhausen, H. C. (2000). Pränatale Entwicklungsgefährdung - Ergebnisse der Verhaltensteratologie. In F. Petermann, Niebank, K., Scheithauer, H. (Hrsg.), *Risiken in der frühkindlichen Entwicklung*. Göttingen et al.: Hogrefe.

Stern, D. (1985). *The interpersonal world of the infant*. New York: Basic Books.

Stern, D. (1989). Die Repräsentation von Beziehungsmustern. Entwicklungspsychologische Betrachtung. In H. Petzold (Hrsg.), *Die*

Kraft liebevoller Blicke. Psychotherapie und Babyforschung.2. Paderborn: Junfermann.

Stern, D. (1992). *die Lebenserfahrung des Säuglings.* Stuttgart: Klett Kotta.

Stern, D. (1994). One way to bulidt a clinical relevant baby. *Infant mental health journal, 15,* 9-25.

Stern, D. (1998). *Die Mutterschaftkonstellation.* Stuttgart: Klett Cotta.

Stern, D. N. (1996). Ein Modell der Säuglingsrepräsentation. *Forum der Psychoanalyse, 12,* 182-203.

Stolorow, R. (1986). Critical Reflections on the theory of self psychology: an inside view. *Psychoanalytic Inquiry, 6,* 387-402.

Strauss, B., Buchheim, A. & Kächele, H. (2002). *Klinische Bindungsforschung.* Stuttgart: Schattauer.

Suess, G., Grossmann, K. E. & Sroufe, L. A. (1992). Effects of infant attachment to mother and father on quality of adaption in preschool: From dyadic to individual organisation of self. *International Journal of behavioural development, 15,* 43-65.

Suess, G. J. & Zimmermann, P. (2001). Anwendung der Bindungstheorie und Entwicklungspsychopathologie. In G. J. Suess, Scheurer-English, H., Pfeifer, K-W. (Hrsg.), *Bindungstheorie und Familiendynamik.* Giessen: Psychosozial Verlag.

Sullivan, K. & Winner, E. (1993). Three year old's understanding of mental states. The influence of trickery. *Journal of Experimental Child Psychology, 9,* 159 - 171.

Target, M. & Fonagy, P. (1996). Playing with Reality: II. The Development of Psychic Reality from a theoretical Perspective. *International Journal of Psycho-Analysis, 77,* 449-479.

Thompson, R. A. (1999). Early Attachment and later development. In J. Cassidy, Shaver, P. (ed.) (Hrsg.), *Handbook of Attachment.* New York: Guilford Press.

Tomasello, M. (1993). On the interpersonal origins of the self. In U. Neisser (Hrsg.), *The perceived Self: Ecological and Interpersonal sources of Self-Knowledge* (S. 174-184). Cambridge: University Press.

Toth, S. L., Cicchetti, D., Macfie, J. & Emde, R. N. (1997). Representations of self and other in the narratives of neglected, physically abused and sexually abused prescoolers. *Development and Psychopathology, 9*, 781-796.

Tress, W. (1986). *Das Rätsel der seelischen Gesundheit.* Göttingen: Vandenhoeck & Ruprecht.

Tronick, E. (1989). Emotions and Emotional Communication in Infants. *American Psychologist, 44*(2), 112-119.

Tulving, E. (1985). How many memory systems are there? *American Psychologist, 40*, 385-396.

van Ilzendoorn, M. H., Feldbrugge, J. T., Derks, F. C., de Ruiter, C., Verhagen, M. F., Philipise, M. W.et al. (1997). Attachment Representations of personality disordered criminal offenders. *American Journal of Orthopsychiatry, 67*, 449-459.

Vaughn, B. E., Heller, C. & Bost, K. K. (2001). Bindung und Gleichaltrigenbeziehung während der frühen Kindheit. In G. J. Suess, H. Scheurer-English & K.-W. Pfeifer (Hrsg.), *Bindungstheorie und Familiendynamik.* Giessen: Psychosozial.

Verschueren, K., Buyck, P. & Marcoen, A. (2001). Self-Representations and socioemotional competence in young children: A 3-year longitudinal study. *Developmental Psychology, 37*(1), 126-134.

Verschueren, K. & Marcoen, A. (1999). Representation of self and socioemotional competence in kindergartners: differential and combined effects of attachment to mother and to father. *Child Development, 70*, 183-201.

Verschueren, K., Marcoen, A. & Schoefs, V. (1996). The internal Working Model of the self, Attachment and Competence in 5-Years Old. *Child Development, 67*, 2493-2511.

von Ilzendoorn, M. H. (1995). Adult Attachment representations, parental responsiveness, and infant attachment: a meta-analysis on the predictive validity of the adult attachment interview. *Psychological Bulletin, 117*(387-403).

von Klitzing, K. (1998). Wenn aus zwei drei werden... In D. Bürgin (Hrsg.), *Triangulierung - der Übergang zur Elternschaft.* Stuttgart, New York: Schattauer.

von Klitzing, K. (2002). Frühe Entwicklung im Längsschnitt: Von der Beziehungswelt der Eltern zur Vorstellungswelt des Kindes. *Psyche - ZPsychoanalyse, 56,* 863-887.

von Klitzing, K., Kelsay, K. & Emde, R. N. (2003). The structure of 5 year old children's play narratives. In R. N. Emde, Wolf, D., Oppenheim, D. (Hrsg.), *Revealing the inner world of young children.* Oxford, New York: Oxford University Press INC.

von Klitzing, K., Kelsay, K., Emde, R. N., Robinson, J. A. & Schmitz, S. (2000). Gender Specific Characteristics of 5-Year-Olds's Play Narratives and Associations With Behavior Ratings. *Journal of American Academic Child Adolescence Psychiatry, 39*(8), 1017-1023.

Vygotsky, L. S. (1967). Play and its role in thr mental development. *Soviet Psychology, 5,* 6-18.

Warren, S. (2003). Narrative Emotion Coding System. In R. N. Emde, Wolf, D., Oppenheim, D. (Hrsg.), *Revealing the inner world of young children.* Oxford, New York: Oxford University Press INC.

Warren, S., Emde, R. & Sroufe, A. (2000). Internal Representation: Predicting Anxity from Children's Play Narratives. *Journal of American Child Adolescence Psychiatry, 39*(1), 100-107.

Warren, S., Huston, L., Egeland, B. & Sroufe, A. (1997). Child and Adolescent Anxity Disorders and Early Attachment. *Journal of American Chid Adolescent Psychiatry, 36*(5), 637-644.

Warren, S., Oppenheim, D. & Emde, R. N. (1996). Can Emotions and Themes in Chidren's play predict behavior problems? *Journal of American Academy of Child and Adolescence Psychiatry, 35*(10), 1331-1337.

Wellman, H. & Liu, D. (2004). Scaling of Theory-of-Mind Tasks. *Child Development, 75*(2), 523-541.

Wellman, H. & Woolley, J. (1990). From simple desires to ordinary beliefs: The early development of everyday psychology. *Cognition, 35*(245-275).

Wellman, H. M., Cross, D. & Watson, J. (2001). Meta-Analysis of Theory-of-Mind development. The Truth about False Belief. *Child Development, 72*(3), 655-684.

Winnicott, D. (1971). *Playing and Reality.* New York: Basic Books.

Winnicott, D. (1974). *Reifungsprozesse und fördernde Umwelt*. München: Kindler.

Woerner, W., Becker, A., Friedrich, C., Klasen, H., Goodman, R. & Rothenberger, A. (2002). Normierung und Evaluation der deutschen Elternversion des Strenghths and Difficulties Questionnaire (SDQ): Ergebnisse einer repräsentativen Felderhebung. *Zeitschrift für Kinder- und Jugendpsychiatrie, 30*(2), 105-112.

Wolf, D. (2003). Making meaning from Emotional Experiences in Early Narratives. In R. N. Emde, Wolf, D., Oppenheim, D. (Hrsg.), *Revealing the inner world of young children*. Oxford, New York: Oxford University Press.

Zahn-Waxler, C., Radke-Yarrow, M., Wagner, E. & Chapman, M. (1992). Development of Concern for others. *Developmental Psychology, 28*(1), 126-136.

Zahn-Waxler, C., Robinson, J. A. & Emde, R. N. (1992). The Development of Empathy in Twins. *Developmental Psychology, 28*(6), 1038-1047.

Zelnick, L. M. & Buchholz, E. B. (1991). Der Begriff der inneren Repräsentanz im Lichte der neueren Säuglingsforschung. *Psyche, 45*, 810-846.

Zentner, M. R. (2000). Das Temperament als Risikofaktor in der frühkindlichen Entwicklung. In F. Petermann, Niebank, K., Scheithauer, H. (Hrsg.), *Risiken in der frühkindlichen Entwicklung*. Göttingen et al.: Hogrefe.

Zepf, S., Ullrich, B. & Hartmann, S. (1998). Affekt und mimisches Verhalten. *Psychotherapie, Psychosomatik, medizinische Psychologie,, 48*(156-167).

Zimmermann, P. (1999). Emotionsregulation im Jugendalter. In W. Friedlmeier & M. Holodynski (Hrsg.), *Emotionale Entwicklung*. Heidelberg: Spektrum.

Zimmermann, P. (2000). Bindung, internale Arbeitsmodelle und Emotionsregulation: Die Rolle von Bindungserfahrungen im Risiko-Schutz Modell. *Frühförderung interdisziplinär, 19*, 119-129.

Zimmermann, P. (2001). Bindung, internale Arbeitsmodelle und Emotionsregulation: Die Rolle von Bindungserfahrungen im Risiko-Schutz Modell. *Frühförderung Interdisziplinär, 19*, 119-129.

Zimmermann, P., Becker-Stoll, F. & Fremmer-Bombik, E. (1997). Die Erfassung der Bindungsrepräsentationen mit dem Adult Attachment Interview: Ein Methodenvergleich. *Kindheit und Entwicklung, 3*, 173-182.

Zimmermann, P. & Fremmer-Bombik, E. (2000). Die Bedeutung internaler Arbeitsmodelle von Bindung aus entwicklungspathologischer und klinischer Sicht. In L. Koch-Kneidel, Wise, M. (Hrsg.), *Frühkindliche Interaktion und Psychoanalyse*. Göttingen: Vandenhoeck & Ruprecht.

Zimmermann, P., Spangler, G., Schieche, M. & Becker Stoll, F. (1995). im Lebenslauf: Determinanten, Kontinuitäten, Konsequenzen und künftige Perspektiven. In G. Z. Spanger, P. (Hrsg.), *Die Bindungstheorie*. Klett-Cotta.

Zimmermann, P., Suess, G., Scheurer-Englisch, H. & Grossmann, K. (2000). Der Einfluss der Eltern-Kind Bindung auf die Entwicklung psychischer Gesundheit. In F. Petermann, Niebank, K., Scheithauer, H. (Hrsg.), *Risiken in der frühkindlichen Entwicklung*. Göttingen, Bern, Toronto: Hogrefe.